Negocios en Internet:

Retomando el rumbo

Primera edición en español - Print on Demand

Copyright 2001 Libros en Red,
Una marca registrada de Amertown International S.A.
www.librosenred.com
editorial@librosenred.com

ISBN: 987-1022-38-7

Hecho el depósito que marca la ley 11.723

Producido en : Libros en Red
www.librosenred.com

Impreso en Estados Unidos

Negocios en Internet:

Retomando el rumbo

Marcelo Perazolo

Una edición de:

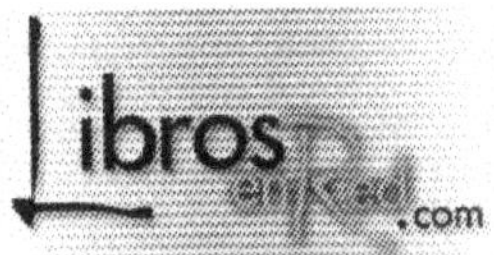

Una marca registrada de
Amertown International S.A.

www.librosenred.com

Trabajaron en la edición de esta obra:

Diseño de Tapa y edición: Patricio Olivera

Responsable de Comunicación: Andrés Rivas

En los talleres de LibrosEnRed
editorial@librosenred.com

Para encargar más copias de este libro o conocer otros libros de
esta colección visite: www.librosenred.com

www.librosenred.com

¿Qué es Libros en Red?

LIBROS EN RED es la más completa Editorial Digital de la red en idioma español. Desde junio de 2000 trabajamos en la edición y venta de libros digitales e impresos a demanda.

Nuestra misión es facilitar a todos los autores la **EDICION** de sus obras y ofrecer a los lectores acceso rápido y económico a libros de todo tipo.

Editamos obras (libros, tesis, estudios, manuales, monografías) y brindamos la posibilidad de **COMERCIALIZARLAS** desde Internet para millones de potenciales lectores de lengua hispana.

De este modo, intentamos fortalecer la difusión de los autores en que escriben en español. Todo ello además, permitiendo que los autores **conserven sus derechos de copyright** y obtengan **una ganancia 300% o 400% mayor** a la que reciben en el circuito tradicional.

Actualmente disponemos de cientos de títulos clásicos y de varias decenas de libros de autores actuales en los más variados temas, estimando llegar a una colección de más de 2000 obras en menos de dos años.

Visítenos en: www.librosenred.com

Objetivos de la Obra

Aplicabilidad vs. Teoría

Bienvenido a *"Negocios en Internet: Retomando el Camino" -Una Guía de Cómo Implementar su Negocio en Internet con Mínimos Recursos-*.

El objetivo de esta obra es brindarle un enfoque absolutamente **PRACTICO** para que pueda **desarrollar un negocio exitoso** aprovechando las particularidades y ventajas que aporta Internet en esta etapa concreta de su desarrollo.

Básicamente la **TESIS CENTRAL** de este libro es la siguiente: *"Internet **SI presenta ventajas** para desarrollar negocios y es posible, no sólo encarar megaproyectos de millones de dólares aportados por Fondos de Inversión, sino utilizarla en experiencias rentables al **alcance de cualquiera** con el mínimo de condiciones necesarias para ello. Además éste es el **mejor momento** para lanzar un proyecto ya que la cantidad de usuarios conectados actualmente es suficiente para lograr ingresos adecuados en el corto plazo, en tanto que el **potencial de crecimiento** en nuestra región es fabuloso."*

El resto del libro está destinado a <u>**comprobar esta tesis**</u> y <u>**brindar las herramientas**</u> que le permitirán **aprovechar esta oportunidad**.

Hacemos expresamente esta aclaración para que quede claro desde un principio que nuestra intención es que, al finalizar esta lectura, Usted esté en condiciones inmediatas de planificar y desarrollar un **negocio propio,** aprovechando las ventajas y oportunidades que Internet nos brinda.

Para esta tarea se requiere (1) **comprender la naturaleza del medio**, poseer una (2) **estrategia clara** y finalmente (3) **tomar la decisión** de encarar la experiencia, (4) **planificando** y (5) **ejecutando** los pasos necesarios para ello.

Pretendemos ayudarlo en estos **cinco pasos** de modo efectivo.

También debemos mencionar que hemos tratado de lograr un equilibrio entre aquellos lectores que **IGNORAN** muchos aspectos de cómo hacer negocios en Internet y aquellos que ya poseen conocimientos en algún terreno determinado (ya sea porque son empresarios expertos, programadores, etc.).

Evidentemente no corresponde explicar *"qué es un sitio web"* -para eso hay otro tipo de obras más específicas-, pero sin duda algunos ya saben qué es un *"CPM"* o un *"autorresponder"* y otros no, y entre ellos tratamos de encontrar un punto de equilibrio a fin de lograr satisfacer el mayor número de expectativas.

De todos modos esta **NO ES** una obra tecnológica, ni un manual de programación en HTML, ni de trucos y consejos para usar colores en la Home Page de un sitio; por el contrario es una obra de **NEGOCIOS** y está orientada a que pueda analizar desde una perspectiva amplia las posibilidades concretas de desarrollar una **iniciativa RENTABLE** y a su alcance en Internet.

Internet: Volver a lo Básico

Usted no tiene una maestría en negocios de Harvard?

Usted no consiguió cuatro millones de dólares para montar un proyecto?

Usted no tiene una idea que se pueda aplicar en 20 países de modo simultáneo?

Usted no tiene oficinas en Barcelona, Miami, Santiago de Chile y Buenos Aires?

Seguramente entonces, pensará que Internet **NO ES PARA USTED** y si piensa eso, está **EQUIVOCADO.**

La vorágine de **megainversiones y macroproyectos** que tuvieron lugar entre **1997 y principios de 2000 en nuestra región** -hasta la caída del NASDAQ- de algún modo alteraron las reglas tradicionales de los negocios en el terreno de Internet.

Esto, por un lado fue **_sumamente positivo_** ya que ayudó a formar empresarios en las reglas de los negocios, motivó a los emprendedores, hizo públicas las reglas del juego para tratar con los inversores de riesgo y atrajo la atención del público en general sobre el medio.

En su **_vertiente negativa_** prostituyó las **reglas del esfuerzo y su relación con el éxito** y quitó estímulo para que nuevos actores se sumaran al juego al nivel de sus propias posibilidades y recursos.

De este modo -y lamentablemente-, toda una generación de emprendedores olvidaron (o nunca aprendieron) que salvo las **excepciones**, para el resto se siguen aplicando las reglas y fórmulas tradicionales del éxito en los negocios: ***productos que aporten valor, trabajo duro, capacidad de comercialización, atención a los clientes, costos bajos, administración criteriosa y experiencia.***

El sentido de esta obra es recuperar los valores tradicionales en el juego y poner las reglas a su alcance para que aproveche <u>YA</u> las oportunidades que existen y a raudales.

Las Eternas Reglas del Juego

Permítame insistir sobre esto un poco más.

Hoy, la tendencia residual en lo que quedó del vapuleado mundo de los proyectos de Internet aún posee algunos efectos distorsivos.

Por ejemplo...se dice que para los inversores los proyectos orientados al consumidor (llamados ***"B2C"*** o ***"business to consumer"***) ya están cerrados y que las únicas oportunidades subsistentes se encuentran en el territorio del **"B2B"** (negocios entre empresas o *"business to business"*).

Es cierto...**PARA ELLOS!!!**

El problema es que Usted **no necesita** forzosamente orientar su actividad para beneficio de los **inversores de riesgo**...puede perfectamente orientarla en **BENEFICIO SUYO!!!**

Permítame que le aclare este punto por si aún no lo tiene claro: Los inversores de riesgo sólo pueden encarar **NEGOCIOS MILLONARIOS**, ya que persiguen un nivel de ganancias fabulosas para darle rentabilidad diferencial a sus carteras de inversión.

Ellos administran fondos de **miles de millones de dólares** y quizás el 90% o el 95% de los mismos, está **sólidamente invertido** en bonos del gobierno, inmuebles o acciones de sectores industriales maduros y sólidos, todos ellos muy seguros, pero de bajo rendimiento.

El único modo de mostrar a sus clientes -los inversores- que en su fondo pueden obtener un **0,5% o un 1% adicional** de rentabilidad en su inversión, es aplicando un pequeño porcentaje del dinero en verdaderas *"ruletas rusas"* de los negocios.

Al igual que en el casino, distribuyen sus fichas entre todos aquellos negocios con grandes potenciales de crecimiento en industrias nuevas *-internet, biotecnología, opciones de alto riesgo, etc.-*; si la apuesta le es favorable, la ganancia resultante les permite mejorar los números finales que muestran a sus clientes.

Les interesa a los inversores de riesgo la situación de Usted o el señor Juan Perez o la señora Ana García? **En lo más mínimo**, sólo deben pensar en sus clientes y en la rentabilidad que deben ofrecerles.

Pero esto <u>**NO ES UNA CRITICA**</u>, ellos juegan su juego, lo juegan bien y gracias a su apoyo decenas de industrias se han consolidado a lo largo de la historia (en otras épocas supieron invertir en ferrocarriles, telégrafos, pozos de petróleo, teléfonos, radios, películas de Hollywood y hasta la misma televisión).

El problema es que si Usted sólo sigue ese juego **<u>ESTA DESAPROVECHANDO</u>** sus oportunidades reales.

<u>Pregúntese esto</u>: *Para uno de estos inversores, un negocio que deje **200.000 dólares** de ganancia al año **es un buen negocio**?*

Yo se lo respondo...**<u>NO.</u>**

<u>Ahora modifiquemos la pregunta</u>: *Para Usted, **200.000 dólares al año** logrados con un trabajo simple y atractivo, **cambiarían su vida**?*

Para el 99% de nosotros la respuesta es **<u>SI.</u>**

Entonces... *debe orientar su acción para llegar a interesar a los inversores de riesgo o debe clarificar sus metas para **obtener 200.000 dólares al año para <u>USTED SOLO?</u>***

Lo dejo para que a esta pregunta se la **<u>responda Usted mismo</u>**.

En el caso que su respuesta sea positiva, el resto de este libro está orientado a **clarificarle los escenarios**, dotarlo de una **estrategia efectiva** para que pueda desarrollar su experiencia de negocios en Internet, facilitarle las **instancias de planificación** y ayudarlo a seleccionar el **mejor producto o servicio** que le permita alcanzar la meta de multiplicar sus ingresos y -*ya que estamos en el juego, juguemos*- para que pueda **lograr su realización personal a través del esfuerzo con recompensas!!**

Le vamos a **demostrar** que junto a los segmentos sofisticados y exclusivos del *"B2B"*, existen **gran cantidad de nichos y oportunidades** para el *"B2C"*, que el **mercado existe y crece**, que las

ganancias son posibles y que Usted tiene **derecho a tener un sueño y verlo realizado.**

Algunos datos sobre el Autor

Me sentiría infinitamente más cómodo en estas horas en las que estaremos en contacto, si supiese que me conoce de modo previo, ya sea porque es un suscriptor de mi Newsletter, ha tenido oportunidad de aprovechar alguno de mis trabajos anteriores o al menos es usuario en alguno de los sitios de Internet que dirijo o asesoro.

Cualquiera de estas circunstancias nos permitirían *"romper el hielo"* de la comunicación con mayor rapidez y casi con seguridad le facilitarían a Usted un aprovechamiento más profundo de la información que hemos de compartir.

Asumiendo que esto puede no ser así, tomaré unos minutos para una breve presentación que nos facilite las cosas a ambos de aquí en adelante, ya que deberemos concentrarnos luego en los temas de fondo.

Cuenta **Mary Walton**, autora del libro *"El Método Deming en la Práctica"* que cuando la **Florida Power & Light** -una compañía eléctrica del Estado de la Florida- se decidió a realizar un programa de *"Calidad Total"*, contrató a un equipo de consultores japoneses como soporte en su tarea.

Uno de estos consultores, el temible académico japonés **Noriaki Kano**, durante sus recorridas de control, acostumbraba a detener los empleados que se cruzaban en su camino en los pasillos y preguntarles: - *"Quién es Usted y cuál es su trabajo?"*

Las pobres víctimas, solían caer en la trampa y contestar: - *"Soy Juan Pérez y mi trabajo es el de Supervisor de Cuentas..."*. Y era allí donde Kano los interrumpía y les decía: - ***"NO!!, ese es su CARGO o su TITULO**...yo le pregunté cuál es su **TRABAJO**..."*

No quisiera caer en la trampa de Kano para esta presentación limitándome a decirle que soy un abogado que vive en Argentina (y que por esas particularidades de los convenios internacionales tiene la doble nacionalidad argentino-italiana), especializado en acompañamiento de proyectos empresarios de orientación tecnológica y entrenamiento especial en resolución no adversarial de disputas y negociación.

Quizás sea más oportuno hablarle de las **experiencias concretas** que verá luego reflejadas en este libro.

A poco de recibido de abogado en **1983**, en la Facultad de Derecho de la Universidad Nacional de Córdoba (una de las más antiguas de América) decidí encarar el desafío de profundizar en la aplicación de herramientas tecnológicas en la profesión.

En fecha tan temprana como **1986** y utilizando todas mis ganancias de la profesión logradas hasta ese momento (no *había inversores de riesgo en esa época*), fundé mi primer empresa -**Informática Para Profesionales SRL-**, la que existe aún a la fecha en manos de unos muy prestigiosos y dinámicos empresarios que la adquirieron allí por 1993, al morir inesperadamente mi querido socio **Alejandro Vaitl.**

Mis años de informática aplicada fueron por demás provechosos en mi formación como empresario -ser empresario implica poseer conocimientos y habilidades muy diferentes a las de un profesional-.

Durante esa etapa no sólo debí estudiar la teoría y aprender en la práctica el arte de administrar una empresa, sino que además tuve que incorporar habilidades de programación que me llevaron a desarrollar diferentes programas de aplicación en la gestión jurídica (muchos aún existen en versiones actualizadas, tales como *"Advocatus Plus", "Folios"*, etc.). En su época (alrededor de 1988-1991) esta empresa llegó a ser **la más importante** en el terreno del software de gestión jurídica, informatizando cientos de estudios jurídicos y asesorías letradas de gran tamaño en la Argentina.

Dada mi especialización en el tema de la informática jurídica, en **1992** fui contratado como Consultor Senior, en un Programa del **Banco Mundial** dedicado a sistematizar los juicios existentes contra el Estado Nacional (en Argentina) y como Asesor en Informática Jurídica en el **Ministerio de Justicia de la Nación**.

Los dos años ocupados en ambas tareas completaron mi enfoque, tanto en la comprensión de la particular dinámica de la Administración Pública, como la no menos compleja de los Proyectos Internacionales.

A fines de **1994**, cumplidos ambos contratos en Buenos Aires -y habiendo vendido mi Empresa de informática jurídica en el intervalo y luego de la muerte de mi socio- me disponía a regresar a Córdoba para retomar mi ejercicio profesional. Mi última actividad previa al regreso consistió en asistir a un curso que dictaba una experta norteamericana en Mediación.

Como negociador formado, tenía noticias sobre esta particular técnica de negociación en la que intervenía un tercero en un rol de facilitador y que desde no hacía mucho se aplicaba con tanto éxito en EE.UU. para la resolución de conflictos. Como *"buen negociador"*, desconfiaba bastante de las ventajas inherentes a permitir que un *"extraño"* metiese sus narices en la compleja trama de la relación entre partes.

Pues bien, al profundizar esta técnica durante el Curso, quedé tan impresionado por sus resultados y potencialidad, que al regreso a mi oficina llamé a esta especialista a EE.UU. y le pregunté cuándo podía hacer un Curso en su Universidad.

Un entrenamiento como Mediador en EE.UU. **no tomaba menos de 80 horas** y se desarrollaba a lo largo de todo un semestre.

No había tanto tiempo disponible en mis agendas para pasar seis meses en los Estados Unidos... *cómo hacer para encontrar un formato concentrado en no más de 2 semanas y a razón de 8 horas por día?*

Si algo caracteriza a los norteamericanos es que **TODO** tiene una respuesta... *"Consiga 20 personas al menos y le podemos organizar el programa en el formato que Ud. quiere"* - me contestó **Marti Bonneau** - la Directora del **Centro de Mediadores** de la **NOVA Southeastern Universiy** en aquella época-.

Giros del Destino?, Estar atento a las oportunidades?...cuatro meses después de nuestra consulta original, había logrado reunir a 64 profesionales argentinos que marchamos rumbo a la **NOVA Southeastern University** a tomar nuestro entrenamiento en Mediación en un formato especialmente diseñado para nosotros, intensivo y en dos semanas -a razón de 8 horas diarias- (y que yo había organizado).

El éxito de esta convocatoria, me permitió detectar que había una enorme necesidad insatisfecha en los profesionales, para el acceso a cursos de postgrado en EE.UU. pero en un formato especialmente diseñado para ahorrar tiempo y facilitar la traducción simultánea para aquellos que no manejaban adecuadamente el inglés.

A ese primer curso siguieron **doce (12) cursos más** -en los años siguientes-, tanto en la **NOVA,** como en la **University of San Francisco** y **The George Washington University** y ampliando los temas del terreno de la Negociación y Mediación a los Negocios Internacionales, Derechos Humanos y Sistemas de Salud.

Para el desarrollo de estas tareas, fundamos junto a un grupo de amigos la **Asociación Argentina de Arbitraje y Mediación (AAAM)** -1995-, una empresa específica de capacitación llamada **CPA de Argentina S.A.** -1996- y posteriormente una Firma Consultora llamada **Professional Services Provider S.A. (PSP)** -1997-, entrenando a miles de abogados en la técnica de Mediación (en Argentina), llevando a más de 600 profesionales diversos a los cursos en EE.UU y desarrollando un Programa llamado *"Líderes de Proyectos Empresarios"* para la reconversión profesional de **más de 150 Estudios Profesionales.**

Pero... no se aprende tanto en los **EXITOS** como en las **CRISIS**.

De no haber existido variantes en la economía mundial y de la región, muy posiblemente seguiría orientado a la tarea de organizar cursos de postgrado en universidades norteamericanas y el fenómeno de Internet lo hubiese visto a la distancia.

A fines de **1998**, con varios cursos contratados para el último trimestre de ese año se desató la crisis rusa, luego la asiática, después la devaluación brasilera y toda la región cayó en un pozo económico que prácticamente subsiste a la fecha.

Como *"viejo informático"* ya hacía uso de Internet desde hacía tiempo, pero fue esta crisis y su consecuente impacto sobre nuestros negocios que me llevaron a realizar un cambio estratégico en la Firma a mi cargo (PSP) y orientar fuertemente su actividad al naciente negocio de Internet.

Así nació en primer lugar nuestro Newsletter Electrónico ***"Novedades Empresarias y Profesionales"*** en **Septiembre de 1998,** que gracias a la planificación que preparamos para el mismo en poco tiempo ya era el **más grande en idioma español**. A la fecha de esta edición (Diciembre de 2000) ronda los **120.000 suscriptores** en más de 24 países.

Por suerte (o mérito) asesoramos varios de los negocios que tuvieron lugar en la etapa más temprana de Internet en Argentina. De este modo, fuimos parte en la representación de los franquiciados de las

Firmas **SATLINK y COMPUSERVE**, en la absorción que hiciera Telefónica de éstos para incorporarlos a su proveedora de accesos llamada **ADVANCE**.

Desarrollamos el Plan de Negocios del Buscador **DONDE**, uno de los principales Portales de Argentina en aquella época y que fuera comprado por **TERRA NETWORKS** en una de las mayores operaciones de compra de Sitios Web en Argentina -en la que también intervinimos-.

En distintos roles y funciones, hemos participado en el nacimiento del **SAOP.COM.AR** (*Sistema Argentino de Oferta Pyme*) a cargo de la Confederación General Económica de la República Argentina, **EDUCAONLINE.COM** (*emprendimiento vinculado a la Educación on line de la firma MOST S.A.*), el Portal **CONUNCLICK.COM** (*comunidades de jóvenes*), **ENPLENITUD.COM** (*comunidades para mayores de 40 años que acaba de lanzarse*) y otra veintena de emprendimientos a los que hemos asesorado en alguna de sus etapas.

También capacitamos a cientos de emprendedores de Internet en Seminarios que organizamos semestralmente y hemos vendido cientos de copias de nuestro Informe Técnico **IT-330** (***"Cómo Hacer un Newsletter Exitoso"***), la obra más vendida en su tema en español y gracias al cual se han desarrollado -a la fecha- **más de 30 nuevos Newsletters** en diversas áreas.

Muchos de nuestros artículos, notas y materiales se encuentran incorporados en los contenidos de decenas de sitios de toda la región, **más de 7.000 copias** de cada uno de nuestros Informes Gratuitos han sido solicitados en Internet y en **Mayo de 2000**, lanzamos la **Editorial Digital "Libros en Red"** (www.librosenred.com) para promover las oportunidades de miles de autores de la región y en la que concentramos actualmente una porción importante de nuestro tiempo.

Nos quedan muchas cosas en el tintero -como siempre ocurre-, pero tengo la esperanza de que **Kano** nos hubiese dejado seguir caminando después de esto y que ya nos conocemos un poco más como para entender desde que perspectiva y grado de conocimiento realizamos este trabajo.

De todos modos, como habrá leído más arriba, a la fecha llevo acumulada una intensa experiencia de **más de 17 años** en el armado y asesoramiento de negocios, tanto propios como de terceras partes y será un verdadero placer poder compartirla con Usted en esta obra.

Si desea completar aún más los datos aquí referidos, puede consultar nuestro sitio web en:

http://www.psp-sa.com

Y allí suscribirse a nuestro Newsletter **"Novedades Empresarias y Profesionales"**, o bien podrá hacerlo sólo enviando un email que diga "Suscribe" a nuestra dirección en:

empresa@psp-sa.com

Los Resultados dependen de Usted

Ya le expliqué brevemente el enfoque y la experiencia desde la cuál encaro la tarea, permítame ahora que hablemos un poco de Usted, porque tengo buenas y malas noticias para darle antes de que entremos de lleno en tema que nos ocupa.

Me lo imagino preguntándose: - *"Y cómo pretende él saber quién soy YO??"* ... pues está en lo cierto, no tengo forma de saber **QUIEN es Usted en concreto**, pero si se al menos **dos cosas fundamentales** de su persona:

La **primera** -y es muy positiva-, es que Usted **tiene inquietudes** y está **buscando respuestas** para mejorar su desarrollo personal o financiero (*y por eso está leyendo este libro y no jugando a las cartas con sus   amigos*).
Esto es MARAVILLOSO y lo felicito, pero tenga cuidado porque no debe confundir *"inquietudes"* y *"búsqueda de respuestas"* con una ***"garantía de éxito"*** -para llegar a eso se necesita cruzar varios puentes en el camino-.

La **segunda** cosa que se sobre Usted, es **que aún no ha sido capaz** de desarrollar **ni la décima parte** de su verdadero potencial.

No se altere ni ofenda, lo que acabo de decir no es un insulto, sino que constituye **una gran oportunidad**. Si Usted ya fuese **TODO** lo que es capaz de dar de sí mismo no tendría ninguna esperanza de seguir creciendo y mejorando... y le garantizo que puede alcanzar metas que jamás se imaginó.

Suena bastante bien, verdad??

Sin embargo, tengo que darle además, las **MALAS NOTICIAS** para que no se confíe y tome cabal conciencia de los desafíos que enfrenta.

Ya le he contado que edito el mayor Newsletter electrónico en español y esto me facilita estar en contacto con **MILES** de personas todos los meses, personas motivadas, educadas, dinámicas y la mayoría con un alto nivel de educación.

Digamos entonces que mis datos y cifras surgen de un público especial y preocupado por superarse -al menos tanto como Usted mismo- y no de los miles o millones de personas con menores expectativas, sueños menos ambiciosos, conformistas y hasta -si cabe el duro término- mediocres y derrotados.

Hecha esta aclaración voy a contarle **el primero de varios secretos** de los que pretendo irle develando a lo largo del libro.

Resulta que no tengo tiempo!!

Entre la gente que solicita uno de los Informes Gratuitos que suministramos, realizamos una encuesta.

A la fecha y de unos **7.000 informes pedidos** nos han respondido la misma alrededor del 20% -esto es, hemos procesado casi **1.500 encuestas** de personas de toda la región en el último año-.

Una de las preguntas que hacemos es: -*"Ha pensado iniciar una actividad de este tipo?, en su caso qué necesitaría para hacerla?"*

El **87%** de las personas contestan esta pregunta diciendo: *"Si, lo he pensado pero no tengo tiempo..."*

Qué equivocadas que están!!!

Cómo puede alguien pensar que *"no tiene tiempo"* para ser exitoso?

En realidad -como veremos después-, no es que les *"falte tiempo"*, sino que **NUNCA** tuvieron un claro *Plan de Acción Personal* para desarrollar, por lo que trataremos de actuar sobre este ítem también, aunque no sea el tema principal de este libro.

Y ya que tocamos este punto, estoy obligado a descubirle **otro secreto adicional** (mire como viene esto, aún estamos en la introducción y ya vamos por el segundo secreto)

Cuánto tiempo cree que trabajan los millonarios?

Lamento ser yo quién se lo diga, pero ya es una persona grande y alguna vez tenía que enterarse.

Una semana tiene **SOLO 164 horas** (*que duran lo mismo para Usted y para los millonarios o la gente exitosa en cualquier ámbito de la actividad humana*).

Dado que dedicamos algún tiempo a dormir, comer y divertirnos, aún el más fanático de los trabajadores **no podría hacerlo** más allá de 100 horas a lo máximo (es más, la gente que tiene un empleo suele **no pasar las 40-48 horas** de trabajo semanal).

Cuántas horas trabaja Usted y cuánto gana en la semana?

Los millonarios y el resto de la gente exitosa, trabajan lo mismo que Usted (o menos) y ganan

MUCHISIMO MAS -o han logrado más éxito en sus actividades-!!

Es que acaso ellos conocen algún "truco" que Usted ignora?

Desde ya le adelanto que <u>SI</u>, y en realidad más que "un" truco son **VARIOS** que iremos descubriendo en algunos capítulos posteriores.

Por ahora me limito a plantear este punto en la introducción: Usted puede lograr **CUALQUIER OBJETIVO** que se proponga, pero debe **ACTUAR** para conseguir los resultados.

Esta decisión **SOLO** depende de Usted.

Y vaya aprendiendo esto ya que luego volveremos sobre el punto:

"La **DECISION** *precede a la* **ACCION** *La* **ACCION** *precede a los* **RESULTADOS"**

Respecto a los links utilizados y sitios citados

Sabrá Ud. que Internet es esencialmente dinámico, casi con seguridad algunos de los links que utilicemos en esta obra pueden **NO EXISTIR** al momento que Ud. la lea.

Es posible además, que sitios mejores a los que indicamos, se creen a los pocos días o meses y que nuestras sugerencias dejen de ser las mejores.

Tenga presente estos detalles al visitar los sitios que indiquemos y, de nuestra parte trataremos de mantener actualizadas las versiones de esta obra, a las que siempre tendrá acceso si ha realizado la compra de un original.

Nuestra Relación a Futuro

Con esto acabamos con la introducción a la obra.

Internet brinda algunas ventajas particulares que de nuestra parte pensamos aprovechar al máximo en su beneficio.

No crea ni por un instante que nuestra relación será la tradicional entre el *"autor y el lector"* propia de los libros de papel. Todo lo contrario!!!

Hemos previsto desarrollar **CUATRO (4)** acciones específicas en su beneficio:

a) <u>Pida su "Clave de Adquisición" y realice consultas</u>:

Utilizando la misma dirección de email con la que hizo su compra de este libro, envíenos un email con el "Subject" (o Título) **"Quiero mi Clave de Consulta"** a nuestro email:

empresa@psp-sa.com

Recibirá una <u>**CLAVE especial**</u> en su correo y con la misma, podrá **realizarnos consultas** a nuestro email a fin de aclarar dudas, ampliar cualquiera de los datos que aquí le suministramos, recibir la última versión del libro en caso de que se actualice y participar de

Foros y otras **muy importantes** iniciativas de negocios que verá más adelante.

b) <u>Material e Información Adicional</u>:

También gracias a su clave, tendrá derecho a recibir o retirar de nuestro sitio el material adicional que preparemos para beneficio de los compradores de este libro y será informado de todo otro dato que pueda resultar de su interés en esta materia.

c) <u>Ultima versión de Libro</u>:

Siempre tendrá derecho a retirar o recibir la **ULTIMA VERSION** del Libro, con sus datos más actualizados.

d) <u>Participación en el SPN (Sistema de Participación de Negocios)</u>:

Nos referiremos a este punto con mayor detalle más adelante, pero desde ya le indico que se trata de una iniciativa de la que va a beneficiarse en gran medida.

Sólo como introducción le indico algunos aspectos:

Es posible que Usted no logre definir un producto o servicio con las características adecuadas para su comercialización en Internet y le será de extrema utilidad **conocer y poder contactar** a cualquiera de los otros emprendedores que **SI** posean un producto adecuado y estén dispuestos a nombrarlo su representante.

A la inversa, uno de los secretos del éxito está en la ampliación de los mercados... y qué mejor representante de sus productos, servicios o ideas que aquellos que **han leído el mismo libro** que Usted, carecen de un producto propio y están a la búsqueda de una representación.

El objetivo del **SPN** será vincular a todos los emprendedores que lancen su proyecto, para que en el libre intercambio de datos e información enriquezcan sus redes de contactos y amplíen sus oportunidades de hacer negocios.

Entremos de lleno ahora en los problemas de la **Nueva Economía.**

Marcelo Perazolo

Existe una "Nueva Economía?"

Vino Viejo en Odres Nuevos?

Tres conceptos aparecen entremezclados entre sí actualmente y puede ser bueno separarlos para comprender algo mejor el entorno en el que nos toca en suerte vivir, sufrir, desarrollarnos y hacer negocios.

Esto, porque es necesario poseer una **comprensión estratégica** del momento en que se vive, ya que es el único modo de **posicionarse del modo adecuado** y en el **momento oportuno**.

Internet, Globalización y Nueva Economía en muchos casos son tomados como sinónimos, cuando en realidad están lejos de serlo -y conviene saberlo-.

Siempre existió la "Globalización"

La *"globalización"* entendida esta como la aparición y desarrollo de una economía mundial interconectada es **vieja como la propia humanidad**.

En efecto, la tan mentada *"globalización"* ha sufrido avances y retrocesos en la historia humana, pero desde los **fenicios** -primeros comerciantes organizados al menos en occidente y que actuaban en la escala "global" de su mundo conocido-, hasta el momento cumbre en el esplendor del **Imperio**

Romano (*una lengua, una moneda, un mercado*), la misma ha estado presente en la historia de la humanidad.

Luego -y acompañando justamente la caída del Imperio Romano-, los largos años de la Edad Media e incluso del Renacimiento vieron nacer los Estados Nacionales -y su consecuencia, los mercados nacionales-, interrumpiendo la existencia de un *"mundo global"*.

Este reaparece a mediados del **Siglo XVIII**, con la irrupción de la **Revolución Industrial** y la expansión mundial del **Imperio Británico**, junto a las nuevas tecnologías del ferrocarril, el telégrafo y la producción en fábricas mediante la aplicación de máquinas.

La globalización vuelve a retroceder con las medidas proteccionistas de mediados del Siglo XX y es a fines de este -época que nos toca vivir-, en que una vez más reaparece, esta vez de la mano de satélites, comunicaciones universales y baratas, fibra óptica, viajes económicos y la tan mentada Internet.

En consecuencia, la globalización -vista como integración de mercados a escala del mundo conocido para el época en que se trate-, NO ES un fenómeno nuevo y **ha existido siempre** -con diferente profundidad y fuerza- en la historia de la humanidad.

La *"Nueva Economía"* SI es NUEVA!!

La *"Nueva Economía"* trata de un fenómeno diferente. Apunta a la globalización por su propia dinámica y naturaleza, pero en sí misma **NO ES** la globalización -esto lo veremos más adelante-.

Internet es sólo UNA PARTE de la *"Nueva Economía"*

Finalmente *"Internet"*, es **UNA** de las manifestaciones más claras y notorias de la *"Nueva Economía"*, pero no la comprende ni abarca por completo.

La fibra óptica, los satélites, las comunicaciones celulares, la biotecnología, los teléfonos y los faxes integran cada uno de ellos una porción de la *"Nueva Economía"* y la Internet es quizás el punto más claro donde todos los otros factores se unen, conjugan o muestran, pero de modo alguno el único.

Diferencias y Relaciones entre la *"nueva"* y la *"vieja"* Economía

El último concepto que nos permitimos tratar es el de la vinculación o relación entre la *"nueva"* y la *"vieja"* economía (si hay una nueva, es porque existe una vieja, verdad?).

Los **principios económicos fundamentales** no han desaparecido, pero se ven modificados, impactados y obligados a comprender fenómenos diferentes, más rápidos, más amplios, a los que, además, se suman algunos conceptos nuevos que trataremos a continuación.

En rápida sucesión y siguiendo a **Kevin Kelly** (autor de ***"Nuevas Reglas para la Nueva***

Economía" al que citamos en la bibliografía al final) lo pondremos al tanto de los principios nuevos o casi nuevos al que debemos enfrentarnos.

Ley de Metcalfe

Como en el caso de todas las *"leyes"* que siguen, no se trata estrictamente de una *"ley"* sino de un principio o enunciado, pero que tiene **TREMENDA IMPORTANCIA**.

Veamos...**Metcalfe (Bob Metcalfe)**, fue quién enunció a fines de los 70' el principio del *crecimiento de valor exponencial de las redes*.

"El valor de una red es igual a la raíz de n de su crecimiento"

Para entenderla tomemos el ejemplo del **fax.**

La primer máquina de fax era una máquina **triste**...no tenía a quién enviarle un fax que era para lo que servía (*dicho sea de paso...quién compró el primer fax?*)

Cuando apareció la **SEGUNDA máquina de fax**, el **valor de la primera** se **incrementó en un 100%** (*ya podía enviarle un fax a alguien!!*).

Hasta aquí coinciden las matemáticas tradicionales con la Ley de Metcalfe: un fax más otro es igual a un **crecimiento del 100%!!**

La diferencia en el esquema o *"economía de redes"* respecto de la economía *"tradicional"*, es que el **TERCER FAX**, no incrementa el valor de la red en un

50% **sino en un 200%!!** (cada máquina tiene otras dos a las que enviar mensajes).

Al aparecer la **CUARTA** máquina, el valor de la red **no se incrementa en un 25% adicional** sino en un **300%** ya que ahora cada máquina tiene <u>otras **TRES**</u> a las que enviar mensajes.

Para hacerla corta...cuando se incorpora el fax número **1001**, existen **1000 nuevas combinaciones de faxes para enviar (todos contra todos).**

El concepto a comprender es el siguiente: El **crecimiento de VALOR de una red** es diferente a su **CRECIMIENTO NUMERICO** y mientras **más grande es una red**, **MAYOR VALOR FINAL** suma **cada nueva incorporación adicional** que se realiza a la misma.

En una estructura tradicional (digamos una empresa) sumar **UN CLIENTE** a los 1000 anteriores, representa un **crecimiento de 1/1000 avas partes** de su cartera de clientes (o lo que es igual, al **0,001%**).

En una red de 1000 puntos, la incorporación 1001 suma **1000 nuevas oportunidades** de interconexión -con lo que crece el **VALOR de la red** una vez más en sí misma-.

Capta la diferencia entre el **crecimiento de VALOR de la red** respecto al crecimiento **NUMERICO** de la misma?

Entonces, en Internet (que es una RED) cada **nuevo miembro** que se incorpora, está incorporando **la suma potencial de "n" relaciones** para con todos los miembros de la misma.

En los sistemas económicos **basados en redes** el crecimiento de valor de cada nuevo miembro incorporado representa un valor teórico de incremento de la raíz "n" de sus miembros.

Eso es crear valor y no broma!!!

Ley de Moore

En este caso el responsable es **Gordon Moore**, Ingeniero de Intel que observó que cada **18 meses** el **precio de los procesadores caía a la mitad** o su **rendimiento se duplicaba**.

Esto ha venido cumpliéndose desde la aparición de los procesadores y hasta la fecha -e incluso se observa en el terreno de los ancho de bandas, almacenamiento en disco, etc.- y conduce en su consideración más extrema, a utilizar como variable de análisis que el costo por bit procesado (o transmitido o almacenado) tiende a la **GRATUIDAD!!!**

Asombroso verdad?, y hoy prácticamente es así. Si toman el precio de un disco duro de **10 o 12 Gb** (alrededor de **U\$S 150 - 200** al menos en tecnologías IDE) y tratan de **dividirlo por los bites** que contiene descubrirán que el **costo unitario de cada bite es muy cercano a CERO.**

Regalarán los discos duros, procesadores o ancho de banda algún día?

Es posible que sí, pero aún cuando los cobren, la baja de precios hace que económicamente hablando, el **factor costo** tienda matemáticamente a **CERO** (los expertos en matemática conocen esto como **<u>curva asintótica</u>**, que es la que aparece cuando en una función el valor de una variable determinada no llega al cero nunca, pero está tan cerca que se puede asumir a los fines prácticos que es igual a cero)

Dentro de este concepto, se habla también de la *"Ley de Gilder"*, quién predice que en el terreno de las **comunicaciones** la Ley de Moore se queda **CORTA** y que cabe esperar que el poder de las comunicaciones se **TRIPLIQUE cada 12 meses!!** (*si se TRIPLICA el poder de comunicación al mismo precio, representa una disminución proporcional del precio en un **200% cada 12 meses**, lo que deja a Moore como un tierno niño de pecho*).

<u>Relación de Metcalfe y Moore con la Nueva Economía:</u>

Como podrán apreciar, un modelo económico basado en la **DUPLICACION de potencia** cada **18 meses** (o **TRIPLICACION cada 12 según Gilder**), con tendencia de costos básicos a CERO (**Moore**) y un crecimiento de valor al cuadrado de la incorporación de nuevos miembros en la red (**Metcalfe**), representa una combinación explosiva de factores y dan la pauta de cambios profundos en las formas económicas conocidas hasta la fecha.

Quizás no estén del todo claro sus efectos reales y finales en la economía (los expertos las discuten y rediscuten de modo permanente), pero las variables que están en juego son **MUY PODEROSAS** como para que los financistas y los empresarios consideren sano mantenerse muy lejos de ellas.

Esto no significa que la *"nueva"* economía deja de lado los principios de la *"vieja"* en todos los casos, por el contrario cada día es **más evidente** que las habilidades y fortalezas del mundo ***"brick"*** (empresas de ***"ladrillos"***) son necesarias para las empresas ***"click"*** (las firmas de Internet).

Pero, muchas de las **herramientas de medición de factores económicos** aún no están adaptadas para medir el impacto de los cambios por venir y esto nos dificulta un análisis serio y profundo de sus consecuencias reales.

Cualquier **Instituto de Estadísticas** puede decirle la proporción de hombres y mujeres que forman la fuerza de trabajo, el aumento en el precio del cemento en el último año o la cantidad de autos fabricados, pero... **ninguna estadística** está reflejando aún la **cantidad y calidad del software incorporado** en las empresas, la integración en redes y su impacto, los resultados de capacitar al personal en el uso del correo electrónico o cualquiera de las restantes variables de la *"nueva economía"*.

Estados Unidos, a la cabeza de este proceso, no deja de sorprender a sus analistas, ya que los números actuales de su economía (*crecimiento, pleno empleo y sin inflación*), son muy diferentes a los que cabría esperar según los tradicionales sistemas de análisis.

Sin embargo, lo que siempre me ha preocupado **NO SON LOS EFECTOS**, sino entender las **CAUSAS**.

Quien posee los elementos de **análisis y comprensión** de los procesos de cambio está en condiciones, **no de sufrirlos, sino de aprovecharse de ellos**.

La explicación de las "leyes" de **Moore y Metcalfe** van en esa dirección...no asombrarse ante los cambios sino **COMPRENDER sus causas y tendencias** (y de ser posible posicionarse y aprovecharlas).

Ley de Fractura

Posiblemente uno de los textos más claros -a mi criterio- para interpretar las reglas de la "nueva economía" lo encontrarán en el trabajo de **Larry Downes y Chunka Mui**, publicado por el **Harvard Business School Press (1998)** y titulado *"Unleashing The Killer App"* (para los que lo quieran en español, en la bibliografía citamos el texto de Editorial Granica, que ha sacado una edición traducida con el título de *"Estrategias Digitales para Dominar el Mercado"*)

Basándonos en **Downes y Mui** podríamos enunciar la **Ley de Fractura** del siguiente modo:

"...los sistemas sociales, políticos y económicos cambian en <u>forma incremental</u>; la tecnología lo hace de <u>modo exponencial</u> por causa de la Ley de Moore (todo más barato) y la de Metcalfe (las redes aceleran todos los procesos)...esta diferencia de velocidades impide la adaptación y genera <u>FRACTURAS</u>..."

Downes y Mui señalan que las épocas serán cada vez **MENOS APACIBLES**, porque la *"Ley de Fractura"* importará que los cambios que ocurran en sectores completos de la economía, las empresas, el empleo, la educación, la política, etc. serán profundos y "crujientes" y, debido a Internet lo hará **CADA VEZ A MAYOR VELOCIDAD!!!**

Lo que resulta terrible de vivir en las épocas de *"fractura"*, es que desaparecen las viejas instituciones y modelos, **cuando aún no están claramente desarrollados los nuevos**.

Uno advierte, vive, sufre y siente los cambios...pero aún no aparecen en el horizonte los modelos sustitutivos ni las soluciones y políticas para enfrentarse a ellos.

No les quepa duda que así como el industrialismo permitió dar trabajo a millones de personas, **también lo hará la economía digital.**

Pero, como en aquellas épocas, lo primero que veremos será la destrucción de las relaciones y principios que hoy conocemos y que regulan nuestras leyes y costumbres, mucho antes que las nuevas vengan a substituirlas.

Sin causar pánico debo simplemente recordar que muchas de las actuales actividades de intermediación y otras instituciones (propiedad intelectual?), desaparecerán en los formatos en que hoy las conocemos.

Existirán en otras formas, pero no en las actuales.

Trabaja en la *venta de autos?, seguros?, actividad financiera?, inmobiliaria?, es editor de libros o posee un sello discográfico?.-* Muchos de estos roles van rumbo a **cambios profundos**.

Tal como dije, esos son los efectos de la Ley de Fractura...permítame que analicemos las causas.

Y aquí aparece **Ronald Coase.**

Coase y la "Ley de Reducción de Firmas"

Muchas compañías **reducirán su tamaño** incrementando su actual rentabilidad (*y en consecuencia achicarán su estructura y planta de personal*), aparecerán cada vez más empresas pequeñas, rentables y altamente especializadas, capaces de operar en prestaciones o servicios permanentes o esporádicos. Nace la *"constelación de empresas"*, también conocido como *"el ecosistema de firmas"*.

El enunciado de la **"Ley de Reducción de Firmas"** de **Downes y Mui** es francamente revolucionario. En concreto dice así:

"A medida que los **costes de transacción** *en el mercado libre se acercan a cero, lo mismo ocurre con el tamaño de las Firmas"*

Cómo? desaparecerán las empresas??

NO, no desaparecerán, pero habrá profundos cambios y para comprenderlos vamos a retroceder hasta **1937** y presentar a **Ronald Coase.**

Ronald Coase fue un economista que allí por 1937 escribió un trabajo titulado **"La Naturaleza de la Empresa" (The Nature of the Firm)**, que le valió junto a trabajos posteriores, un Premio Nobel de Economía muchos años después.

Coase estudió el "por qué" del tamaño de las empresas.

Hasta dónde podía y debía crecer una empresa, hasta que punto era rentable o no un mayor tamaño y por qué?

En teoría una empresa -para mantenerse rentable- no debería absorber internamente actividades o procesos cuyo precio en el mercado **sea menor al de generarlos internamente.**

Sin embargo -y este es el descubrimiento de Coase-, existen ciertos factores para tomar esa decisión -la de contratar un servicio afuera en vez de resolverlo internamente-, que hoy se conocen en economía como *"costos de transacción".*

El concepto del *"costo de transacción"* indica que en algunos casos es **más barato** para una empresa **consumir sus propios servicios** que tomarlos en el mercado, aunque a primera vista el **precio externo sea menor**.

En efecto: puede que las resmas de papel se consigan más baratas en el negocio de la esquina y sería lo lógico que el empleado al que se le acaba papel, vaya y lo compre allí. Pero, para ello la empresa tendría que procesar una orden de compras, el registro contable, el pago, el manejo del stock interno, etc., etc.

Como todos estos procesos **tienen un costo** que se suma al "precio" del producto en el mercado, suele suceder que a los fines de una empresa dada, sea más económico tener un departamento de compras que adquiera todas las resmas de papel de modo conjunto, a que cada empleado compre en la esquina el papel que va a utilizar -generando cientos de órdenes de pedido, pago, etc.- aún cuando el mismo pudiese ser algo más barato comprado de este modo.

Hasta aquí las consecuencias del estudio original de Coase, este fenómeno -el costo de transacción- es el que justifica en la mayoría de los casos ser una gran empresa y absorber internamente cientos de procesos que podrían -llegado el caso- obtenerse a menor precio en el mercado.

Además el concepto de *"costos de transacción"* se aplica en innumerables casos adicionales (incluso personales).

Cuál sería su ***"costo de transacción"*** si para alquilar una casa Usted tuviese que buscarla por toda la ciudad?

Una **inmobiliaria** le cobra un honorario por ello, pero esa intermediación -aunque cara- tiene un *"costo de transacción"* menor (para Usted) al que tendría dejar su trabajo durante días para buscar casas en toda la ciudad.

La tecnología que hoy día irrumpe en nuestras vidas (Internet) está *"limando"* los costos de transacción del mercado al tornarlo más eficiente en sí mismo y permitir a las empresas -o particulares- acceder **directamente a ciertas informaciones** que antes requerían de un intermediario o de un proceso interno que resultaba MAS BARATO (en términos de "costo de transacción").

Y si en vez de recorrer la ciudad en busca de casas y perdiendo varios días de su trabajo, el problema se reduce ahora a conectar su computadora, ingresar al sitio web con ofertas de casas y elegir las más convenientes? -combinando además las entrevistas con los propietarios vía email-.

Para que la inmobiliaria sobreviva en su tarea de desintermediación, debe **BAJAR SUS COSTOS** al nivel de los "*costos de transacción*" del mercado.

Más Internet - más comunicaciones y acceso a la información -, menos costos de transacción, mercados más eficientes y baratos, todo conduce a un **menor margen de intermediación.**

"NO hay problema!!, pasarán años hasta que esto ocurra!!"

Seguro?

Y la **Ley de Moore** que le avisa que **cada 18 meses** el poder de la tecnología se **duplicará al mismo costo?**,- Y la **Ley de Metcalfe** que le indica que mientras **MAS crece la red MAS VALOR** y **FUERZA** adquiere (de modo exponencial).

Siente el crujir de la "Ley de Fractura" debajo de sus pies?

Estamos **desacostumbrados a la velocidad de este cambio** en particular, porque en el mundo industrial que conocemos **los tiempos del cambio han sido diferentes.**

El automóvil -por ejemplo- es masivo al menos desde principios de siglo (100 años). Qué hubiese ocurrido si la Ley de Moore *se hubiese aplicado a la industria automotriz?* (hoy un Mercedes Benz no costaría más que unos pocos centavos y posiblemente se lo darían de cambio cuando comprase la leche en el supermercado -*"No tengo monedas...le puedo dar un Mercedes Benz para el vuelto?"*-).

Entonces...la **Ley de Moore y la de Metcalfe** están actuando sobre los "costos de transacción" (estudiados y comprendidos gracias a **Coase**) y provocan un rápido cambio -Ley de Fractura enunciada por **Downes y Mui**-

Estos son los principios, analice con ellos su puesto de trabajo, su industria, su profesión o el sector de la economía que desee.

Espero que le saque provecho, es Usted inteligente y si entiende las reglas puede jugar este juego de modo tan eficiente como cualquiera.

Si hubiese un Profeta...

Si alguien lo hubiese sentado en la mesa de un bar en **1985** y comentado:

- *"Mira Juan, en los **próximos 25 años** ocurrirá lo siguiente: las computadoras personales que ahora parecen un juguete caro, se van a seguir desarrollando en potencia y poder y bajando de precio de modo constante, por lo que la gente las usará cada vez más en sus oficinas, negocios y hogares. Se venderán millones de ellas.*

Esto dará lugar a una industria multimillonaria llamada "software" y vinculada a ella aparecerán las tecnologías de redes.

Luego, las redes se irán integrando a escala mundial tanto por teléfono, como por cables y microondas y será posible desarrollar empresas virtuales en un medio llamado "Internet", al que luego se accederá desde unos teléfonos especiales que se llamarán "celulares" y... etc, etc...."

Cómo hubiese organizado su actividad empresaria si hubiese conocido este proceso a tiempo? Cómo se hubiese posicionado en el mercado? A qué se hubiese dedicado?

La pregunta del millón entonces es:

"Hacia dónde nos dirigimos en los próximos 10 o 15 años?"

Puedo equivocarme pero tengo algunas tendencias para comentarle:

Por un lado tenemos el increíble poder (en términos de procesamiento, almacenamiento y comunicación) que la ***"Ley de Moore"*** pone en mano de las empresas y particulares (y que **crece al doble al mismo precio** y cada 18 meses o menos según analizamos).

Por el otro, la **existencia de redes** cada vez más grandes, más valiosas y con una mayor velocidad de crecimiento (***"Ley de Metcalfe"***).

Los *"costos de transacción"* (Principio de **Coase**) que antiguamente hacían rentable que las empresas **tuviesen un gran tamaño** para responder internamente a sus requerimientos se diluyen con la baja de costos de intermediación lo que da lugar a los efectos propios enunciados en la ***"Ley de Fractura"***.

Estos fenómenos, que producen y seguirán produciendo verdaderas "fracturas" en muchos mercados tienen una **dirección clara y comprensible**. Analicemos varios ejemplos a continuación:

Empecemos por un ejemplo doloroso (para la empresa que lo sufrió) y altamente beneficioso (para la empresa que lo aplicó).

Bill Gates, La Encarta y la Enciclopedia Britannica

En **1990**, Bill Gates se puso en contacto con la **Enciclopedia Británica** (la más grande y prestigiosa del mundo) para hacer una versión digital de la misma. La "Britannica", temerosa de perder sus enormes ganancias de las ediciones de papel se negó a entrar en el negocio digital.

Bill Gates creó entonces la suya, con material que obtuvo en Funk y Wagnalls y archivos de imagen y sonido del **dominio público**.

Conoce la <u>Encarta</u>?

En **<u>sólo 18 meses</u>**, Microsoft pasó a ser el **mayor vendedor de enciclopedias del mundo!!** (enciclopedias digitales por supuesto).

Enciclopedias cuyo **costo de producción** es de alrededor de **U$S 1,5** (grabación del CD más la caja) contra **más de U$S 250** que cuesta imprimirla en papel.

Cuando al poco tiempo la Britannica se acercó a Microsoft para reconsiderar su primera respuesta, el inefable Bill les dijo que **dada la evolución del mercado**, ahora **<u>ELLOS</u>** deberían **pagarle a <u>EL</u>** si deseaban utilizar la marca **Encarta!!**

Actualmente la Enciclopedia Británica está en crisis y ha sacado -tarde quizás- su propio CD (y más recientemente su sitio web).

Escuchó hablar de la "Ley de Fractura" en algún lado?

<u>Una Empresa Inteligente:</u>

Un resultado diferente al de la "Britannica" obtuvo **Federal Express** cuando enfocó el problema adelantándose a la fractura -y creándola- en la búsqueda de resultados.

Una de las áreas más caras y problemáticas de la empresa era atender las **consultas de los usuarios** sobre **cuándo llegarían sus paquetes a destino**.

Esto ocupaba a **cientos de operadores** que debían atender a los clientes por teléfono, buscar el dato en la sección de transporte, suministrar esa información, etc.

Qué hizo FedEx?

Directamente **abrió sus sistemas de información interno a sus clientes!!!** (algo a lo que muchos jamás se animarían), desde su sitio web permitió a cualquier cliente que haga el seguimiento de su despacho en base al número de control de su código.

Ahorró **MILLONES de dólares** en procesos internos y generó una sensación de seguridad y respeto en todos sus clientes (más los nuevos que ganó gracias a su innovación), que sin darse cuenta **ahora hacían a su costo**, el trabajo que **antes tenía que hacer la compañía**.

Hoy casi todas las compañías de correo o despacho han seguido los pasos de esta innovadora empresa y se considera casi un *"derecho natural"* de un cliente, acceder mediante Internet y ver en dónde se encuentra su carta o paquete y si el mismo ha llegado a destino.

Federal Express, "fracturó" el sistema de atención de clientes, abrió el acceso a datos considerados secretos en otro momento, **trasladó el costo de su servicio** de información a los mismos (con el consiguiente ahorro y aumento de su ganancia), ganó nuevos clientes y respeto en el mercado por su innovación y **ADEMAS** dejó a todos felices!!

<u>Hagamos una Película!!</u>

Para terminar de entender el modelo y sus consecuencias, debemos hablar brevemente del *"Modelo Hollywood"* y las firmas cooperativas.

Sabe cómo se hace una película hoy en día?

Los **grandes estudios de Hollywood** de hace 80 o 90 años, dueños de los artistas, los estudios, las cámaras, los vestuarios, los directores y los artistas **no existen más desde hace años.**

La industria cambió, se "redujo" y actualmente opera de la siguiente forma:

Hoy día un **PRODUCTOR** encuentra un libro interesante y contrata a un **GUIONISTA famoso** para que le prepare el guión.

Con el guión en la mano, convence a algunos **ARTISTAS de renombre** a fin de que acepten ser parte del film -en algunos casos a cambio de dinero fijo y en otros a cambio de un porcentaje de los resultados del film, con lo que reduce aún más el riesgo-.

Con los nombres de los artistas asegurados, concurre a una serie de **INVERSORES** que se deciden a financiar el proyecto (en algunos casos los inversores son los propios estudios, en otro los distribuidores y también Fondos especializados y orientados a este tipo de inversiones).

Luego, debe buscar uno de los **DIRECTORES de moda** para completar el proceso.

Este -el Director- generalmente trabaja de manera habitual, con un **conjunto de pequeñas compañías** o equipos que se encargan del *VESTUARIO, LOGISTICA DE APOYO, EQUIPOS, EFECTOS ESPECIALES y MUSICA.*

La película se filma en **estudios alquilados** o en exteriores.

Los actores y equipos de soporte **desaparecen** (por lo menos hasta la entrega de los Premios OSCAR).

Los equipos de **EDICION** y eventualmente los de *SONIDO y EFECTOS ESPECIALES* completan su tarea en los laboratorios.

El productor encarga a **compañías especializadas** que preparen el *"merchandising"* de la película.

El productor contrata con las **firmas responsables** de la **distribución** del filme en las salas (que en algunos casos también operan los derechos internacionales y en otros casos se trata de compañías diferentes).

El productor contrata a la **agencia** que se hará cargo de la **promoción de la película**.

Todo este **conjunto de empresas y personas** cobran su parte, desaparecen y se combinan de modo diferente para la próxima película.

Dónde vio Ud. una **"empresa"** real, tangible, palpable "*haciendo la película*" en este ejemplo?? (al menos como las hemos conocido hasta ahora)

Este sistema de trabajo, también conocido como "*sistema cooperativo*", "*ecosistema de empresas*" o "*constelación de compañías*", es uno de los **formatos más comunes** que encontrará en el futuro y habrá de trasladarse a la industria editorial, los diarios y revistas, la música, el turismo, la organización de congresos, las universidades y otros cientos de ámbitos de la actividad económica humana (*y para el que debe prepararse*).

Internet es **sólo una parte del paradigma**, pero quizás su parte más interesante y accesible para el ciudadano común de carne y hueso.

Y en su análisis nos introducimos en el próximo capítulo.

Marcelo Perazolo

Comprendiendo el Mercado

Riqueza Preexistente (Usted ya es Rico!!)

Así como he debido darle algunas **MALAS NOTICIAS** (y habrá más), también tengo muchas de las **BUENAS** para su alegría.

Esta es quizás una de las más importantes: En el complejo mundo global, donde las empresas se reducen y los cambios se aceleran, donde intervienen las "*Leyes de Fractura*" y las de "*Moore*" y "*Metcalfe*", Usted es <u>**MAS RICO**</u> de lo que se imagina y toda esta **RIQUEZA** que ya posee le hace **muy fácil encarar con éxito** casi cualquier experiencia de negocios si la sabe utilizar adecuadamente!!

(Piensa que tengo un vaso de vodka al lado de la computadora y escribo estas líneas sin un control muy profundo sobre mis actos?)

En lo más mínimo. Si gira la cabeza a su alrededor verá fácilmente de qué estoy hablando.

El género humano ha sido capaz de **producir más riqueza de la que ha consumido** y el legado de cada nueva generación es más rico que el de la anterior.

Qué podía agradecer un *fenicio* como legado a sus antecesores?.

Bastante poco. A lo sumo la técnica de construir navíos, cierta industria textil, de metales y de alfarería y la existencia de algunas ciudades en las costas del Mediterráneo que le permitían desarrollar su actividad comercial.

Si hubiese tenido la suerte de poder hacer turismo, a lo sumo habría disfrutado de las pirámides en Egipto, algún bar decente en Alejandría y poco más.

Gracias a la labor civilizadora y al duro trabajo de los romanos a lo largo de cientos de años, un *habitante de la Edad Media* tenía a su favor algunos caminos, acueductos y cierta tecnología básica de meteriales e ingeniería que se usaba para hacer Catedrales y Castillos para los nobles.

Hacia *fines del Renacimiento y Principios de la Edad Industrial* un ciudadano de aquel entonces ya contaba con los beneficios de la imprenta, un sistema financiero que empezaba a tomar forma, algunos avances tecnológicos generales (relojes por ejemplo), una técnica náutica con cierto desarrollo, rutas comerciales con cierto desarrollo y pocas cosas más.

Ya a *principios de este siglo* las ventajas eran mayores: ferrocarriles y caminos, electricidad, correo, prensa, telégrafo, fotografía, cine, el principio de los teléfonos y la aviación y una capacidad industrial capaz de casi cualquier obra de ingeniería.

De qué dispone Usted, habitante del año 2000?

Realmente **MAS** de lo que **JAMAS NADIE** hubiese sido capaz de imaginar unos pocos años atrás.

El sistema financiero, aunque aún no es enteramente global, tiende a serlo y YA EXISTEN monedas de pago universal (escucho hablar de *VISA o MASTERCARD*?).

A un costo casi despreciable -si lo analiza en perspectiva-, puede comunicarse por teléfono con **cualquier lugar del mundo YA** (gracias a que existen miles de millones de dólares en satélites, fibra óptica e infraestructura colocada para que pueda hacerlo).

Existen ciudades, caminos, leyes, tribunales, colegios, universidades (*mejores o peores según el lugar del mundo en que le toque vivir*) y con un valor insignificante en relación a la magia del resultado, puede tomar un avión y en pocas horas estar en el lugar del mundo que elija. Esto no es todo, a dónde llegue encontrará hoteles, restaurantes, autos de alquiler, mapas de las ciudades y guías de teléfono (*sin olvidar algunos productos estándares como Mc Donald y la Coca Cola*), conexiones para su computadora y "*romaming*" para su teléfono celular.

Convengamos que aún **no puede** ir a la luna o viajar a marte a bajo costo -seguramente ésto será un beneficio para futuras generaciones- pero quiso el destino que le toque vivir en una época apasionante en la que **TODA la humanidad** está en condiciones de comunicarse de modo instantáneo gracias a un invento **TAN PODEROSO** que es el de mayor desarrollo y más rápido crecimiento en la historia de toda la humanidad -al menos a la fecha-: **Internet.**

Este hecho es **tan formidable y reciente** que aún muchos no han terminado de tomar conciencia y entender esta circunstancia -y menos aún **aprovecharla plenamente a su favor**-.

Vuelva su mirada una vez más a nuestro comerciante fenicio de hace dos mil años y compárese con él...quién cree que tiene más recursos y riqueza a su favor?, **a quién le resulta más fácil encarar un negocio y tener éxito?**

Sólo su teléfono celular -el que tiene gratis a cambio de su consumo o al que ha comprado por unas pocas monedas- y que permite que cualquiera lo pueda contactar en cualquier momento, equivale a la *lámpara de Aladino* desde la perspectiva de aquel antiguo colega en el mundo de los negocios.

Ni el país más poderoso del mundo en cualquier época previa de la humanidad, ni el hombre más rico de la tierra en casi cualquier momento previo al presente tenía a su alcance ni la décima parte de las herramientas y posibilidades que tiene Usted hoy a al suyo y cualquier hogar u oficina promedio de la tierra está **MAS** conectada y dispone de **MAS** tecnología aplicable que las principales empresas unos pocos años atrás.

Nunca fue más simple que ahora hacer negocios y desarrollar proyectos!!

Bienvenido al mundo de las oportunidades ilimitadas!!!...mi único trabajo consiste en explicarle cómo debe usar estos recursos increíbles en su propio beneficio.

Negocios e Internet

Siempre es más simple entender cualquier fenómeno si estamos en condiciones de simplificarlo para analizar su estructura básica. Todos los agregados vienen por añadidura.

Por un lado desmenucemos a los **<u>negocios</u>**:

Alguien (sea una empresa o un particular) produce algún **BIEN o SERVICIO** que representa **VALOR** para alguna otra parte. Es capaz de **HACER CONOCER** su existencia y puede **VENDER** el mismo con una **DIFERENCIA** entre lo que le cuesta producirlo y lo que obtiene por venderlo que constituye su **GANANCIA**, luego de **ENTREGARLO** a quién lo adquiere.

Mientras **MAS VECES** pueda venderlo con una diferencia entre su **COSTO** y su **PRECIO**, mayor será su **GANANCIA**.

Vamos a repasarlo:

1) **Producto o Servicio**
2) Agrega o representa **valor** para alguien.
3) **Difunde** su existencia a otras personas.
4) Puede venderlo con un **margen de ganancia**.
5) Al venderlo debe resolver la **entrega** del mismo al comprador
6) Mientras más veces lo haga o mayor margen obtenga **acumulará esa diferencia** en mayor medida.

Marcelo Perazolo

Cada uno de estos aspectos tiene sus problemas y particularidades -y las analizaremos en la presente obra-, sin embargo los que siempre han representado el mayor desafío han sido los de **DIFUNDIR** la existencia del producto o servicio y **ENTREGARLO**. El **costo** de ambas tareas es lo suficientemente elevado por los medios tradicionales, como para eliminar la potencial ganancia en muchas de las experiencias posibles de negocios.

Como le decía antes, todos los demás aspectos de los negocios **vienen por añadidura** a la estructura básica.

Para algunos, el producto o servicio que ofrecen, no lo producen de modo directo sino que lo adquieren a su vez de terceros (*diversas formas de intermediación*), algunos productos sólo pueden ser producidos por aquellos que tienen derechos sobre los mismos (*caso de las patentes o la propiedad intelectual*), otros requieren de grandes inversiones previas para su elaboración (*un auto o una bolsa de cemento*), pero básicamente son agregados y variantes que giran en torno del problema principal de un negocio.

Ya hemos visto la esencia de los **negocios**, veamos ahora la esencia de **Internet**:

Ocupándonos sólo del punto que nos interesa a los fines de esta obra, Internet representa: **comunicación** y **difusión** y -en el caso de ciertos productos y servicios-, **entrega** casi gratuitas.

Debo aclararle que Internet tiene una **triple dimensión** y puede ser útil identificar la naturaleza de cada una de ellas para no confundir nuestro análisis:

Como **Mercado** requiere o demanda productos antes inexistentes (*miles de contenidos o programas se han creado sólo para Internet*),

Como **Canal** es un camino para la comercialización de productos y servicios en general (*los libros se venden en librerías físicas y además en Internet*) y

Como **Medio** es una fuente de comunicación capaz de transmitir mensajes y publicidad (*tal como la radio o la TV*).

Para algunos proyectos Internet es **EL MERCADO** y para ella crea sus productos o servicios; en otros se trata de **UN CANAL** utilizado para la venta -y en algunos casos la entrega- de los productos; para otros será sólo **UN MEDIO** utilizado para establecer comunicación con clientes.

Está en claro ahora de qué hablamos cuando nos referimos a un **negocio** y de qué cuando nos referimos a **Internet**...hablemos brevemente de su alcance y tamaño como mercado.

Evaluando el Potencial del Mercado

Entre **500 y 600 millones** de personas tienen acceso a Internet actualmente y se estima que **casi un tercio de la humanidad** lo tendrá dentro de cinco a siete años (alrededor de **3.000 millones** de personas).

Es éste un dato importante?

Sólo relativamente...no deja de ser un número sin mucho más significado que el que pretendamos atribuirle.

Masa Crítica y Punto de Convergencia:

Creo que mucho más importante es facilitarle los elementos para que conozca los conceptos de *"punto de convergencia"* y *"masa crítica"* y pueda utilizar su propio criterio para evaluar cualquier cifra que le toque analizar a futuro.

En cualquier proceso en desarrollo (*desde la fabricación de heladeras hasta el lanzamiento de un nuevo periódico*) existe un momento a partir del cual un mercado nuevo alcanza su **capacidad de autosostenerse** y crecer en razón de **su propia dinámica**. Este punto suele denominarse *"masa crítica"*.

Algunos productos nunca llegaron a su *"masa crítica"* y por dicha razón no existen más. Un ejemplo concreto es el de la tecnología de video conocida como *"Betamax"* que no logró imponerse a la competencia del **VHS**. Hoy **TODAS** las videocintas y las reproductoras de video utilizan la norma **VHS** y no la **Betamax**.

La *"masa crítica"* de un producto puede perderse pasado un período -generalmente cuando aparecen tecnologías o productos que lo sustituyen- y existe una gran cantidad de ejemplos de productos que han desaparecido -al menos con un empleo masivo-, tal el caso de las válvulas en la electrónica, las locomotoras de vapor, el uso de sanguijuelas en la medicina occidental, los carruajes para caballos, etc.

Para cada producto o tecnología, la *"masa crítica"* puede requerir de diversos rangos en la cantidad o porcentaje de la población o de la demanda que requieran de ella. Los equipos de fax, los televisores, los aparatos de teléfono y muchos otros productos, tardaron años en alcanzar una cantidad y difusión tal que les permitió un crecimiento posterior autosostenido.

Luego de ese punto, ese producto o industria en particular se afianzan y es difícil imaginarse el entorno sin su presencia.

Para todos los analistas **SIN EXCEPCION**, Internet ha alcanzado su *"masa crítica"*, tanto en un sentido cultural, como económico. Está para quedarse, al menos por unos cuantos años hacia adelante y aún cuando sufra cambios y transformaciones en el futuro.

Aparentemente esto está claro: **Internet alcanzó su <u>MASA CRITICA</u>**, ya existe, ya está presente, no tiene sentido discutir este punto.

Sin embargo lo que a veces no está adecuadamente dimensionado es el segundo concepto, el de los *"puntos de convergencia"*.

Aún hoy -recuerde que hablamos de *Noviembre de 2000*-, muchos no terminamos de incorporar en nuestra capacidad de comprensión cuál será el verdadero alcance económico de Internet y su capacidad de generar negocios.

Afortunadamente tenemos una situación clara que nos sirve para determinar los potenciales *"puntos de convergencia"* en nuestros mercados más inmediatos.

Cuando la industria de los **relojes de pulsera** analizaba su "*techo*", asumía que este llegaría cuando cada habitante de la tierra tuviese un reloj en su muñeca, los fabricantes de **radios**, más modestos, habían fijado como meta una radio en cada hogar y a poco menos aspiraban los fabricantes de **aparatos de televisión**.

Pues bien, en los hechos cada uno de nosotros tiene <u>**MAS**</u> de un reloj pulsera (yo al menos tengo cuatro y no sigo comprando porque mi esposa se enoja), ignoro la cantidad de radios que uso en mi vida -debe haber **no menos de 15 o 20** de diversas formas y tamaños alrededor de mi vida y la de mi familia-, en tanto que los televisores no pueden contarse por menos de **dos o tres** por hogar de clase media -al menos en los paises de mayores ingresos-.

Hasta dónde llegará Internet?

Vamos a ser humildes en nuestras estimaciones porque de todos modos el piso esperable es más que suficiente para analizar todo tipo de negocios alrededor de este fenómeno.

En **EE.UU.** y los **países nórdicos** la tasa de conexión actualmente **supera el 50%** de la población.

España y Chile están prontos a llegar a tasas de conexión en el rango del **10-12%** y **Argentina, Colombia, Uruguay o México,** aún por debajo de dichos valores, no tardarán en arribar a rangos similares.

Sin embargo, el *"punto de convergencia"* en la tasa de usuarios conectados para los países de nuestra región, sin duda deberá estar **cerca del 50%** que hoy poseen los países más avanzados aunque para ello falten de **cinco a siete años** en la región.

No podría ser de otra forma ya que esta misma circunstancia se da en cantidad de televisores, teléfonos, teléfonos celulares, periódicos, libros, música, entradas de cine y otras pautas análogas de consumo.

Vamos a traducir esto en números: **España** sin duda está en condiciones de arribar rápidamente al *"punto de convergencia"* y tendrá **MAS** de **20 millones** de personas conectadas a Internet, **Argentina, Uruguay y Chile** quizás sólo lleguen a tener alrededor del **40%** de su población conectada lo que significa hablar de **15 millones** -Argentina-, **4-5 millones** -Chile- y **1.5 millones** -Uruguay-.

Aún logrando porcentajes menores (entre el **30% y el 35%**) **Colombia** debería alcanzar los **10-12 millones**, **Venezuela** alrededor de **4-5 millones**, **Perú** otro tanto y **México** no menos de **30-33 millones** y los restantes países tendrán números similares y vinculados a su población actual.

Brasil -aunque con otro idioma- seguramente rondará los **50-60 millones** de usuarios.

Pero, concentrémonos en los países que hablan español...entre **80 y 100 millones** de personas estarán conectadas a Internet, hablando español y en **no más de cinco a siete años** como mucho.

Salvo que viva en Brasil -y llegado el caso México- en cualquier otro caso este mercado de gente *"conectada" y "sin fronteras"* excede en **VARIAS VECES** el total de su mercado nacional (y no deberá esperar cinco o siete años para eso, posiblemente **YA** es más importante).

Mientras **menor** sea su mercado nacional **MAS EXTRAORDINARIA** es esta oportunidad de acceder a millones de personas gracias a Internet!!!

Esto es válido además, si no vive en alguna de las grandes capitales de la región...Internet está acercando un mercado gigantesco aún a los emprendedores que viven en pequeñas comunidades.

Resta decir sólo los siguiente: Los números actuales **ya son suficientes** para encarar un negocio en Internet...pero son los **NUMEROS FUTUROS** los que justifican nuestro esfuerzo de posicionamiento.

Cuánto "vale" este Mercado?

Más allá que los consumos de este mercado de "gente conectada" son aún incipientes o casi inexistentes (sólo llegaron a **187 millones** de dólares en 1999 y se estiman en **500-600 millones** para el 2000), en gran parte por los problemas vinculados a la falta de medios de pago eficientes en la región, las principales consultoras consideran que en fecha tan próxima como el **2004** los montos involucrados rondarán los **8.400 millones** de dólares (esta cifra no incluye España pero sí a Brasil).

Estos montos además, están referidos al segmento conocido como **"B2C"** (o *"business to consumer"*, o lo que es igual a *"del negocio al consumidor final"*) ya que los valores estimados para el **"B2B"** (*"business to* *business"* o *"de empresa a empresa")* son muchas veces mayores.

Nos tocó realizar en 1998 un estudio del **perfil de los consumidores** (luego actualizado en 1999) y advertimos las siguientes características en la región para el mediano plazo:

- <u>**Consumidores Permanentes**</u>: Entre el **5% al 7%** de los navegantes consumirán de manera continua, un promedio de **U\$S 1.500** o más al año (centralizarán en la red la compra de sus CD, computadoras, software, libros, entradas y hasta viajes y otras entradas de espectáculos, estarán abonados a servicios de noticias y otros)

- <u>**Consumidores de Impulso**</u>: Entre el **10% y el 15%** de los navegantes se *"tentarán"* con ofertas concretas que adviertan cada tanto y aplicarán en las mismas un promedio de **U\$S 800** al año (hablamos de la gente que compra un equipo de audio o computación, libros que necesita puntualmente, incluso un paquete turístico).

- <u>**Consumidores Esporádicos**</u>: Entre el **20%** al **30%** de los navegantes, utilizarán la red para realizar compras en situaciones muy concretas y puntuales y su gasto promedio oscilará en alrededor de **U\$S 200** al año.

- <u>**No compradores**</u>: Entre el **50%** y el **60%** de los navegantes de nuestra región, por razones de edad, desconfianza, falta de medios de pago o situación económica personal, no realizarán gastos directos en la red, aunque parte de sus consumos en el mundo "físico" estarán influidos por lo que vean en la misma.

Marcelo Perazolo

Podría hacerle las multiplicaciones del caso, aplicando los consumos de cada categoría para un escenario de **30 - 50 y 100 millones** de navegantes *"conectados"* en la red, pero le dejamos este ejercicio para su calculadora (*en todos los casos verá que se trata de **miles de millones** de dólares de consumo*).

De todos modos y para completar el análisis, les reproducimos los datos contenidos en el Informe de la Consultora Júpiter, **"Jupiter Latin American Projections Forecast Summary (January 2000)"**

Este informe indica la cantidad de usuarios de Internet por país en **1999**, los esperados para el **2005** y por otro lado el consumo en la red para los mismos años (1999 y esperado para 2005).

País	*Año 1999*	*Estimación 2005*
Brasil		
Usuarios Internet	**5.8** millones	**29.1** millones
Compras en la Red	U$S **121** millones	U$S **4.256** millones
México		
Usuarios Internet	**1.3** millones	**12.7** millones
Compras en la Red	U$S **25** millones	U$S **1.542** millones
Argentina		
Usuarios Internet	**0.8** millones	**7** millones

Compras en la Red	U$S **15** millones	U$S **1.094** millones
Chile		
Usuarios Internet	**0.5** millones	**2.7** millones
Compras en la Red	U$S **7** millones	U$S **312** millones
Venezuela		
Usuarios Internet	**0.3** millones	**3.8** millones
Compras en la Red	U$S **4** millones	U$S **348** millones
Perú		
Usuarios Internet	**0.4** millones	**2.4** millones
Compras en la Red	U$S **5** millones	U$S **164** millones
Colombia		
Usuarios Internet	**0.5** millones	**4.4** millones
Compras en la Red	U$S **7** millones	U$S **336** millones
Resto América Latina		
Usuarios Internet	**1.0** millones	**4.5** millones
Compras en la	U$S **8**	U$S **277**

Red	millones	millones
Totales Región		
Usuarios Internet	**10.6** millones	**66.6** millones
Compras en la Red	U$S **194** millones	U$S **8.330** millones

Debe advertir que el salto de **\$ 194 millones (1999) a \$ 8.330 millones (2005)** representa un crecimiento de **"apenas" el 4.293%**

Le gustan los mercados que crecen un 4.300% en 5 años?

<u>**NOTA (1)**</u>: **España** tiene valores similares a los de **Brasil** que pueden sumarse al cálculo total de la región.

<u>**NOTA (2)**</u>: El grupo de **latinos que viven en USA** agregan aún más capacidad de compra en este segmento.

Características del Consumidor en Internet

Creo que debemos pasar de la **teoría a la práctica**.

Los números son muy interesantes, pero... *esa gente habrá de gastar dinero en Usted y su Proyecto?*

Debemos preocuparnos porque así sea...

Trabajaremos en el diseño de una **estrategia efectiva** más adelante, pero ahora debemos concentrarnos en las características de los consumidores de Internet.

Actualmente muchas potenciales decisiones de compra en Internet están bloqueadas o impedidas de realizarse en razón de la **falta de confianza** en la seguridad y la **carencia de medios de pago adecuados** para operar en la red.

Los números en nuestra región **YA** deberían ser **DIEZ VECES MAYORES** a lo que resultan en la realidad. Sin embargo estos obstáculos lentamente irán siendo superados (*por educación, práctica, mejoras técnicas efectivas y costumbre*).

Como corresponde, el consumo se aproximará a los *"puntos de convergencia"* que existen en mercados más evolucionados actualmente.

Sin embargo existen **SEIS (6)** aspectos que influyen en las decisiones de compra de los consumidores (incluso Usted y yo), que también están presentes en el consumo en Internet, alguna de ellas con alcances muy especiales y que le sugiero tenga en cuenta **muy especialmente** a la hora de planificar su estrategia o decidir el producto o servicio a comercializar:

a) Adquisición de Valor Real

La gente adquiere cosas a las que asigna **VALOR**, esto no puede ser olvidado; si lo que pretende comercializar **no es considerado valioso** por la gente, por mucho que le guste a Usted en particular seguramente no obtendrá buenos resultados.

Existe aquí una **clave** y es **CONSULTAR a los clientes** para decidir qué es lo que estos están buscando (y se conoce como *"Estudio de Mercado"*).

Análisis de Caso*: Un grupo de amigos, muy emprendedores y trabajadores -y que cuentan incluso con una lista de noticias de apreciables dimensiones- (más de 12.000 suscriptores), intentaron tiempo atrás organizar algo así como un "Club" en el que la gente pagaría una pequeña cuota mensual (alrededor de 5 dólares) y a cambio de ello recibirían software, información y otros servicios adicionales. Aspiraban llegar al menos a 100 socios iniciales para justificar el emprendimiento y su expectativa era lograr reunir al cabo de un cierto tiempo casi 1000 asociados y de este modo autofinanciar su emprendimiento.*

Resultados: *Para su sorpresa y tras varios meses de insistir en la promoción de su iniciativa en la lista, nunca llegaron siquiera a reunir los 100 primeros interesados, pese a que los miembros de su lista participan activamente de sus restantes iniciativas.*

Preguntas*: El "valor" que ellos ofrecían era apreciado de igual modo por su público?, Realmente lo consultaron para saber qué querían o **decidieron ELLOS** qué era lo valioso para la gente?*

Conclusiones: *Usted puede determinar un producto "valioso", pero asegúrese de **consultar al mercado** si la apreciación que hacen de ese "valor" es idéntico al que Usted le asigna*

.

b) Comodidad

La **COMODIDAD**, ya sea en la selección, entrega, forma de pago, asesoramiento, ahorro de tiempo, etc., es un factor muy apreciado por el consumidor.

Si han logrado tanto éxito las librerías virtuales y la venta de música en la red, es porque facilita un mecanismo sumamente sencillo para encontrar el título buscado, consultar datos sobre la obra y el autor, incluso analizar opiniones de críticos o de otros lectores. Todas estas son ventajas que la red permite aprovecha en una gran cantidad de casos.

Está claro que esta comodidad no ha logrado superar otro tipo de barreras. Por ejemplo en el caso de la ropa, en términos generales la gente quiere "tocarla", "probarla" y "verse" con ella para saber si todo está en orden. De allí que salvo remeras o artículos complementarios (tales como cintos o billeteras) la red no ha demostrado ser un medio muy idóneo para la venta de ropa.

c) Compra por Impulso

Muchas compras se realizan por **mero impulso**.

En algunos casos este *"impulso"* proviene de la subjetividad del comprador (*quiere enviar flores a una potencial novia YA -o quizás se pierda una noche de sexo glorioso-*), pero en otros -y esto es muy importante- el impulso es ***"creado"*** por la habilidad de vendedor, quién es capaz de despertar secretas motivaciones subconscientes en el comprador.

Existen **verdaderos maestros** en el arte de *"crear impulso"* en el comprador y es bueno que los estudie cuando tenga oportunidad.

Aprovechar las oportunidades de la "compra por impulso", depende en gran medida de contar con **medios de pago eficientes** (Tarjetas de Crédito) ya que facilitan la inmediata ejecución de la acción esperada por parte del cliente.

d) Respeto a Marcas Reales

La gente tiende a **respetar y buscar las marcas y calidades** ya conocidas en el mundo real -e incluso en el "virtual" para el caso de aquellos que contaron con los recursos para establecerlas, un sitio con el sello de **"YAHOO"** o de **"ALTAVISTA"** deberían ser productos reconocidos-.

El costo y la importancia de forjar una marca reconocida (o "branding" en la jerga del marketing) es de extrema importancia y por eso suele asignarse tantos recursos a este proceso.

Lograr una **MARCA propia** es un elemento **FUNDAMENTAL** en cualquier estrategia comercial, en otros casos podrá convenir revender o asociarse con una **marca conocida** a fin de facilitar el proceso.

Debe resultar claro a su entendimiento que si va a producir cursos a distancia para profesionales y logra asociar dichos cursos a la *"marca"* de una Universidad de prestigio, sus posibilidades son mayores desde el inicio.

e) Confianza y Comunidad

Como en cualquier proceso humano es más simple tomar una decisión comercial con alguien al que conozco, que con un desconocido.

La permanencia en el negocio y el respeto por la gente tienden a fortalecer el factor de *"confianza"* y a simplificar cualquier negocio.

La confianza en Internet puede desarrollarse a partir de la formación y mantenimiento de las *"comunidades virtuales"* -tema de suma importancia al que nos referiremos más adelante-

f) Reacción a los Precios (ahorros)

Como en todos los terrenos, las posibilidades de ahorros o descuentos poseen una **importancia crítica y crucial** en el consumidor.

Internet, al desplazar en algunos casos a los intermediarios y al permitir eliminar algunos costos fijos del *"mundo real"* (costos de locales, empleados, etc.), representa un territorio óptimo para lograr estas **diferencias en los precios.**

Sin embargo, adviértase que, pese a su importancia, la hemos dejado para el final porque algunos factores anteriores, tales como la *"confianza"*, *"respeto a la marca"* y *"compra por impulso"* tienden a jugar un rol **MUY IMPORTANTE** en Internet -tanto o más que el mero ahorro en el precio-.

El consumidor tendrá una fuerte tendencia a comprar un producto conocido, una marca de prestigio o al menos a un vendedor al que conoce que a optar **SOLO** por un precio menor.

Además, y aunque pueda parecerle extraño -ya que no es lo habitual-, ocurren casos en Internet en que la gente termina comprando a **MAYOR PRECIO** que en el mundo real por diversos motivos (*novedad, impulso, confianza, etc.*)

Análisis de Caso*: Un jovencito que había comprado una reproducción de una pistola (en plástico) por unos pocos dólares, puso la misma, por curiosidad, en uno de los mayores sitios de remate que existen en la red (en español).*

*Cuál sería su sorpresa cuando logró vender la pistola por **más del doble** de lo que la había adquirido originalmente.*

Resultados: *No estoy autorizado a dar números, pero entusiasmado por su experiencia inicial repitió la misma y a la fecha lleva vendidas decenas de estas reproducciones de pistolas y en todos los casos los precios que ha obtenido son **del doble o más** del valor al que las consigue.*

Preguntas*: Quién está comprando estas pistolas al doble de su valor real?, Son jóvenes que ignoran dónde se consiguen a mejor precio? Gente que vive en el interior y no tiene acceso a los comercios de las grandes capitales que se especializan es estos productos?, Serán acaso ladrones que prefieren este medio anónimo de adquirirlas para sus fechorías, en vez de mostrarse en público al comprarlas en los comercios del "mundo real"?*

Conclusiones: *En la red juegan de modo simultáneo, fenómenos similares y diferentes a los que* *motivan la compra en el "mundo real", el factor precio es relativo y debe ser conjugado a los otros condicionantes.*

Profundizaremos el análisis de estos puntos en los siguientes capítulos.

Productos más Demandados

El otro aspecto a considerar es **QUE SE COMPRA** en la red:

Las estadísticas demuestran que la red está resultando muy exitosa como canal de comercialización en aquellos casos en los que posee ventajas respecto al *"mundo real"*.

Generalmente se nota con claridad en productos **estandarizados y conocidos**, en los que los factores de ***"comodidad", "precio" e "impulso"*** tienen una gran influencia y que en muchos casos pueden incluso ser bajados directamente desde la red.

El producto **MAS vendido** (*en cantidad de unidades, no en facturación global*) es el **LIBRO,** seguido del **SOFWARE y la MUSICA.**

Esto es fácil de entender: La ***"Divina Comedia"*** es idéntica tanto si la compro en la librería de la esquina, como si lo hago en **Submarino, Bol o Amazon**, otro tanto en el caso de la música y el software.

Las **COMPUTADORAS** y todos sus accesorios y productos vinculados (*como el audio o las cámaras de fotografía o filmadoras*), representan el rubro de **MAYOR FACTURACION TOTAL** (obvio ya que

TODO el público de Internet es además, usuario de computadoras y de otros artilugios electrónicos).

Algunos **ALIMENTOS GOURMET** y que no presentan grandes problemas para el envío (*caso de los vinos, licores, chocolates, caviar, conservas varias, tes, cafés y hasta frutas*) también presentan un desarrollo importante; aunque generalmente se trata de alimentos con un alto valor agregado o en cantidades que lo justifiquen -ya que caso contrario el costo del envío superaría largamente el valor del producto-.

En el caso particular de EE.UU., el **manejo de inversiones y la compra de acciones** tiende a trasladarse a la red cada vez en mayor medida -lo que aún no es tan marcada en nuestra región-.

Finalmente ciertos rubros de **SERVICIOS** crecen a gran paso. Uno de los más destacados es el de **TURISMO** (*desde venta de pasajes y paquetes completos*), pero existe una gran variedad de alternativas en pleno crecimiento -***comunidades de intereses, servicios profesionales, clubes de afinidades, búsquedas laborales, etc.-***

Aún sin el impacto esperado, uno de los rubros a los que se augura un rápido crecimiento es la **EDUCACION A DISTANCIA** en todas sus modalidades y niveles.

En otros rubros, la red ha demostrado una importancia enorme para **INFORMAR** al consumidor, pero éste tiende -al menos por ahora- a concretar la operación en el *"mundo físico"*. Tal es el caso de información sobre **automóviles, créditos e inmuebles**.

En el próximo capítulo, profudizaremos las caracteristicas, ventajas y desventajas de cada producto que puede comercializarse en Internet.

Marcelo Perazolo

Definiendo el Mejor Producto

Modelos de Ingresos

Cuando se analizan los negocios de Internet inmediatamente se pregunta por sus **"Modelos de Ingresos"**

Si bien algunos autores hacen una división mayor o menor a la que aquí presento, **TODOS** los ingresos posibles pueden reducirse a tres puntos o *"modelos"*:

Modelo de Ingresos Publicitarios

Por ser Internet un **MEDIO**, está en condiciones de mostrar o publicitar servicios, productos o marcas de terceros, mediante diversas técnicas.

Esto puede hacerse desde el tradicional *"banner"*, pasando por links, notas encubiertas, posición destacada en buscadores, venta de palabras clave en las búsquedas y decenas de otras estrategias propias del mundo publicitario.

El mundo comercial se mueve por la publicidad, que es el camino para hacer conocer los productos, las empresas y las marcas. Las inversiones en esta actividad son millonarias (en miles de millones), pero es un mercado que presenta algunas particularidades.

Por empezar y dado que tiene más de 100 años de existencia, ha tenido el tiempo suficiente para madurar, concentrarse y profesionalizarse. Hoy está dominado por ***"Las Agencias"*** que son las que deciden en definitiva las pautas publicitarias de sus clientes.

Las **principales cuentas** en publicidad son administradas **por Agencias**.

Las agencias ganan dinero no solo contratando los espacios, sino además definiendo el enfoque general de la campaña, lo que implica agregar el "arte" o desarrollar avisos para radio o cortos para la televisión. Dicho de otro modo: *no toda la inversión publicitaria llega a los medios, un porcentaje muy importante queda en "la agencia"*

Es más fácil para una Agencia contratar y tener tratos con **unos pocos medios** que con miles de ellos.

Aún se discute y no está del todo claro en el mundo de las Agencias, cómo aprovechar adecuadamente Internet, cuáles son sus mejores aptitudes y opciones, qué hacer con el tráfico, cuál es el valor de los banners y otros mecanismos aplicables.

Por razones de seguridad en la administración del fondo de sus clientes, al decidirse por sus estrategias publicitarias en la red, tienden a **elegir los sitios más conocidos** y de mayor tráfico.

Esta dinámica del mercado publicitario -al menos el que concentra las mayores cuentas- hace que en términos generales sea **MUY DIFICIL** conseguir contratos para un sitio que no se cuente entre los mayores o que no posea vinculaciones muy sólidas con el sector de las agencias.

Muchos proyectos, basaron su estrategia de ingresos en este modelo y el mismo no ha resultado en nuestra región, tan exitoso y rápido en su desarrollo como se esperaba -con los consiguientes problemas en la rentabilidad de dichos emprendimientos-.

Coincidimos con el criterio imperante en la actualidad...la mera expectativa de ingresos basados principalmente en la publicidad **no es lo suficientemente sólida** como para basar TODO el negocio en la misma. La publicidad debe considerarse un *"ingreso agregado"* que suma a la rentabilidad general del negocio, pero que no lo hace peligrar si falta o disminuye.

Modelo de Comisiones por Ventas de Productos y Servicios

Por ser Internet tanto un **MERCADO**, como un **CANAL** es posible realizar ventas **EN y A TRAVES** del   mismo.

Este punto permitiría varias subdivisiones, ya que los ingresos pueden obtenerse por:

Abonos y Membrecías
Venta de Productos o Servicios Propios
Venta de Productos o Servicios de Terceros

Básicamente cuando se cobra como contrapartida de algo que se entrega (un servicio, una información o un producto), tanto si lo produce Usted mismo o sólo es un representante del productor, estará obteniendo un ingreso basado en **abonos, membrecías o comisiones.**

Los productos o servicios pueden ser absolutamente *"digitales" (*como música MP3*) o "físicos"* (cuando vende computadoras).

Además y dado a que Internet también es un **MERCADO**, según sea el segmento al que se oriente el Proyecto (consumidores finales o intermediación entre empresas), se habla del *"B2C"* -negocios con el consumidor- o del *"B2B"* -negocios entre empresas-.

Si entendemos cómo elegir un producto o servicio adecuado para nuestro negocio y desarrollamos las habilidades necesarias para su comercialización en la red, estamos en un territorio controlado y conocido en el cuál desarrollar nuestras estrategias con éxito.

Modelo de Negocios Laterales

Este suele no ser considerado como un modelo de ingresos *"puro"* de Internet, pero constituye parte de las **estrategias de rentabilidad** de un Proyecto y por ello lo incluimos.

Es importante comprender que en muchos casos, una experiencia en Internet puede representar una *"palanca"* en el desarrollo de su negocio principal y que el valor del Proyecto estará dado por este factor de *"apalancamiento"* más que por los ingresos directos que pueda obtener dentro de la red.

Si Usted es un profesional de la salud (*digamos un cirujano plástico*) y gracias a su sitio web, en el que difunde contenidos sobre su especialidad y los servicios que presta, obtiene decenas o cientos de nuevos clientes, evidentemente que el ingreso NO SERA *"en la red"*, pero los que obtenga su negocio *"físico"* son ingresos **REALES Y TANGIBLES**.

En la contabilidad su sitio web dará pérdidas...en los hechos sus ingresos en el negocio principal se habrán multiplicado por cuatro gracias a su política en Internet.

Tipos de Productos y Servicios (Dónde está el Dinero)

Este sin duda es uno de los temas cruciales a los que debe enfrentarse...*qué tipo de producto o servicio será la base de su negocio?*

Evidentemente que lo mejor será orientarse en aquellos productos o servicios en los que posee algún tipo de **ventaja competitiva** (*y si no la posee en ningún área conocida, puede leer el último punto de este capítulo donde esperamos ofrecerle algunas ideas sobre el particular*).

Pero antes de ingresar de lleno en las sugerencias metodológicas para que escoja "*su*" producto o servicio, analicemos las **SEIS CATEGORIAS de PRODUCTOS** que puede encontrar en Internet, las que a su vez están divididas en **DOS GRANDES GRUPOS (*Digitales y Físicos*)**.

Algunos puntos que advertimos de modo previo:

Para este análisis vamos a considerar las categorías en su forma más "*pura*", cuando en la realidad solemos encontrarlas mixturadas y combinadas en diverso grado.

Por razones metodológicas y para una mayor claridad, dividimos aquellas *"absolutamente digitales"* (que se prestan enteramente EN y SOBRE la red) de aquellas *"físicas" o "mixtas",* estas últimas, si bien se asume que estamos hablando de negocios que se hacen DESDE o EN la red, tienen la particularidad que sus productos finales deben ser entregados materialmente.

Aclaramos además que no necesariamente una categoría es mejor que la otra *"per se"* sino en relación con factores que tienen que ver con Usted mismo: no es igual que viva en **Buenos Aires, México D.C., Madrid o Bogotá** a que lo haga en **Alcalá de Henares, Villarica o Frutillar**. El hecho de contar con un gigantesco mercado *"real"* frente a las puertas de su domicilio le otorga posibilidades diferentes a los de otra persona que vive alejada de los mismos.

Tampoco es indiferente que posea una fábrica de té o una bodega, a que sea un profesional o un empleado, que tenga diez libros escritos o que sea un músico famoso. Cada una de estas circunstancias condiciona sus posibilidades, ventajas y oportunidades y todas ellas intervienen en el tipo de decisión que adopte para la selección de su producto o servicio.

Hechas estas advertencias previas, analicemos los **GRUPOS** y sus **CATEGORIAS** vinculadas:

A.- *GRUPO DE PRODUCTOS O SERVICIOS "DIGITALES"*

Como dijimos estamos asumiendo por razones metodológicas que las siguientes cuatro categorías están referidas a productos o servicios que se comercializan **DESDE o EN** la red.

Determinados tipos de productos o servicios pueden prestarse a confusión a la hora de clasificarlos.

Esta muy claro que si vendo un **libro digital** o una **canción en formato MP3**, ambos productos sólo existen en forma de bits, los entrego en la red y los cobro en la red.

No es tan claro el caso de aquellos servicios que tienen un componente *"físico o real"*.

<u>Analicemos este caso</u>: Los servicios de "hosting" (o alquiler de espacio en servidores para alojar una página web)...son "digitales" o "físicos"?

Por un lado es cierto que el contrato generalmente lo hago **EN la red**, el pago lo hago **EN la red,** envío mi programa para alojar o "hostear" mi sitio web **POR la red**. Sin embargo, en la otra punta hay una **MAQUINA** en una **OFICINA**, enchufada a un tomacorrientes.

Es este un servicio o producto "digital" o "físico"?

Para nuestro sistema de calificación es **"digital"**. Aún cuando el prestador del servicio debe poseer instalaciones o recursos *"físicos"* para prestarlo, **el servicio en sí mismo** (el producto) es enteramente digital.

Distinto es el caso de un **LIBRO FISICO** o del **CD de música**, que si bien los compra en la red y hasta los paga en la red, luego el vendedor debe **enviárselos por correo a su domicilio**.

Tenemos un truco para identificarlos y es simple de aplicar...mentalmente "borre" Internet en el proceso y vea si el mismo servicio o producto se puede seguir prestando del mismo modo o no.

Si **NO EXISTE** Internet, **NO** existe el servicio de hosting o alojamiento.

Si **NO EXISTE** Internet, **NO** existe un libro digital o una canción en formato MP3.

Si **NO EXISTE** Internet, **SI** puedo seguir comprando libros físicos, botellas de vino o muebles de jardín.

Hechas estas aclaraciones, empecemos por las cuatro primeras categorías **TOTALMENTE DIGITALES.**

1.- <u>Abono SIN contraprestación</u>:

Este sería la *"summa cumm laude"* de todas las categorías (y obviamente en los hechos no existe o es muy difícil de encontrar en estado puro).

Imagínese que consigue implementar un modelo de negocios en el cuál alguien le **ABONA** de modo **PERIODICO y CONSTANTE** una suma de dinero a cambio de **NADA** (o muy poco) de su parte.

Suena raro?

Puede no serlo tanto. Si Ud. tuviese derechos (patentes o propiedad intelectual) posiblemente le pagarían *"royalties"* por el uso de esas licencias, patentes o marcas y técnicamente no estaría dando una contraprestación *"física"* o de esfuerzo personal por los ingresos que percibe (lo habría hecho antes al crear la obra).

Dijimos que en su forma **PURA seguramente <u>no existe</u>** (nadie da algo a cambio de absolutamente nada), pero, tal como indicamos en el ejemplo, siempre que consiga un modelo de negocios en el que **deban pagarle de modo periódico y constante** (mes tras mes) y su contraprestación **no le demande mayores esfuerzos**, estaría en el **punto óptimo** de un negocio.

Use su imaginación... qué podría ofrecer para que alguien le pague todas las semanas o meses y Usted no tenga que hacer prácticamente nada a cambio de ello?

Ventajas: Casi **TODAS**, hay ingresos, estos son permanentes y constantes y a cambio de ello se invierte muy poco en términos de tiempo, esfuerzos personales o dinero.

Desventajas: Suele tratarse de modelos inestables, de corta vida o muy difíciles de encontrar. Generalmente -y salvo legítimos derechos de propiedad o patentes-, suelen estar más cerca de engaños al público que de prestación real de servicios.

Ejemplos: Quizás lo más próximo sean los sistemas de venta piramidal o en cadena de *"membrecías"*, donde la gente paga por el derecho de invitar a otras personas a comprar nuevas membrecias y se queda con un porcentaje de la misma. Aquí el negocio es para el que organiza el sistema.

En el mundo "real" suele darse en el pago de cuotas por pertenecer a ciertas Asociaciones que brindan pocos servicios, una cuota de soporte a una religión o grupo particular, etc.

Un caso poco común pero posible para el mundo digital sería el "alquiler" de dominios.

2.- <u>Venta de Productos Digitales</u>:

Esta es otra categoría estupenda. Aquí el modelo se basa en vender *"información" o "bits"* en sus más distintas formas.

Al ser "digital", no existen costos físicos de impresión, stock, almacenamiento, despacho, distribución, etc.

Puede tratarse de **software, música, libros digitales, contenidos para sitios, diseño, noticias, información del tiempo, cursos a distancia, horóscopos** y absolutamente cualquier otro elemento que implique un valor de *"transferencia de contenidos o conocimientos"* de una parte hacia otra.

El principal problema radica en que **no todo el mundo** posee la experiencia, la habilidad o el renombre que le permitan en primer lugar **desarrollar este producto** (hacer un software, una pieza musical, un curso a distancia o escribir un libro tiene sus problemas) y que le permitan la **venta del mismo** en el mercado (la gente no le compra software, música o libros a cualquiera), pero se trata de áreas donde se puede desarrollar una acción firme y sólida de mercadeo para ocupar un lugar.

La otra opción disponible es que se pueden desarrollar las habilidades **vinculadas a la comercialización**, optando por adquirir a productores idóneos la información, software o el producto de que se trate para comercializar.

No necesita ser un *"productor-comercializador"* y puede limitarse a ser sólo un *"comercializador"*.

Adviértase que en esta categoría una de las características está dada por el hecho de que la información la produzco **UNA VEZ** y la revendo en ilimitada cantidad de ocasiones y por otro lado, que la venta sólo se hace **UNA VEZ** a cada persona (digamos que nadie compra dos veces el mismo libro, la misma canción o el mismo programa).

Esta característica la señalamos ya que significa (en términos de costo o tiempo) que Usted dedica recursos para producir **ESE** elemento y luego puede comercializarlo **VARIAS VECES** sin realizar inversiones adicionales en el mismo. Esto no excluye que Usted puede producir decenas o centenas de otros elementos (puede escribir decenas de libros, canciones, cursos o programas de computación), pero siempre invierte en producirlo **UNA VEZ** (el mejor ejemplo sería un libro o una canción, una vez que los escribe quedan *"congelados"* hasta que se decide a realizarle modificaciones).

Ventajas: Sin duda **MUCHAS**, se invierte -tiempo o dinero- **UNA VEZ** y el producto resultante puede ser duplicado sin costos adicionales o con costos muy bajos, tantas veces como quiera.

Desventajas: Básicamente de dos tipos: *a)* Es menester contar con experiencia, aptitudes, conocimientos y hasta un nombre impuesto para lograr una comercialización exitosa y *b)* Cada comprador compra **UNA VEZ** el producto, no existiendo repetición en las operaciones, por lo que no cabe esperar nuevos cobros de la misma persona y debe buscarse un nuevo comprador en cada ocasión. Un agregado adicional, este es uno de los **pocos casos** en que puede existir la **duplicación ilegal y la piratería.**

Ejemplos: Sin duda el más evidente es el desarrollo de un libro digital o un documento, pero también podría tratarse de un dibujo humorístico, un software, un módulo de programación específico, música en MP3, un curso, etc.

3.- <u>Abono CON contraprestación:</u>

Advierta la importancia que le damos al hecho de los **ingresos constantes y periódicos** (que brindan estabilidad y proyecciones financieras sólidas en la mayoría de los casos).

En esta ocasión estamos hablando de cualquier tipo de información o servicio que se suministre de forma constante y se abone del mismo modo.

La diferencia con el primer caso -el del Abono SIN contraprestación- es que aquí **SI HAY** un trabajo, costo o inversión necesarios para lograr ese proceso.

Los ejemplos pueden ir desde el suministro de hosting para páginas web, abonos de mantenimiento de software, provisión de servicios de acceso (caso un ISP), suministro de contenidos para terceros, etc.

<u>Ventajas</u>: La principal es que se ha encontrado un producto o servicio que se suministra de modo **constante y repetitivo** y se cobra de **igual manera**. Lo he vendido **UNA VEZ** (al principio), pero ahora puedo cobrarlo de manera periódica a la misma persona **una y otra vez.**

<u>Desventajas</u>: Obviamente existe contraprestación, por lo que los esfuerzos de infraestructura, tiempo, personal, logística suelen estar presentes en una proporción importante.

<u>Ejemplos</u>: Proveedores de hosting, accesos a Internet, contenidos para sitios web, abonos de mantenimiento técnico, etc.

4.- <u>**Venta de Servicios Personales o Consultoría:**</u>

La diferencia con la categoría anterior, es que en aquella el producto o servicio se suministra de **MODO CONSTANTE** y el cobro es **PERIODICO Y PERMANENTE**, en tanto que en esta **CADA SERVICIO** o **CADA CONSULTA** debe ser contestado o realizado cuando se realiza la operación y la misma generalmente es **UNITARIA** (inscribo UNA sociedad, compro UNA consulta).

Sin embargo puede darse casos donde se logra una **gran automatización** en los procesos: *-Ejemplo: Las Firmas que venden la inscripción de sociedades en Delaware prácticamente realizan un trámite copiado y sin cambios-*.

De todos modos, poco o mucho existe una prestación individual, que debe realizarse vinculada a la operación.

Y esto no es un dato menor ya que, si bien puedo escribir un libro, automatizar el proceso de venta e irme a una Isla del Caribe a vivir el resto de mi vida, en el caso de los Servicios Personales o la Consultoría se supone que YO o mi equipo deben **estar presentes** para realizar el servicio contratado o contestar la pregunta realizada.

Si soy un proveedor de contenidos a pedido, debo escribir la nota o confeccionar el horóscopo que me compran en **cada caso concreto** (aunque quizás pueda duplicarlo para otros clientes, con lo que estaría en un caso intermedio entre las dos categorías -esta y la de venta de información digital-)

Otro detalle a señalar es que, por tratarse de productos más *"artesanales"* es posible -en algunos casos- obtener **precios elevados**, esto no siempre es así, pero es muy común observarlo.

Es una categoría estupenda para los profesionales de todas las ramas, escritores, periodistas y para la gente relacionada a la programación.

<u>**Ventajas**</u>: Muchas de las analizadas en el caso de la venta de productos digitales, aunque con la diferencia que en ésta, casi siempre se requiere de un *"trabajo concreto"* para producir el servicio o la consulta objeto de la venta y que muy pocas veces es posible *"reproducirla"* de modo totalmente automático. Una diferencia a favor es que aquí rara vez es posible la *"copia ilegal"* o la *"piratería"*.

<u>**Desventajas**</u>: Justamente esa, el hecho de que siempre debo incorporar tiempo o trabajo para producir el servicio contratado, aún cuando pueda automatizar gran parte del proceso, el mismo no deja de ser *"artesanal"* y *"caso por caso"*.

<u>**Ejemplos**</u>: Prácticamente citamos los principales: Notas o contenidos a pedido, programación o diseño gráfico "on demand", inscripción de sociedades, consultas profesionales, etc.

B.- *<u>GRUPO DE PRODUCTOS O SERVICIOS "FISICOS" o "MIXTOS"</u>*

Ya hemos aclarado la diferencia entre ambos grupos, aquí el "producto" no es digital sino físico e importa la entrega del mismo al comprador.

Este grupo se enfrenta al problema genérico de la logística de almacenamiento, despacho, entrega y su problemática está más próxima a los negocios *"puros"* del mundo real, que a la de los negocios *"digitales"*.

5.- <u>Productos Físicos "consumibles" o de "venta reiterada"</u>:

Es un caso que se aproxima al del **ABONO.** Se trata de productos que **son consumidos y deben ser repuestos por el comprador.**

Uno de los casos típicos estaría dado por la venta de *vitaminas, cosméticos, vinos, alimentos varios, perfumes, etc.*

En esta categoría ingresan muchos de los sistemas de *"marketing multi-nivel"* (MLM) que se basan en articular una red de vendedores (desde **Amway pasando por las vitaminas del Dr. Kalo o Multifruit o Herbalife**, etc.)

<u>**Ventajas**</u>: Como en el caso de los **ABONOS**, se supone que el cliente una vez conquistado, generará operaciones periódicas lo que permite obtener las ventajas de la venta reiterada al mismo cliente.

<u>**Desventajas**</u>: Como todos los negocios del "mundo real" están los problemas de aprovisionamiento, entrega, stock, etc.

<u>**Ejemplos**</u>: Los indicados arriba: Herbalife, Amway, Cosméticos, Vitaminas, Vinos, etc.

<u>NOTA ACLARATORIA:</u>

Uno de los detalles que siempre se presta a discusión es el de aquellos productos

INDIVIDUALES pero de **CONSUMO PERIODICO** (básicamente tres: **música, películas y libros**).

Hacemos este breve comentario sólo para aclarar el punto aunque no modifica en nada la naturaleza de las categorías que estamos analizando.

Si bien **CADA CD** o **CADA libro** o **CADA cinta de video**, es <u>individual y diferente</u> al resto de los CD musicales, películas o libros (cada uno de ellos es una obra diferente), en sí mismos por ser productos de consumo habitual, suelen caer en esta categoría.

Es decir, si consigo ser su proveedor de libros, mi situación es similar a la del proveedor de café o vitaminas...podré **venderle muchos y con cierta periodicidad**. Las vitaminas siempre serán iguales, cada libro que le venda NO, pero en ambos casos usted compra uno u otro (vitaminas o libros) de modo regular y periódico.

Insisto, no tiene sentido profundizar hasta ese extremo los ejemplos y a los fines prácticos podemos considerar a los libros, películas y a los CD musicales en esta categoría.

6.- <u>Productos Físicos "unitarios"</u>:

En este caso nos acercaríamos al caso de la *"información digital"*, es decir el que compra una vez rara vez repite su compra (al menos del mismo producto).

Se trata de productos de **LARGA VIDA** o que no suelen reponerse de modo periódico y constante. Ejemplos: *Un automóvil, una casa, un equipo de audio, una computadora, una joya de alto precio, un juego de muebles de jardín.*

Siempre existe la posibilidad de discutir si -por ejemplo- una computadora debe caer en la categoría anterior (ya que se suele cambiar con cierta periodicidad) o en esta, pero a los fines prácticos nos interesa más **ENTENDER EL MODELO**, que discutir la asignación de cada producto dentro de una u otra.

Esta categoría por lo pronto, presenta la dificultad de sumar a los problemas del *"mundo real"* (logística de entrega, almacenamiento, etc.), el hecho de que al cliente que duramente se consigue en una operación, **rara vez se le puede venderle el mismo producto de nuevo** -al menos no en períodos cortos-. Todo el mundo cambia el auto o la computadora, pero casi con certeza **no lo hace** cada mes o cada quince días.

Ventajas: En esta categoría suele tener un alto impacto la **MARCA** de los productos (por lo que si tiene o representa una marca de prestigio tendrá una ventaja considerable), como así también aptitudes o ventajas de las empresas involucradas en la comercialización, lo que le otorga *"barreras de entrada"* frente a otros competidores sin condiciones similares

Desventajas: Como todos los negocios del "mundo real" están los problemas de aprovisionamiento, entrega, stock, etc., sumados en este caso al hecho de que sólo consigo ingresos de un mismo cliente **UNA VEZ** y cada operación implica la búsqueda de un **nuevo cliente**

Ejemplos: Computadoras, Joyas de alto valor, Automóviles, Muebles, Equipos de Gimnasia, etc.

<u>ANALISIS DE LOS GRUPOS Y CATEGORIAS:</u>

Podría verse tentado, a la hora de seleccionar SU producto o servicio, a decidirse por aquellas categorías que aparecen como las más ventajosas a **primera vista** (*Abonos, Información Digital, etc.*) -y sin duda que poseen algunas ventajas-, pero debemos reiterarle que **analice con cuidado su propia situación** previo a tomar partido por una u otra.

Es cierto que las categorías del Grupo *"Físico"* presentan problemas de logística, despacho, entrega, etc., pero por otro lado **no pueden ser "pirateadas"** como es el caso de la información digital o el software.

Además, por lo general presentan **altas barreras de ingreso** que dificultan la entrada de nuevos competidores (*cualquiera puede escribir un libro digital y lanzarse al mercado, muy pocos pueden producir vinos de calidad o computadoras*).

Algunos detalles a considerar son los siguientes:

Si vive en **grandes centros urbanos**, es posible concentrarse geográficamente para desarrollar sus operaciones en los mismos, con lo cuál los problemas de despacho y logística de entrega se **simplifican y abaratan** enormemente en el caso de los productos físicos.

Si fabrica o puede adquirir a un buen precio **productos de calidad y marca conocida**, tiene ventajas que debe aprovechar (ya es el productor o puede vender una marca reconocida en condiciones preferenciales).

Los productos **físicos** son más **difíciles de copiar** y en ellos el valor de la marca influye en mayor medida, por lo que si es el **DUEÑO** de la marca o consigue una **EXCLUSIVIDAD**, este reconocimiento jugará a su favor.

El mercado tiene más facilidad para apreciar el *"valor adquirido"* cuando se trata de un **producto físico** -la gente paga **U$S 25** por un **libro físico** y duda de pagar **U$S 7** por un libro digital-, la gente está dispuesta a pagar un champagne, un cigarro o una caja de chocolates (sobre todo si conoce la marca o confía en la empresa que los vende), suele tener dudas de comprar un *"software mágico" o un "informe digital"*, de una firma desconocida.

Es más simple articular **cadenas de comercialización y representantes** en el mundo de los productos **FISICOS** que en el de los **DIGITALES**.

Y, aunque no siempre es así, en muchos casos los problemas de logística o los costos fijos, pueden ser tan importantes en un negocio absolutamente *"digital"* como en uno *"físico"*.

Una *"editorial digital"* involucra programadores, administradores de base de datos, diseñadores gráficos, procesadores de contenidos, etc, etc.; por su parte una **librería** que venda libros físicos en la red se limita sólo a administrar un sitio más o menos eficiente y el resto de la estructura que requiere es la que **YA TIENE EN SU NEGOCIO PRINCIPAL**.

Reiteramos como conclusión lo que advertimos al principio de este capítulo: Analice el Producto o Servicio a desarrollar o comercializar con una **OPTICA AMPLIA**, basado en sus **VENTAJAS**

CONCRETAS y sin prejuicios o condicionamientos de ningún tipo.

De todos modos, es muy posible -y aconsejable- que en su Proyecto trate de integrar **MAS** de una fuente de ingresos, cuidándose de **NO PERDER EL FOCO** en el proceso.

Productos "Globales" vs. "Locales"

Nos vamos a detener un momento en esta consideración ya que la creemos **ESTRATEGICA** para el futuro éxito de su Proyecto.

Hemos analizado en el capítulo anterior la dimensión esperada del **MERCADO** de usuarios de Internet en **ESPAÑOL** para dentro de unos años.

Una de sus particularidades, es que este mercado, considerado **FORMIDABLE** en su dimensión futura -y que ya es importante hoy día- está **DIVIDIDO EN 20 PAISES!!**

Esto ha representando uno de los **mayores obstáculos** para el aprovechamiento del mismo en la venta de *productos físicos* o de *ciertos servicios* que tienen una relación claramente local (el caso de los servicios de abogados por ejemplo, que están vinculados a la legislación concreta de cada país).

Mientras un emprendedor norteamericano dispone YA, de un mercado de **150 millones** de usuarios conectados, con la *misma moneda, idioma, sistema financiero, empresas de despacho y leyes aplicables*, en **SU CASO**, si vive en España o

América Latina dispone de la ventaja evidente del idioma...pero **NADA MAS**.

El despacho de productos entre países es *extremadamente caro*, los sistemas financieros son nacionales, las monedas son locales (aunque siempre se puede usar el dólar como elemento unificador) y las transferencias de fondos entre fronteras *suman costos al proceso*, la legislación aplicable en cada caso puede variar a extremos ininmaginables (*trate de vender té de coca -un producto **legítimo y legal en Bolivia**- en cualquier otro país de la región y avíseme cuando deba explicarle a la **Interpol que Usted no es un traficante***)

De todos modos, el **idioma** representa un punto <u>**muy importante**</u> a su favor (del que carecen los europeos por ejemplo, que si bien cuentan con una mayor integración en otros factores, deben planificar en **no menos de tres o cuatro idiomas** cualquier Proyecto si quieren expandirlo en su propia región).

Entonces, si bien por un lado el aprovechamiento **INTEGRAL** del mercado al que tenemos acceso potencial en virtud del idioma nos inclinaría por elegir productos o servicios **lo MAS GLOBALES posibles** para nuestro proyecto, las dificultades de *"fronteras"* por allí nos exigen analizar una estrategia **LOCAL** como la más indicada en nuestro caso.

Como podrá advertir, casi todos los productos *"digitales"* nos evitan los problemas descriptos, pero para nada debe representar esto un obstáculo a la hora de evaluar negocios del mundo *"físico"* si nuestras principales ventajas están en ese terreno.

Para que lo advierta con un ejemplo, analicemos un caso real.

Participé en la difusión de una experiencia interesante para Internet, realizada en la antigua empresa donde trabajaba el experto español **Jorge Palma** hasta hace unos años.

Análisis de Caso*: Una firma española había armado una "canasta navideña" con productos de gran calidad -turrones, castañas, sidras, jamones y otros embutidos- con la intención de comercializarla a nivel internacional (exportándola), aprovechando el reconocimiento de marca y calidad que poseen estos productos a nivel mundial.*

Resultados: *Una vez más inesperados (como ocurre muchas veces en Internet), en vez de **compradores en el extranjero** para estas canastas, lo que obtuvieron fueron pedidos de españoles radicados en el extranjero para enviarlas **como regalo a sus parientes** en España. Terminaron despachando el **90%** de las canastas en España pero por compras realizadas **desde el extranjero!!***

Conclusiones: *El mundo "**virtual**" generó las ventas y a nivel de múltiples países, pero las aparentes dificultades del "**mundo real**" para el despacho de las canastas a escala mundial no llegó a producirse por el destino final que tuvo la oferta (casi toda dentro de España).*

Insisto en este punto, muchas veces el sentido común nos indica que el camino correcto es apuntar a **PRODUCTOS DIGITALES y GLOBALES** -lo cual es más que cierto, aclaro-, sin embargo existen decenas de ejemplos de **PRODUCTOS FISICOS y**

LOCALES que pueden tener éxito si las condiciones son las correctas.

Mientras **MAYOR** sea el mercado local al que tiene acceso con menores barreras y costos, más ventajas puede obtener en productos **FISICOS o SERVICIOS LOCALES**, por lo que los mismos no deben ser descartados desde el inicio sin una análisis concienzudo de sus ventajas y oportunidades.

Pero trate **SIEMPRE** de darle un **FOCO GLOBAL** a su negocio y se llevará sorpresas como las de las "canastas navideñas"...ellos pudieron orientarse exclusivamente al mercado Español y hubiesen competido con muchas otras opciones -casi con seguridad-, sin embargo apuntaron al mercado **GLOBAL** y terminaron prestando un **SERVICIO LOCAL** sin habérselo propuesto.

Dado que un ejemplo -al igual que una imagen- **vale por mil palabras**, sumaré algunos adicionales para que adviertan las combinaciones posibles en esta materia:

a) Productos Globales - Mercado Global

Personalmente comercializo desde hace un año un **Informe Técnico (el IT-330)**, llamado *"Cómo Hacer un Newsletter Exitoso"* del que se han vendido algunos centenares de copias en **15 países** de toda la región.

Se distribuye por Internet, se cobra mediante depósitos o transferencias y actualmente se está subiendo como *"libro digital"* dentro de la *"Colección Internet"* de la editorial ***"Libros en Red"*** para poder ser vendido directamente con Tarjeta de Créditos y simplificar aún más su procedimiento.

Como pueden advertir, hacer un Newsletter es **igual en Guatemala que en México** (de allí lo global) y suma como característica la de ser "*digital*", pero de eso ya nos hemos ocupado.

b) Productos Locales - Mercado Global

El caso de las "*canastas navideñas*" ya tratadas y un ejemplo adicional que siempre llamó mi atención.

Existe una emprendedora de origen holandés viviendo en Buenos Aires (habla alemán e inglés además), que mediante Internet se contacta y organiza grupos de turistas holandeses, alemanes e ingleses para llevarlos a aprender a bailar Tango en esa ciudad. Otro ejemplo **ESTUPENDO** de **productos locales para mercados globales.**

c) Productos Globales - Mercado Local

No se necesitan muchos ejemplos para esto, cuando vendo uno de mis informes en Argentina estoy aplicando este principio. Un caso más claro aún es el del un **sitio de currículum laborales**; técnicamente es un servicio *"global"* -se podrían cargar y consultar currículum desde cualquier lugar del mundo-, pero básicamente un empleador buscaría un empleado que viva en "su" país.

d) Productos Locales - Mercado Local

Creo que uno de los casos paradigmáticos y más claros lo constituye **"Officenet"**, la empresa fundada por **Santiago Bilinkis y Andres Freire** en 1997 (puede consultarla en www.officenet.com), una empresa que aprovisiona insumos de oficina a otras compañías.

La consulta de precios, comparación de productos y la orden de compra se realizan en la web, pero la entrega de los productos se hace en el domicilio del comprador.

Al estar instalados en grandes ciudades, el mercado al que acceden es rentable y de gran volumen (pero en todos los casos **LOCAL** y con prestaciones **LOCALES**).

Aclaremos que no sólo venden clips y resmas, ya que incluyen desde computadoras e impresoras, hasta muebles y alimentos en su oferta (tienen **más de 10.000 artículos** en su catálogo).

Como puede advertir las alternativas son múltiples y siempre es posible encontrar un giro inteligente para sus principales fortalezas, habilidades y conocimientos.

Segmentos de Mercado y Diferenciación de Productos

Este punto podría ser un libro en sí mismo. Es más, le sugiero que profundice sobre **AMBOS** conceptos en la literatura especializada ya que su comprensión profunda y adecuada, constituyen claves del éxito.

Es importante que Usted aprenda a definir un **SEGMENTO de mercado** ya que si lo logra y adquiere en el mismo una **POSICION**

COMPETITIVA relevante, obtendrá ganancias de ello.

Esta terminología se utiliza en la ciencia de la **Estrategia Competitiva** y tiene un gran valor a la hora de decidir las políticas y las estrategias que han de seguirse para obtener rentabilidad.

Uno de los problemas presentes en su definición es que **no se trata** de conceptos estáticos sino **dinámicos** y que se definen desde la perspectiva del Empresario, el Producto y los competidores existentes.

Para esbozar una definición sencilla con la cual empezar, diremos:

Un <u>**segmento de mercado**</u> es un **conjunto de compradores** con características **comunes y homogéneas de consumo** para el **tipo de producto** que se analice y en el que participa un **conjunto conocido de competidores**.

Sin embargo la **determinación de un segmento de mercado** en la práctica, se realiza **EN CADA CASO** y desde la perspectiva del competidor que quiere trabajar en el mismo.

Complicado? Una vez más un ejemplo ayudará a simplificarlo.

El mercado de las bebidas gaseosas en **Perú** es un *"segmento de mercado"* desde la óptica global de **Coca Cola** a nivel mundial. Allí tiene grandes competidores locales -**Perú** es uno de los pocos casos a nivel mundial donde existen marcas de gaseosas locales y diferenciadas- y obviamente también está presente su archirrival mundial **PEPSI**.

Coca Cola compite en ese mercado de modo diferente al que lo hace en **Ecuador o España,** en muchos casos utiliza diferentes publicidades y la política de medios que emplea está adecuada a las características culturales y sociales del país.

Sin embargo, para una empresa que no posea la estructura mundial de Coca Cola, es imposible definir una estrategia competitiva tan completa y geográficamente diferenciada y debe conformarse con definir sus *"segmentos de mercado"* con mayor amplitud.

Para la fábrica de cerveza **"Guinness"** (de Arthur Guinness Son & Co Ltd de Dublin -felicitaciones a ellos y visítelos en www.guinness.ie-), **TODA** América Latina **ES** un *"segmento de mercado"* y tiene que encarar su políticas competitivas a escala regional ya que carece de medios -o al menos los aplica en otro lado- como para alcanzar el grado de especialización de **Coca Cola** en sus estrategias competitivas locales.

Como puede apreciar, la definición del *"segmento de mercado"* depende de la **visión competitiva de la empresa** y cómo ésta la defina, más que de alguna característica objetiva y concreta del mercado en sí.

Naturalmente existen *"segmentos naturales"* y que **suelen coincidir** con la forma en que las empresas segmentan los mercados al analizarlos.

Un país o una ciudad suelen constituir *"segmentos geográficos"*, los jóvenes suelen constituir *"segmentos por edad"*, las mujeres pueden constituir un *"segmento por sexo"* y el público de elevados ingresos suele constituir *"segmentos por ingresos"*, pero en todos los casos -como dijimos- definir un segmento de mercado es una tarea del analista y lo hace para entender el terreno en el cuál ha de **COMPETIR** con las otras empresas u oferentes.

Por qué me parece tan importante que se entienda ésto?

Porque la **determinación eficaz de un segmento de mercado** lo ayudará a escoger adecuadamente **SU producto o servicio** y lo ayudará a definir una **ESTRATEGIA COMPETITIVA** y si todo eso sale bien Usted **GANARA DINERO**.

Sus recursos, sus aptitudes, el producto o servicio que escoja tendrán influencia en la forma y modo de definir un segmento de mercado en el que pueda trabajar, con la **menor cantidad posible de competidores** y obteniendo los **mayores márgenes de rentabilidad** que sea posible.

El tema es que no encontrará afuera un segmento del mercado que diga: ***"Este es el segmento de mercado para Juan"***, sino que deberá definirlo Usted mismo y deberá hacerlo de un modo eficiente.

Estos conceptos evolucionaron en gran medida de los análisis estratégicos del arte de la guerra y considero que sigue siendo uno de los modos más simples de entenderlo.

Tras unos cuántos miles de años de matarnos en batallas, los seres humanos fuimos aprendiendo que existen algunos modos **más eficaces** de combatir con el enemigo que otros.

Por ejemplo:

*Si usted elige el campo de batalla que más le conviene y **lo prepara,** el enemigo que llegue al mismo a combatir tiene menos posibilidades que Usted y* deberá poseer **mayores recursos** para poder derrotarlo.

Las **posiciones dominantes** (ej. alturas) son más fáciles de defender y otorgan mayores ventajas ofensivas al momento del contraataque.

Los **límites y accidentes naturales** del terreno (colinas, zanjas, ríos) constituyen factores muy importantes que potencian el poder de sus tropas.

Mientras más crezca (más terreno ocupe) mayores problemas tendrá con la **logística de aprovisionamiento** de sus tropas.

La **moral de las tropas** (propias y del enemigo) constituyen un factor crucial en la batalla con independencia de los medios materiales y recursos de que se disponga.

La **capacidad, entrenamiento y preparación** de sus oficiales y tropas (recursos humanos) constituyen un factor crítico una vez que se inicia la batalla.

Si traducimos estos principios militares al **lenguaje competitivo de las empresas**, en realidad estamos diciendo:

El líder en un segmento de mercado es **difícil de desalojar** de su posición.

El que quiera atacar a un líder en su segmento de mercado deberá disponer -y gastar- **muchos más recursos** que los que el líder necesita para defenderse o contraatacar.

Un líder -que domina su segmento- con una alta moral y equipos humanos preparados e idóneos **actúa con rapidez y enfrenta eficazmente** las contingencias competitivas.

El ejemplo militar de libro de texto lo encontramos en **Vietnam**. Sin duda los vietnamitas jamás podrían derrotar a EE.UU. a escala global...pero sí pudieron defender eficazmente *"su"* segmento de mercado mediante las estrategias adecuadas.

En su caso la clave fue: *a) Evitar siempre los daños absolutos -nunca hubo una gran batalla que pudiese decidir el curso de la guerra-; b) elegir siempre el sitio del combate más conveniente -ellos atacaban donde querían-; c) tener siempre más recursos disponibles en ese punto concreto de la batalla y d) Mantener alta la moral de su pueblo ya que el tiempo jugaba a su favor (pelear en una selva húmeda y maloliente no era ninguna alegría para un soldado norteamericano que quería estar con su novia en un autocine comiendo una hamburguesa).*

Como ya conoce el resultado de esa guerra no hace falta que le diga **quién utilizó la mejor estrategia.**

En su caso el problema es **EL MISMO**:

Debe definir un segmento del mercado en el que pueda llegar a ser el **LIDER** desde el primer momento o en el que esté en condiciones de derrotar a sus actuales ocupantes para quedarse con el mismo.

Debe hacerse **fuerte en ese segmento** y estar en condiciones de **defenderlo**.

Desde esa **posición sólida** podrá avanzar en la escala de sus recursos para ampliar su territorio.

Muchas veces me han preguntado por qué elegimos el campo de los *"Newsletters"* para trabajar en vez de orientarnos desde una primera etapa a un **proyecto en la Web**.

Le respondo y verá **cómo utilizamos el análisis estratégico**:

No había un **líder establecido** en el campo de los Newsletters en español.

Teníamos **aptitudes, habilidades y contenidos** para un medio de comunicación de este tipo en nuestra Firma.

No teníamos aptitudes propias -y debíamos contratarlas afuera- para el desarrollo y mantenimiento de un **sitio web.**

No teníamos recursos en la cantidad suficiente como para soportar una lucha de posicionamiento en el terreno de los sitios web en el que existían **grandes y sólidos contrincantes.**

El desarrollo de una *"comunidad"* se realiza de modo **más eficiente** (o al menos TAN eficiente) **desde un Newsletter como de un sitio web.**

A menos de un año de definir nuestra estrategia e implementarla, éramos el **mayor Newsletter en español** y lo continuamos siendo. Desde esta posición -cada vez más sólida- podemos avanzar en otras direcciones contando con una base firme desde la cual desplazarnos.

El análisis estratégico es **MUY IMPORTANTE** ya que le evita desperdiciar sus recursos (que generalmente son escasos) en **objetivos que no puede controlar.**

Si su planteo inicial es desalojar a **AMAZON** en la venta de libros o a **YAHOO** en el terreno de los buscadores, sugiero que cuente con **varios miles de millones de dólares.** Si no los posee, haga un análisis claro de dónde puede ocupar una posición que luego sea defendible.

Existen factores de **TIEMPO y CRECIMIENTO** que no puede soslayar. Difícilmente entrará a un mercado siendo el más grande -salvo que lo acabe de inventar o sea una gran corporación con recursos ilimitados- y en consecuencia el proceso de posicionamiento debe ser **planificado adecuadamente.**

Unas palabras adicionales para el tema de la segmentación vista desde la óptica del **PRODUCTO**.

Hay productos que <u>**CREAN**</u> segmentos de mercado y productos que <u>**SE CREAN**</u> porque existe un segmento de mercado esperando por ellos.

Cuando se inventó el **bolígrafo** no existía un mercado previo para *"lapiceras sin cartucho de tinta que escriben con una bolita en su punta"*, cuando se "inventó" el **NAPSTER** no existía ningún mercado previo para *"el intercambio de canciones en formato digital directamente desde las computadoras de los usuarios"*. En miles de ocasiones un producto nuevo o un sistema diferente de distribución o comercialización **CREAN** un segmento de mercado donde antes no existía.

Las **necesidades preexistentes** sin embargo, suelen <u>**DEMANDAR**</u> la creación de productos exclusivamente para ellos.

<u>**Un caso:**</u> La velocidad del cambio obliga a los profesionales a una actualización constante de sus conocimientos y habilidades, sin duda Internet aparece como un medio ideal para el desarrollo de

programas de capacitación a distancia a fin de cubrir esta necesidad...alguien -y quizás **NO SEAN** las Universidades tradicionales- se ocupará de **desarrollar los productos que cubran esta necesidad**.

En síntesis:

*Analice las oportunidades que existen a su alrededor para los productos que **YA POSEE** o bien, analice que **NECESIDADES DETECTA** en el mercado y para las que pueda crear **UN PRODUCTO**.*

Defina los límites de su segmento de mercado, instálese en el mismo, luche por el liderazgo, defienda su segmento y desde allí crezca para ocupar nuevas posiciones.

Aportando Valor Real

Es importante detenernos en este punto.

Mientras **MAYOR** sea el valor que genera para sus clientes **MAYORES** son sus probabilidades de éxito.

Pero siempre tenga presente que el *"valor"* es lo que el **CLIENTE asigna** y **NO** lo que Usted cree.

Si **no ha clarificado** adecuadamente **QUIEN ES SU CLIENTE** y **CUALES SON SUS NECESIDADES REALES**, rara vez el producto o servicio que ofrezca cubrirá sus expectativas y el éxito no lo acompañará en el largo plazo.

Veamos un caso adicional

Análisis de Caso: *Un profesional argentino inició un Newsletter en el que trataba temas de Comercio*

Exterior, principalmente normativas de aduana y listas de pedidos de productos. Al cabo de cierta cantidad de números le avisó a sus suscriptores que empezaría a **cobrar un abono** *para continuar con el envío de la publicación.*

Resultados: *Sólo un porcentaje ínfimo de los suscriptores optaron por abonarse al servicio y el intento de obtener ingresos por abono fracasó.*

Consideraciones*: El Newsletter llegaba principalmente a otros profesionales y empresarios* **no vinculados a la exportación**, *lo recibían porque era gratis, pero no tenía ningún valor para ellos si debían pagarlo.*

También lo recibía un grupo de consultores y especialistas **en comercio exterior**, *sin embargo la misma información que contenía el Newsletter* **ya les llegaba por el Boletín Oficial y otros medios** *a los que estaban suscriptos. Tampoco ellos se abonaron.*

Conclusiones: *Que un producto sea valioso para Usted o que le demande un gran esfuerzo realizarlo, no significa que tiene* **el mismo valor en el caso concreto de quién lo recibe**. *El fallo puede tener una doble explicación: a) La información* **no era tan importante o exclusiva** *como para que se justificase pagarla o bien b) El* **público elegido** *para enviarle la publicación* **no era el adecuado**, *ya sea porque* **NO exportaba** *o, porque si lo hacía,* **YA CONOCIA los datos** *suministrados o los obtenía por otra fuente.*

Qué ocurre en el caso que Usted no posea "valor" para entregar como producto o servicio?

Tres consideraciones sobre este punto:

*1) Generalmente **todo el mundo** posee **conocimientos o aptitudes** capaces de ser aprovechadas por otros.*

Esto suele ser así. Desde aquellos casos absolutamente claros y evidentes, como un profesional reconocido en su campo de conocimiento o un empresario con un producto excelente y con costos razonables, hasta gente que posee habilidades para la jardinería o la elaboración de comidas.

De todos modos hay que analizar con verdadero criterio si el valor que pretendemos poseer, es apreciado del mismo modo por los terceros.

Conozco innumerables casos de autoproclamados "expertos" en diversas áreas cuyos conocimientos son sólo superficiales -cuando no erróneos y hasta peligrosos para el que se decida a seguirlos-; gente que considera las meras recopilaciones de datos de terceros como aportes fundamentales al conocimiento humano; productos mediocres o servicios prestados de modo deficiente.

Tarde o temprano el mercado (la gente, los clientes) advierten esta circunstancia y huyen raudos en otra dirección.

Sin embargo -y en el otro extremo- gracias a Internet podrá llegar a un mercado **IMPORTANTE** aún para los conocimientos o aptitudes más extraños o triviales.

Otro caso:

<u>Análisis de Caso</u>: *Colaboré con un "especialista" en "ferromodelismo" (el hobby de construir y coleccionar trenes a escala) difundiendo una lista que había empezado para poder comunicarse con otros "colegas".*

Resultados: *Esa lista ya cuenta con más de una centena de "expertos" y "amantes" del ferromodelismo y avanza raudamente en convertirse en una verdadera "comunidad". Lo destacado: se está montando un mercado alrededor de la misma con la compra y venta de modelos exclusivos de trenes a escala.*

Conclusiones: *Si se aplican los **esfuerzos, recursos y estrategia correcta** al Proyecto, antes de lo que piensan, centralizarán la comunidad de amantes del ferromodelismo en la región. El valor de muchos modelos y la gran cantidad de "negocios laterales" existentes en torno al fenómeno (Ej: viajes para conocer los trenes exóticos del mundo, visitas a exposiciones mundiales o museos de renombre, etc.), permiten advertir una importante posibilidad económica en este esfuerzo.*

*2) Es menester **prepararse**.*

Si piensa encarar un negocio, si realmente pretende obtener ingresos y riqueza de parte de terceros a cambio de sus productos o servicios, **debe tomarse este desafío SERIAMENTE.**

Si no está realmente preparado...**prepárese**; si no conoce a fondo los temas...**estúdielos**; si su producto o servicio no es todo lo bueno que debiera...**mejórelo.**

Hay estupendas oportunidades allí afuera, pero le aseguro que deben ser tomadas seriamente si pretende cosechar resultados.

Tomando el caso anterior, **NO PIENSE** en montar una comunidad vinculada al *"ferromodelismo"* si no conoce muy bien el tema (defraudaría a quienes se acerquen a Usted). Claro que por allí su habilidad es la de **CREAR COMUNIDADES** y puede hacerlo eficientemente aún cuando no sea un especialista en el tema de fondo.

Los usuarios de la comunidad le estarán agradecidos por la calidad de sus servicios -sitio web, listas, foros, intercambio de información, estímulo, búsqueda de datos- más que por sus conocimientos sobre el tema en especial.

*3) Puede adquirir valor **de un tercero**.*

Pero siempre cabe una opción. Si Usted **no posee productos o servicios adecuados** para su comercialización, siempre puede intentar **comercializar los de un tercero** que reúna los requisitos de **calidad, precio y servicio** que se requieren para lograr un impacto en el mercado.

No todos pueden ser **productores** y lo que más se necesita por lo general son **buenos vendedores.**

Aspiramos a que nuestra iniciativa del **SPM (Sistema de Promoción de Negocios)**, permita justamente que pueda acceder a productos o servicios de otros participantes en el caso que no posea alguno propio -y a la inversa, que pueda ofrecer a otros la oportunidad de participar de su proyecto-.

En el próximo capítulo desarrollaremos los elementos para el armado de un Plan de Negocios.

Marcelo Perazolo

Cómo se Planifica un Proyecto?

Consideraciones Iniciales

La Planificación de un Proyecto es un **PROCESO CLAVE** que se requiere tanto para un Proyecto *"off line"* (o del mundo real), como *"on line"* (en la red).

Comprender sus elementos básicos y el modo en que se realiza será de gran ayuda para cualquier actividad que desarrolle.

En esta sección profundizamos una serie de datos que suministramos oportunamente en nuestro Newsletter a miles de suscriptores (entre los **Nros. 4 a 12**) y que aquí adecuamos y adaptamos más específicamente a las características de un **Proyecto en Internet**.

Además, es importante que sepa que si en alguna oportunidad debe presentar su Proyecto a otra persona -un inversor, un futuro socio-, el formato en que lo haga será de gran importancia.

Si bien no existe un **orden o método único** y cada cual puede adaptar la información y el modo de presentarla según su criterio o necesidades, si se le pedirá en todos los casos que contemple en su documento los **puntos principales de su Proyecto** (*un resumen, el producto, el mercado, los aspectos financieros, los recursos humanos, el plan de marketing, etc.*)

Nuestra sugerencia es que, aún cuando vaya a desarrollar un Proyecto de modo individual -y en consecuencia no tenga que presentar su plan a nadie-, de todos modos **PLANIFIQUE y ORDENE SUS IDEAS** en base al "*Plan de Negocios*".

Sin embargo, previo a planificar debe conocer algunos **elementos claves para el éxito** en los negocios.

Por qué fallan los Proyectos?

Analicemos primero las causas más comunes del fracaso.

Empezar un proyecto o negocio es un momento apasionante. La cabeza bulle de ideas, la visión del éxito se desarrolla y el entusiasmo inyecta adrenalina en nuestro torrente sanguíneo.

Sin embargo, al **cabo de un año** el **70%** de los negocios iniciados ya **no existen más** y en los **dos años siguientes** sucumbe un **20% adicional!!**

Esta "*mortandad*" en los nuevos proyectos -de alrededor del **90% en los tres primeros años**- se debe a causas comunes (y que generalmente se repiten), pero que los emprendedores ignoran una y otra vez.

Se las indicamos ahora para facilitarle que pueda evitarlas en su Proyecto.

a) <u>Producir antes de tener el Mercado</u>:

También se la puede enunciar cómo *"Realizar Gastos antes de producir Ingresos"*.

Su causa es el <u>entusiasmo y la improvisación.</u>

El emprendedor se imagina desarrollando una actividad, pero no dedica el tiempo suficiente para asegurarse el control de las **variables esenciales** (*principalmente las financieras*) con las que luego deberá enfrentarse.

Por ello, invierte en montar un negocio o una fábrica y luego descubre que el proceso de vender su producto o servicio toma más tiempo del que imaginó y se agota su dinero antes de llegar al *"punto de equilibrio"*.

Basados en nuestra propia experiencia y en la de cientos de clientes, tenemos un consejo para darle y tenga presente que...

Este es el **MEJOR CONSEJO** que escuchará en su vida, anótelo y **JAMAS LO OLVIDE:**

Empiece comercializando el producto que piensa elaborar.

Cuando tenga una cartera de clientes propios empiece la producción...NUNCA ANTES (y de este modo no quebrará).

Traducido al español significa los siguiente:

La **CLAVE REAL** de un negocio son los **INGRESOS** y **NO LA PRODUCCION.**

Los ingresos provienen del **MERCADO** (clientes)

Existen mayores probabilidades de éxito si se poseen los **CLIENTES** y una relación fidelizada con los mismos, antes de lanzarse a **PRODUCIR.**

Que Ud. instale una librería en un centro comercial, un sitio web para la venta de camisetas publicitarias, un criadero de truchas o una boutique es **relativamente simple** (es más, lo hacen *miles de personas cada año*).

Que Ud. consiga **sobrevivir el tiempo suficiente** hasta que los ingresos genuinos superen los gastos, costos y egresos **NO ES TAN SIMPLE** (y por ello el *90% de los proyectos que se inician fracasan*).

Las claves para enfrentar este problema son **DOS**:

O posee el **financiamiento suficiente** para sobrevivir el tiempo necesario hasta el *"punto de equilibrio"*

O posee una **cartera de clientes** y **conoce muy a fondo el mercado**, por lo que su decisión de "producir" es sólo un proceso natural de crecimiento.

NO OLVIDE ESTE CONSEJO JAMAS!!!

b) <u>Todas las Otras Causas:</u>

Pensará que es una broma...cómo que **TODAS LAS OTRAS CAUSAS?**

No es una broma, todo lo que sigue en realidad está **vinculado al punto anterior** -y si no, medite-:

b.1. Sobredimensionamiento:

Muchos proyectos empiezan sobredimensionados (*lujosa oficina, grandes equipos, varios vendedores, secretarias y viajes al extranjero, etc.*) y **jamás consiguen llegar al PUNTO DE EQUILIBRIO** entre ingresos y egresos.

(Si hubiese empezado vendiendo hasta conocer el mercado jamás se hubiese sobredimensionado en base a meras expectativas)

b.2. Incorrecto Análisis de Flujo de Fondos o Rentabilidad del Sector o Mercado:

Mucha gente inicia negocios que **JAMAS llegarán al punto de equilibrio** (*voy a vender bolsitas plásticas de a ciento, voy a vender desayunos de trabajo, voy a...*)

Cualquier contador -aún en medio de los efectos alcohólicos de una despedida de soltero- le hubiese calculado fácilmente que salvo que trabaje de noche en su propia casa, esa actividad **JAMAS SERIA RENTABLE.**

b.3. Flujo de Fondos (II)

En las noches de insomnio en las que la idea era madurada y lápiz en manos se multiplicaban los panes y los peces, la falta de un consejo experto hace que a veces se olviden ciertos ítems en el cálculo de gastos (generalmente tres: ***aportes laborales, impuestos y seguros***).

Si bien varían en cada país y generalmente durante los primeros meses uno puede evadirlos a todos, llega un buen momento en que el **FISCO** o los **SINDICATOS** o los **JUICIOS** se hacen presentes y allí uno descubre que el negocio soñado **NO ESTABA EN CONDICIONES** de afrontar el pago del impuesto a las rentas, ganancias o las cargas sociales o los seguros.

Un contador o asesor con un mínimo de experiencia (e

incluso un buen libro de Plan de Negocios) pudieron advertirle a tiempo esta situación.

b.4. Exceso de Socios:
Amigos, pongamos este negocio!!!

Y los catorce amigos empiezan el Proyecto con mucho entusiasmo...

Tres meses después, antiguas amistades se disuelven cuando los socios advierten que repartirse **\$ 100** entre **14 personas** no le sirve a nadie (y empiezan a evadir responsabilidades o a retirarse del Proyecto) y lo más lamentable es que muchas veces esto genera peleas entre viejos amigos.

b.5. Subcapitalización

Como podrá ver, se trata de variantes del mismo problema.

El negocio arranca estupendamente, sin embargo el propio crecimiento obliga a comprar más stock o incorporar más empleados o empezar a devolver el crédito y allí todo se desmorona.

Sin embargo, lo terrible es que **REALMENTE SE TRATABA** de una <u>**buena idea**</u>, pero la **FALTA DE CAPITAL** impedirá que el negocio dure lo suficiente hasta hacerse rentable.

Muchas buenas ideas (**adviertan que NO DIGO "malas ideas" sino "buenas ideas"**) quedan a mitad de camino por falta de capital en el momento crítico.

Esto significa que NO DEBO EMPEZAR MI PROYECTO?

De ningún modo, en una época en que el concepto de TRABAJO tal como lo conocíamos antaño empieza a desmoronarse, es MUY POSIBLE que usted también se convierta (voluntariamente o a la fuerza) en un **empresario o "entrepreneur".**

Pero, como todo en la vida, deberá **PLANIFICAR, CONSULTAR, ESTUDIAR** y **ASESORARSE** adecuadamente si quiere que esto resulte.

No se apure, **empiece de acuerdo a sus posibilidades, conquiste mercado antes de incrementar sus costos fijos, no se sobredimensione y de este modo su éxito seguramente estará asegurado**.

Modelos Eficaces de Negocios

Si repasa el punto anterior advertirá que la ecuación *"económico-financiera"* del Proyecto tiene una gran influencia en las oportunidades de éxito.

Esto se debe a que existe una **relación particular** entre la necesidad de **capital** para un Proyecto y el punto que se conoce como de *"madurez del proyecto"*.

Existen **tres (3) aspectos** vinculados a este concepto:

a) *Punto de Madurez de los Proyectos:*

Siempre es más sencillo imaginar una **IDEA DE NEGOCIO** que **IMPLEMENTARLA**.

En realidad, más que implementarla el problema está dado por lograr que llegue a un punto armónico de funcionamiento (que se conoce como *"punto de madurez*"), en el que, no solamente hay equilibrio financiero, sino además una comprensión clara del mercado y el negocio, personal preparado, una estrategia clara, relación de confianza con los clientes y proveedores, conocimiento de la marca, etc.

Evidentemente el **aspecto financiero** es el primero que salta a la vista (*si no hay ingresos sobrevendrá la quiebra en algún momento*), pero aún en un negocio que logra su punto de equilibrio financiero, si no consigue entrenar a su personal, relacionarse con el medio, prepararse para los cambios, ganar la confianza y lealtad de clientes, tarde o temprano habrá de fracasar o deberá soportar mayores costos.

Como en el crecimiento personal, para lograr la madurez de un Proyecto se necesita **TIEMPO** y **CAPACIDAD DE APRENDIZAJE** (pero fundamentalmente tiempo).

Sólo el tiempo que se permanece en un negocio, permite advertir los errores y corregirlos, conocer a los actores del mercado y ajustar las estrategias competitivas.

El problema de iniciar un proyecto con escasos recursos es que el **tiempo de que se dispone** es **BREVE y ESCASO** y ello atenta contra la posibilidad de aprender, mejorar y corregir errores.

Premisa: *Un Modelo de Negocios eficaz debe permitir que con **ESCASOS RECURSOS** el Proyecto subsista lo suficiente como para que logre consolidarse hasta alcanzar su **PUNTO DE MADUREZ**.*

b) _Ratio "Rentabilidad sobre Capital Invertido"_

Esta es otra clave cuya comprensión permite desarrollar negocios exitosos.

El **MONTO FACTURADO** en un negocio es un dato muy importante.

El **PORCENTAJE DE GANANCIAS** lógicamente que también.

Sin embargo, una de las claves de un proyecto es **mantenerlo activo el mayor tiempo posible** aún en la peor combinación posible de circunstancias y aquí tiene una gran importancia la relación **"Rentabilidad sobre el Capital Invertido"**.

Mientras **MAYOR CAPACIDAD DE SUPERVIVENCIA** se asegure para un Proyecto, **MAYORES** son sus posibilidades de alcanzar el punto de equilibrio, de madurez (_que como dijimos son cosas diferentes_) y luego iniciar la etapa de **CRECIMIENTO SUSTENTABLE**.

Como Usted sabrá, el hecho de participar en un mercado implica **COMPETIR**. Se asume que al competir, las empresas **más fuertes, mejor financiadas y más agresivas en sus prácticas de comercialización** logran conquistar un porcentaje mayor del mercado (_por precio, calidad, prestación, etc._), **desplazando de este modo a los competidores**.

Si los competidores pierden participación en el mercado, dejan de ser rentables y en consecuencia se funden y deben retirarse del mismo.

Dicho de otro modo, si Usted quisiese competir hoy con **AMAZON.COM** (un competidor más fuerte, grande, financiado y agresivo), en principio las reglas del mercado establecen que antes o después Usted será desplazado del mismo, pero esto **NO SIEMPRE TIENE QUE SER ASI.**

*Conoce algún ejemplo de un mercado que admite a **MILES Y MILES** de nuevos oferentes cada año y **NINGUNO DE ELLOS SE FUNDE** y todos siguen presionando sobre la oferta global?*

Hay varios, pero le voy a hablar de uno para que conozcamos a fondo sus secretos y podamos aplicarlos en nuestro Proyecto...el mercado de **los abogados.**

*Cómo es posible que cada año se incorporen **MILES de nuevos abogados** al mercado y sin embargo las reglas de la competencia clásica no funcionen en este caso?*

*Por qué -al igual que en los otros mercados-, unos **pocos estudios** más agresivos o mejor montados que el resto, no ha logrado desplazar a los competidores?*

Hay varias causas, pero una de las principales es el tema que estamos analizando.

Los servicios profesionales en general (y salvo que dependan de equipos o maquinaria para el desarrollo de su actividad) tienen una **ALTISIMA RATIO** de *"Rentabilidad sobre Capital Invertido".*

Es decir, **GANAN MUCHO** respecto a lo que **INVIERTEN.**

Cualquier abogado que viva con sus padres (*y logre que su madre le siga dando de comer sin cobrarle alquiler*) está en condiciones de mantenerse en el "mercado" ya que con una lapicera, papel, una máquina de escribir -a falta de computadora- y atendiendo a sus clientes en el bar de frente a

Tribunales, puede seguir manteniendo su oferta durante un **plazo indefinido** (*o hasta que su última camisa se encuentre tan raída que ya no pueda presentarse más en tribunales*).

El **CAPITAL INVERTIDO** por un profesional es <u>tan bajo</u> y los **COSTOS FIJOS** (llevados al extremo del ejemplo) **CASI INEXISTENTES** que casi **no hay posibilidad** de **eliminar de la oferta jurídica** a los abogados **SIN ESTRUCTURA**.

Si el abogado del ejemplo tiene la constancia y voluntad suficientes, tarde o temprano encontrará vías de ingreso superiores, pero entretanto lo que permitió su supervivencia en las malas épocas, fue su elevada ratio de *"Rentabilidad sobre Capital Invertido"*.

Un pequeño juicio, el más mínimo trámite al mes ya le aseguran **continuar en el mercado hasta que lleguen momentos mejores.**

Dicho de otro modo, el **MODELO de supervivencia** de los abogados es **MUY SUPERIOR al MODELO** de supervivencia de un **Proyecto Pyme** (recuerde que el **70%** de las nuevas empresas no llega a su segundo año de vida y el **90%** no alcanza el tercero).

Si tuviese el tiempo y el espacio para hacerle un cuadro comparativo de un negocio *coreano o chino*, atendido por todos los miembros de la familia propietaria, los que además, comen y duermen en el mismo local, comparándolo con un esquema comercial tradicional vería claramente las diferentes ratios de *"Rentabilidad sobre Capital Invertido"* y cuál de los dos tiene mayores posibilidades de supervivencia en condiciones adversas.

***Premisa:** Un Modelo de Negocios eficaz debe partir de la mejor ratio de "**Rentabilidad sobre Capital Invertido**" posible, para que Proyecto logre subsistir hasta alcanzar su **PUNTO DE MADUREZ**.*

c) *Curva de Aprendizaje*

La sensación más triste en aquellos emprendedores a los que les ha fracasado una idea o proyecto es que ***"justo cuando empezaban a entender el negocio y sus trucos"*** generalmente se acaba el dinero y deben retirarse.

Cuando insistimos tanto en asegurar la **DURABILIDAD** de los Proyectos es porque debemos asegurar los efectos "virtuosos" de la **Curva de Aprendizaje**.

La **Curva de Aprendizaje** es el **conjunto de factores intangibles** incorporados a un negocio a medida que el mismo evoluciona y crece.

Desarrollar las relaciones comerciales, hacerse conocer, descubrir los "secretos" de cada actividad, ganar la confianza de los clientes y de los anunciantes, **lleva su tiempo** (mayor o menor según la actividad de que se trate).

Se supone que cada nueva "unidad" producida de bienes o servicios le permite corregir errores, disminuir costos, mejorar la calidad, aumentar las prestaciones, etc.

El problema es que ese **TIEMPO** tiene un equivalente en **DINERO**.

Si usted puede asegurar la **PERDURABILIDAD** de su proyecto en el tiempo estará recibiendo los beneficios de la *"Curva de Aprendizaje"* en su negocio.

Premisa*: Un Modelo de Negocios eficaz debe asegurar una **perdurabilidad suficiente** como para que los efectos benéficos de la Curva de Aprendizaje incorporen **valor agregado al mismo**.*

Ventajas del Modelo Digital

Desarrollar un Proyecto de Negocios en Internet y aún disponiendo de escasos recursos, presenta **ocho (8) ventajas particulares** respecto a las oportunidades de hacerlo en el *"mundo real"*:

1) *Reduce las necesidades de CAPITAL INICIAL para el lanzamiento.*

El formato *"digital"* para una experiencia de negocios puede llegar a ser **hasta 60 veces más económico** que su equivalente en el mundo real.

Este es un punto que debe explicarse con un poco más de detalle ya que puede interpretarse de diversas maneras.

Si usted quiere montar una **fábrica de zapatos** el capital que necesita **SIEMPRE EL MISMO** (una planta industrial, máquinas, insumos, empleados, etc.), aquí en realidad **no hay ahorros posibles** en el modelo "*digital*" ya que la producción se hace en el mundo físico.

Pero esos zapatos **DEBEN SER COMERCIALIZADOS** y allí los costos de hacerlo por una vía u otra son diametralmente diferentes.

Habíamos dicho que Internet es básicamente: **<u>mercado, canal y medio</u>**. Sus principales ventajas aparecen a la hora de **generar clientela** para negocios "reales" o realizar de **modo directo** la comercialización en el entorno de la red.

Un diario o revista en el mundo "*real*" cuesta un monto concreto por cada ejemplar editado, impreso y distribuido...en el mundo digital los valores se **reducen a casi cero.** Hay una gran diferencia de infraestructura y costos en el mundo real para tener una publicación de 10.000 o de 100.000 suscriptores; digitalmente no existen muchas diferencias entre 10.000, 100.000 y UN MILLON!!

Un negocio "*físico*" para vender bebidas, tiene un costo de operación concreto, trasladado a un comercio "*virtual*" la escala de costos es totalmente diferente.

Sin embargo es cierto que hay que ser **<u>muy cuidadosos</u> con este análisis.**

Si yo instalo un negocio en un centro comercial (digamos una librería), deberé gastar en alquiler, arreglos de local, compra del stock inicial, inscripciones fiscales y municipales, contratar al menos dos empleados que me ayuden, etc., etc.- Rara vez el costo de la instalación más las previsiones de funcionamiento de un año sean menores a -digamos- **U$S 100.000.**

Quién inicie su negocio con menos capital que el necesario corre **serios riesgos de fracaso**.

Por otro lado, **estoy en un centro comercial,** miles de personas pasan por mi negocio a diario y es posible que decenas o cientos de ellas ingresen al mismo, algunas compren y en un momento dado mis ingresos cubrirán mis costos con lo que mi supervivencia estará asegurada. Mi próximo paso es conseguir recuperar en algún momento del futuro el capital que he invertido más sus intereses. Los ingresos siguientes serán *"ganancia"* en un sentido estricto.

Estas reglas son **<u>inmutables y básicas</u>**. Si elegí bien el **<u>lugar</u>** (*con tráfico*), un **<u>buen producto</u>** (*que interese y sea buscado, que tenga pocos competidores u opciones alternativas*), **<u>atiendo bien</u>** a mis clientes (*satisfacción*) y poseo el **<u>dinero necesario</u>** para instalar y sostener este circuito hasta que llegue a su punto de equilibrio y de ganancia (*financiamiento*), **TENGO UN NEGOCIO RENTABLE.**

*Por qué entonces el **90% de los negocios** y proyectos no existen a los tres años?*

Porque el capital utilizado suele ser insuficiente (o las estimaciones de ingreso erradas) y los emprendedores asumen mal alguna de dichas reglas - *Ej: para ahorrar se instalan en un sitio con menos afluencia de público, no disponen de fondos para promoción y búsqueda de clientes, su stock es insuficiente, etc.-*

La diferencia con los negocios *"virtuales"* **no está dada en sus <u>fundamentos</u> sino en su ESCALA.**

Al poseer **COSTOS INICIALES** y **COSTOS DE FUNCIONAMIENTO** mucho menores a los de un proyecto en el *"mundo real"*, es posible sostenerlos en el tiempo con riesgos menores y están al alcance de gente que no dispondría de los **U$S 100.000** (según el ejemplo), necesarios para instalarse en un negocio del *"mundo real"*.

Un negocio digital puede utilizar tanto -o más dinero- que uno real si lo que pretendo es ocupar un mercado o imponer una marca nueva (*digamos que AMAZON lleva gastados **MILES de millones de dólares***), pero permite simultáneamente desarrollar experiencias *"caseras"* con **U$S 5.000 y menos** y muchas de ellas son capaces de brindar beneficios directos o indirectos a su propietario y hasta crecer y generar oportunidades insospechadas.

Puede **FALLAR en el mundo real o digital**, pero para hacer la prueba en el mundo real con un mínimo de seriedad requerirá de inversiones iniciales diez, veinte y hasta sesenta veces mayores que para una **experiencia similar en el mundo digital.**

2) Permite una estrategia de trabajo basado en la información, que está relacionada al *"Home Business"* (negocio doméstico) con mejores posibilidades para la participación de mujeres y jóvenes.

Al tratarse de un Modelo basado principalmente en el intercambio de *"información"* y con un bajo contacto personal entre las partes involucradas, puede ser operado desde una computadora ubicada en cualquier sitio -inclusive el hogar o la actual oficina-

Dado que **NO EXISTEN** horarios de atención y que cualquier momento es bueno para procesar las comunicaciones y subir nuevos datos, puede realizarse en **horarios libres** -sin abandonar el trabajo actual- o directamente con el **apoyo de toda la familia** en diversos roles.

Es una opción muy adecuada para **jóvenes y mujeres**, totalmente aplicable para jubilados y para personas con diversas discapacidades.

Todo su circuito puede llegar a cerrar por vía electrónica (*venta, cobro, despacho, seguimiento, atención post-venta, etc.*) sin necesidad de contar o asistir a una oficina o local comercial, ni requerir de personal adicional -al menos hasta que el volumen de las operaciones lo justifique-.

3) Incrementa radicalmente la tasa de supervivencia de los Proyectos, permitiendo a éstos la oportunidad de lograr su punto de madurez mediante una dramática reducción de costos fijos y una excelente ratio "Rentabilidad sobre Capital Invertido"

Como hemos aclarado antes, estos enunciados siempre dependen del caso que estemos analizando.

Obviamente en un proyecto a gran escala, los costos y gastos pueden exceder cualquier suma que su imaginación esté dispuesta a considerar, los capitales agotarse rápidamente y el proyecto desaparecer aún más rápido que sus equivalentes en el *"mundo real"* (que es lo que está pasando con muchos de los *"megaproyectos"* de Internet en los últimos tiempos).

Sin embargo, en el otro extremo, en el caso de aquellos proyectos desarrollados desde **una escala personal o familiar**, los bajos costos fijos facilitan el mantenimiento de la experiencia durante **largo tiempo** (recuerde que *no hay alquileres, sueldos, stock, cargas sociales, seguros, etc.*)

Su coeficiente o ratio de "***Rentabilidad sobre el Capital Invertido***" es tan alto, que cualquier ingreso, por mínimo que sea ayuda a acercarse al **Punto de Equilibrio**.

El hecho de **poder mantenerlo durante más tiempo** permite además aprovechar a pleno los beneficios derivados de la "***Curva de Experiencia***".

Todo esto conduce a una **mayor tasa de supervivencia** de los Proyectos.

4) Expande la acción sobre mercados nacionales, con ventajas evidentes para las Economías Regionales.

Para que una Pyme o pequeño proyecto, **llegue a operar sobre mercados nacionales** suele transcurrir una largo plazo desde su creación o debe partir inicialmente de altas dosis de capital.

El Modelo del Comercio Electrónico se **INICIA NATURALMENTE** a escala nacional, ya que para la comunicación vía Internet **NO EXISTEN FRONTERAS**.

Sin duda existen **problemas de infraestructura** en la región -que también se dan en los negocios del *"mundo real"*- vinculados a depósitos, transferencias, medios de pago y despacho-, pero, como decimos

TAMBIEN constituyen barreras en el caso de los negocios "*reales*".

Esta circunstancia, resulta una ventaja adicional para los emprendimientos del **interior de cada país** (*economías regionales*), ya que les permite desde un inicio acceder a un mercado ampliado y en algún momento ésto **será advertido y apoyado** desde el Estado y las Instituciones Financieras.

5) Está naturalmente abierto a la dinámica de los mercados externos.

Si acceder al mercado nacional es casi una utopía para la mayoría de los Proyectos, mucho más lo es actuar en un **contexto internacional.**

Como en el caso anterior, las fronteras no existen en Internet.

Es una consecuencia casi natural que un emprendimiento termine vinculándose a las necesidades y requerimientos de mercados externos si su producto o servicio es idóneo para estos fines.

Como en el caso anterior esto constituye una gran ventaja, fundamentalmente en el caso de los mercados nacionales más pequeños.

Aunque hoy pueda parecerle una fantasía, es posible asegurar que las barreras a la circulación de bienes y dinero a nivel internacional seguirán cayendo, el intercambio habrá de facilitarse y los Estados Nacionales serán los primeros en apoyar aquellos proyectos "*no tradicionales*" pero que generan divisas para el país, mediante la exportación.

Marcelo Perazolo

6) *Habilita experiencias de segmento y propende a la generación de nuevos productos.*

El Modelo del *"Comercio Electrónico"* permite realizar experiencias **casi imposibles en otros contextos**, desde el lanzamiento de *productos de "prueba"* para evaluar sus resultados anticipadamente a su lanzamiento por las vías tradicionales, hasta el desarrollo de productos **especialmente diseñados** para ser comercializados vía Internet.

En **EE.UU**, el mercado más avanzado en este tipo de experiencias hoy existen **miles de emprendimientos** pequeños en Internet en las áreas más diversas (*ventas de canastas de frutas, vinos exóticos importados, cortes especiales de carne, alimentos gourmet, libros especializados, aparatos de gimnasia, vitaminas, etc., etc.*). Es cierto que cuentan a su favor con decenas de años de cultura en la compra por catálogo y que todos los sistemas comerciales (*despacho, financiero, etc.*) operan de manera afinada, pero es una experiencia perfectamente asimilable y reproducible en otros mercados, ajustando la implementación al contexto.

7) *Facilita el "apalancamiento" de Proyectos de Terceros con el notable grado de enriquecimiento de alternativas y la incorporación de habilidades complementarias.*

Uno de los puntos principales del modelo, es que permite tomar experiencias exitosas del mundo real para llevarlas a Internet.

Dado que Internet habilita un **nuevo canal y un nuevo mercado** para los productos, es posible como opción para muchos emprendedores en convertirse en *"Gerentes de Sucursales Virtuales"* para empresarios locales que no posean aptitudes o conocimientos en Internet.

Esta situación brinda dos grandes ventajas:

<u>**Para el Empresario**</u>: constituye una oportunidad de comercializar sus productos en **otros mercados** - en este caso Internet- sin invertir en el proceso, ni tener que aprender nuestras estratégicas o modalidades operativas.

<u>**Para el Emprendedor**</u>: Le permite concentrarse en la comercialización y la comunicación en Internet (*que se supone es lo que él conoce*) **sin incurrir** en los costos de la producción y en aprender todos los "trucos" del mercado (*los que son sobradamente conocidos por el empresario con el que se ha asociado*).

Aquí las partes <u>**están asociándose**</u> en base a sus aptitudes y habilidades con ventajas comparativas: *uno produce lo que sabe hacer, el otro vende en un medio al que conoce más. En ambos casos, se <u>ahorran los costos</u> del proceso que <u>no dominan</u> (en un caso producción, en el otro comercialización en Internet)*

Muchas empresas existentes y que hoy operan en una escala local o regional, se verán beneficiadas de este modo con la acción de nuevos actores y protagonistas comerciales.

8) *Es un elemento de nivelación entre las Pyme y las grandes Empresas.*

Todos los puntos antes enunciados significan en los hechos **nivelar las oportunidades** para la oferta entre las Pyme y las empresas de mayor tamaño.

Los emprendedores individuales o familiares encuentran nuevos campos de acción que de otro modo le estarían vedados.

En términos generales, las grandes empresas no han sido exitosas aún en desarrollar modelos *"virtuales"* y la posibilidad de contar con el **auxilio o asociación** de emprendedores es un terreno promisorio y aún inexplotado.

Cómo Planificar un Proyecto en Internet?

Básicamente como cualquier otro negocio. La principal ventaja con la que puede encontrarse si planifica adecuadamente es que un Proyecto en Internet puede ser hecho con **MENOS RECURSOS** que un proyecto en el mundo real y esto le permitirá sostenerlo durante más tiempo -y con ello aumentar sus posibilidades de supervivencia-.

Un **Plan de Negocios** consta de **ocho (8) secciones** que pueden o no existir en cada caso concreto y que brevemente explicamos a continuación:

<u>1.0- SUMARIO EJECUTIVO</u>

Esta sección se **ESCRIBE AL FINAL** (cuando se cuenta con todos los elementos del Plan), pero **se coloca al principio** de la carpeta a presentar.

No debe contener más de **una o dos carillas** y en la misma se indica la síntesis misma del proyecto.

Quién es?

Por qué esta calificado para este negocio?

En qué mercado se ha de trabajar y con qué productos o servicios?

- Cuánto dinero necesita y cómo va a utilizarlo, etc.

Debe tener en cuenta que un *"**Analista de Proyectos**"* profesional *-o poco profesional pero muy ocupado-* se formará una idea de su Proyecto, en base a la rápida lectura de este detalle inicial.

El **Sumario Ejecutivo** es una **PIEZA CLAVE**, su redacción -como dijimos- se hace al final y debe ser analizada con sumo cuidado ya que muchas veces de él dependerá que sigan leyendo el resto del documento.

<u>2.0- VISION Y MISION</u>

Este punto se desglosa en varios subpuntos. Como lo hemos dicho, puede o no estar incluido íntegramente en los Planes de Negocio (a veces sólo se consideran alguno de sus subpuntos).

En particular los conceptos de ***"Visión" y "Misión"*** son muy propios de la cultura de Escuelas de Negocios norteamericanas (*e incluso puede haber caído en desuso en cierto sentido actualmente*).

Sin embargo y dado que el Plan de Negocios NO ES UN "INVENTO" para engañar a terceros, sino una

VERDADERA GUIA PARA SU ACCION EMPRESARIA, les sugiero que lo desarrollen en profundidad y se tomen su tiempo para analizarlo.

2.1) Situación Actual

Breve referencia o análisis del mercado o segmento en el que se ha de operar el proyecto.

- *Cuál es el segmento en el que va a operar?*
- *Qué está ocurriendo actualmente en el mismo?*

2.2) Visión y Misión

Esto suele definirse como "*el sueño*", es decir, qué es lo que se pretende, por qué uno ingresa a ese mercado o desarrolla este proyecto.

- *"Seremos la principal empresa proveedora de jugo de naranja en el mercado paraguayo en los próximos tres años"*
- *"Cambiaremos el modo de hacer negocios en Chile"*
- *"Innovaremos los sistemas actuales de exportación de medicamentos en España"*

Estos son algunos de los enunciados que marcan nuestra "visión". Aclaremos que el tema da para mucho y luego sugeriremos algunas obras de consulta específica sobre el particular.

2.3) Metas y Objetivos

Definición más precisa del camino a seguir para cumplir con la Misión, con una breve referencia a los pasos previstos para lograrlo.

- *Qué pensamos hacer los 3 primeros meses?*
- *Y el primer año?*

- Y en el cuarto?

3.0- DETALLES DE LA EMPRESA
3.1) Aspectos Legales
Es el detalle de la compañía (tipo de sociedad, fecha de constitución o estado de los trámites, condición impositiva, otros)
3.2) Equipo Directivo y Socios
Detalle de las Autoridades de la firma, Socios que la integran, Composición del Directorio o Gerencia, otros equipos o auxiliares que justifiquen destacarse.
3.3) Alianzas Estratégicas
(Sólo si corresponde), son los posibles Convenios o Alianzas ya formalizadas con otras empresas para el presente desarrollo.

También, otro tipo de relaciones que sean relevantes o destacadas.

El sentido común les hará advertir que **puede ser tan importante** como el punto anterior a la hora de definir a un inversor.

4.0- ESTRATEGIA DE PRODUCTO (o Servicio)
Existen diferencias si se trata de una firma que recién se inicia (*Start Up*) o la ampliación de un Negocio existente, otro tanto si se trata de Productos o de Servicios.

En todos los casos la información y la estructura deben adecuarse a las características, tipos y perfiles.
4.1) Productos o Servicios Actuales
Si se trata de una empresa en marcha, un breve detalle de los productos actuales brindará una imagen más clara para el potencial socio o inversor.

Eventualmente podría consignarse la experiencia y antecedentes en el campo de los socios.

(Puedo estar empezando una Agencia de Viajes y uno de los socios es un experto del sector, lo que suma valor a mi proyecto).

4.2) Productos o Servicios a Ofrecer

Este es uno de los "nudos" del documento.

- Qué vamos a ofrecer?

- Cuales son sus elementos diferenciadores?

Una de las claves del éxito en los negocios es lanzar un producto o servicio que se **DIFERENCIA** de los existentes y que brinda **MAYORES BENEFICIOS** al consumidor.

- En qué lo hace su producto o servicio?

- Por qué es mejor que los que hoy existen?

4.3) Proceso de Investigación y Desarrollo

Descripción del Proceso de Investigación y Desarrollo.

Esto posee una importancia crucial en empresas tecnológicas, donde la propiedad de patentes constituye en muchos casos el recurso más valioso. Además, hace a la solidez de la propuesta si se informa cómo se ha llegado a ese resultado.

Si han descubierto una nueva fórmula para hacer cubitos de hielo "sin frío", es necesario demostrar que el procedimiento es creíble (no hace falta divulgar secretos comerciales, sólo demostrar que se es serio).

Si va a prestar servicios en el segmento de los currículum laborales, en qué se diferencia o mejora los sistemas que actualmente existen?

4.4) Procesos Productivos

Este dato es CRUCIAL.

Recuerden que el PLAN DE NEGOCIOS, si bien sirve para informar a un potencial socio o inversor, **es BASICAMENTE una VERDADERA GUIA PARA EL EMPRESARIO.**

Cómo hará lo que dice que hará?

Descripción de los sistemas, etapas o mecanismos utilizados para producir el producto o servicio. Sitio de radicación de la planta, oficinas, líneas de montaje, logística de aprovisionamiento, insumos, etc.

Si va a producir truchas en un lago de montaña que no tiene caminos y necesita 14 toneladas de alimento todos los días más vale que me explique cómo hará para ponerlas en su sitio (y luego cómo se llevará las truchas de allí -salvo que sea en helicóptero-).

Si piensa vender cuadros en un sitio web, cómo obtendrá las imágenes de los cuadros (fotos?), cómo las procesará, de qué modo permitirá la selección de los productos?, cuánto personal utilizará para eso?, con qué habilidades?

5.0- ANALISIS DE MERCADO

Aquí es donde a veces (la mayor parte de las veces) *"mueren los valientes".*

Recuerde que **nadie PRODUCE ALGO** sólo por el gusto de producirlo...las empresas se hacen para **SER RENTABLES.**

Si bien -y esto es totalmente cierto- en muchos casos los "entrepreneurs" se enamoran de una idea y en lo único en que piensan es en el Hotel que construirán, el criadero de truchas que instalarán, la fábrica de pulóveres o lo que sea que quieran hacer (incluyendo un sitio web)...la **DURA REALIDAD ESTA EN EL MERCADO.**

"Instalaré mi negocio y haré todo tan bien que la gente comprará y seré exitoso"...<u>error</u>, la gente y los mercados son más exigentes que en los cuentos de hadas.

5.1) Definición del Mercado - Mercado Potencial

Descripción del Segmento de Negocio en el que ha de trabajarse.- Demanda estimada, tasas de crecimiento del mercado.- Investigaciones realizadas que soporten las conclusiones, encuestas, investigaciones vinculadas.

Parece duro no??

Es más, en países como los nuestros (hablo de Latinoamérica en general donde es **TAN DIFICIL** obtener datos de cualquier cosa), la tarea es doblemente difícil.

Sin embargo quiero que vea un ejemplo para que capte la importancia de este punto:

- "Voy a instalar una cafetería muy moderna y venderé 500 cafés por día"

- Cuánta gente pasa diariamente frente al negocio?

- "300 personas"

- Salvo que **TODOS LOS QUE PASEN AL FRENTE** se tomen **dos cafés**...Quién le comprará 500 cafés al día?

La idea puede ser brillante, pero **CAMBIE DE UBICACION EL NEGOCIO.**

5.2.) Perfil del Consumidor

Cuál es mi "target"? - A quién dirijo mi oferta?

Análisis de los segmentos de consumidores "objeto" para el producto o servicio.

Cantidad esperada, crecimiento, poder adquisitivo, elementos que condicionan su capacidad de decisión o compra.

Volviendo al ejemplo anterior: Si defino que "mi" consumidor de café es una persona entre 22 y 60 años, oficinista o empresario que transite frente a mi negocio y resulta que las 300 personas diarias que pasan son TODOS ALUMNOS PRIMARIOS DEL COLEGIO DE AL LADO **o pienso en poner un kiosco de golosinas o cambio la ubicación de mi negocio a la zona de oficinas de la ciudad.**

5.3) Situación de la Competencia

Qué otras empresas actúan en el mismo segmento de negocio o en el mismo mercado?

Datos, facturación, participación relativa. Existen situaciones de liderazgo claro? La fijación de precios corresponde al mercado o los líderes poseen la capacidad de actuar sobre el mismo?

Este tema es tan crítico como el anterior ya que... si hay un fuerte competidor instalado en el segmento...**Cómo es que pienso ganarle?** Tendré mejor servicio?, mejor ubicación?, hay demanda insatisfecha?, tendré mejor entrega?, competiré en base a precios?

Usted **NO ESTA SOLO EN EL MERCADO**, sus competidores están en él y seguramente reaccionaran a su presencia mejorando sus servicios, bajando sus precios y haciendo todo lo posible para no perder clientes ni dinero. En el punto siguiente tratamos el Análisis de **F.O.D.A.** para facilitar este proceso.

Marcelo Perazolo

En el caso particular de Internet, donde puede que existan muchos sitios REGALANDO lo que Usted piensa VENDER...cómo logrará ese objetivo?

5.4) Factores de Riesgo

Productos Substitutos, políticas de precio, marco legal (sufrirá modificaciones negativas a futuro?). Productos importados, etc.

NO DEBE OBVIARSE UN ANALISIS EXHAUSTIVO de estas cuestiones a la hora de planificar.

Algunos negocios pueden dejar de serlo si, por ejemplo **cambia la ley** que regula el sector (voy a importar zapatillas de Taiwan y luego la legislación prohíbe hacerlo)

El tema de los **PRODUCTOS SUSTITUTOS** en un mundo en que la tecnología evoluciona a la velocidad en que lo hace se torna en un verdadero problema.

"Inventé una máquina para pintar autos sin necesidad de Cámara de Pintura...Fantástico hasta que la compañía de pinturas saca al mercado una pintura que hace lo mismo y su máquina no sirve para nada..."

6.0- PLAN DE COMERCIALIZACION

Ya analizó el **PRODUCTO** y **EL MERCADO**. Ahora llegó el momento de **VENDER**.

6.1) Estrategia de Ventas

Tanto sea que estemos elaborando el Plan de Negocios para presentar a un tercero o para su principal función -que es la de servirnos como una verdadera guía para el negocio-, corresponde analizar a fondo y establecer las pautas rectoras de nuestra comercialización.

- Qué cantidades venderemos?

- Cuál será nuestro precio?

- Cómo enfrentaremos a la competencia?

- Cómo habremos de diferenciarnos?

- Financiaremos? Cómo?

- En qué ámbito geográfico actuaremos?

- Qué relación tendremos con terceras partes (distribuidores, agentes, representantes, vendedores)

6.2.) Web Site Plan:

Atienda bien este punto ya que no forma parte de la terminología habitual de los Planes de Negocios, basados en el esquema y estructura de los Proyectos Tradicionales.

Si su proyecto es un Proyecto vinculado a Internet, se supone que tendrá casi con seguridad un sitio web desde el cuál desarrollará su acción en la red.

- Cómo estará diseñado el sitio?

- Qué tecnología se utilizará?

- Que opciones dispondrá (Foros, Chats, Boletines)?

- Cómo se manejarán los contenidos?

- Cuáles son las políticas para crear y mantener las comunidades?

- Y todo sin olvidar: Quién lo desarrollará?, qué experiencia tiene?, en qué plazos lo hará?

6.3) Canales de Distribución

(Si corresponde) - Forma o modo de distribuir el producto.

En determinado tipo de productos o servicios la cadena de distribución resulta un **aspecto**

fundamental del Proyecto (Ej: Servicio de Correo Privado)

Al avanzar en el análisis del Plan de Negocios habrán advertido que todos los puntos son CRITICOS (no era sólo cuestión de "*tener una idea*" sino de lograr materializarla de modo eficaz y rentable).

Este punto en especial -el canal de distribución- puede constituir la **ESENCIA** del negocio en sí mismo (piensen en McDonalds que potenció el concepto de "*franquicia*" como hoy lo conocemos).

Si advierten esto en toda su dimensión, verán que el verdadero negocio NO FUE la venta de hamburguesas sino **la venta de FRANQUICIAS**.

Actualmente **Internet representa un canal aún inexplorado** en sus posibles alcances y consecuencias, pero que en el caso de los "***productos físicos***" sigue dependiendo de las viejas habilidades logísticas de almacenamiento, empaque, distribución y entrega de productos.

La famosa **"AMAZON"** (la librería "virtual" de Internet, sin locales ni stock) ya es la SEGUNDA librería en volumen de ventas en los EE.UU. y si no se frena su crecimiento -o si la competencia no reformula sus estrategias como hoy día lo está haciendo-, podría llegar a ser la primera en pocos años.

A medida que fue creciendo debió incurrir en costos tales como galpones, convenios con empresas de despacho, miles de empleados en la sección de empaque -y allí se acaba el mundo de Internet y empieza el mundo de la logística-

Segmentos completos de la industria (alimentos, electrodomésticos, juguetes) han visto alterar sus canales y redes, de los comercios individuales a las gigantescas cadenas de hipermercados que hoy dominan la comercialización en estos segmentos y en gran medida por sus revolucionarios cambios y su dominio en el terreno de la distribución.

6.4) Publicidad y Promoción

Estrategias para la promoción del producto o servicio, empleo de la publicidad, canales o medios seleccionados, estudios realizados, etc.

- *De qué modo se hará conocer?*

- *Qué medios utilizará para ello?*

El tema es tan amplio que existen miles de libros dedicados sólo a esta materia.

Si su presupuesto se lo permite consulte a un especialista...caso contrario emplee su sentido común, inteligencia y esfuerzo.

Pero **NO OLVIDE LA IMPORTANCIA DE ESTE PUNTO** para su futuro negocio!!!

6.5) Relaciones Públicas

(Si corresponde) - En determinados proyectos contar con las relaciones adecuadas constituye la clave del negocio.

Determinado tipo de negocios **SOLO PUEDEN SER EXITOSOS** si han resuelto los aspectos relativos a sus **Relaciones Públicas.**

Una disco, una playa, una peluquería, una boutique o un restaurante sofisticados jamás lo serán si el *"jet set"* no concurre a ellos.

Mientras mayor sea la intervención del Estado en el rubro de negocio al que se piensa dedicar, más necesidad se tiene de contar con *"lobbystas"* con buena llegada a funcionarios y políticos.

Marcelo Perazolo

En síntesis...una ayudita nunca viene mal; analice si en su caso un buen encargado de *"relaciones públicas"* no es la diferencia entre el éxito y el fracaso.

7.0- PLAN FINANCIERO
7.1) Costos de Iniciación:
Capital Requerido para la puesta en marcha e inicio de las operaciones.

No todos los Proyectos están vinculados al inicio de un negocio (o Start Up), pero adapte el punto a sus necesidades.

- Tiene que alquilar un local? Y arreglarlo?

- Y el abogado? y el Contador?

- Tiene que comprar computadoras? Instalar una red? Y el software?

- Va a registrar su marca? Y el costo de las habilitaciones? Y el stock inicial?

No olvide prever un margen generoso para los **IMPONDERABLES** (*ya verá como la cañería hay que cambiarla o inscribir su sociedad costará el doble de lo que calculó, etc.*)

7.2) Costos Operativos:
Además de **INSTALARLO**, su negocio desde el momento mismo en que abra la puerta tendrá un **COSTO de OPERACION** (*alquileres, sueldos, impuestos*, etc.)

Ya veremos pronto que estos costos se dividen entre **FIJOS** (*aquellos que no cambian por Unidad Producida*) y los **VARIABLES** (*que se incrementan o acompañan el factor de producción*).

Un pequeño ejemplo:

*Si fabrica bicicletas, el alquiler de su galpón no se modificará fabrique **una o cien** (es un costo fijo), en tanto que las ruedas que compre -que son un insumo-, o la cantidad de electricidad que gaste o los sueldos serán **mayores o menores según la cantidad producida*** (estos son los costos variables).

7.3) Ingresos Proyectados:

Además de **GASTAR** se supone que tendrá **INGRESOS**.

Esto puede fusionarse con el Punto siguiente y ser analizado de modo conjunto con el Cash Flow. Nosotros preferimos tratar esto por separado para justificarlo más exhaustivamente de cara al inversor.

- Cuánto Pensamos Vender?

- Cuando llegaremos al Punto de Equilibrio?

- Cuáles serán nuestros costos unitarios por producto en cada punto de la curva de ventas?

Deberían considerarse al menos dos o tres escenarios diferentes (**optimista, esperado, crítico**)

NOTA: A los inversores les encanta entender MUY CLARAMENTE si **VAN A GANAR DINERO** y en su caso cómo se ha calculado esto. Seguramente a Usted también le interesará tener en claro este punto ya que Usted es **SU PRINCIPAL INVERSOR**

Reiteramos: la mayor causa de fracaso de Proyectos son las **FALENCIAS EN LA COMERCIALIZACION** (*cuando hay menos ingresos de los esperados o estos tardan más tiempo del calculado para llegar*).

Muy buenas ideas han muerto porque las estimaciones de venta fueron demasiado

OPTIMISTAS -o no se le dedicaron al área de PROMOCION los recursos suficientes-.

7.4) *Cash Flow - Análisis de Flujo de Caja*

Es un proceso -actualmente MUY FACILITADO por las **Planillas de Cálculo**- en el que se analizan los **Ingresos y Egresos** a lo largo de un período determinado.

Según el tipo y naturaleza del Proyecto el cálculo se hará para dos, tres o más años.

Un Flujo de Caja BIEN HECHO es imprescindible para "jugar" con los números y advertir dónde falta y dónde sobra.

- Si vendo menos los tres primeros meses cómo quedo?

- Si en vez de cuatro empleados nos arreglamos con dos, cómo nos influye en el Flujo de Fondos?

No lo olvide, ES LA HERRAMIENTA MAS UTIL y bien usada le salvará su vida!!!

7.5) *Costos de Salida - Plan de Contingencia*

Esto sólo suele ser contemplado en los Planes muy profesionales. Por norma nos gusta analizar con los clientes...***Qué pasa si esto sale mal?***

- Cuánto cuesta retirarse y abandonar el proyecto?

- En qué punto convendría hacerlo?

Tenga presente que **<u>CERRAR UN EMPRENDIMIENTO</u> también tiene un costo -** *rescisión de contratos, despido de personal, impuestos adeudados, etc.-* y conociendo este valor, Ud. sabrá en **QUE PUNTO** debe tomar la decisión de irse, pues luego de ello le será **MUY CARA** o estará demasiado abajo para recuperarse.

NOTA: Generalmente al analizar este punto es donde detectamos grandes ahorros en los Proyectos (*y si contratamos personal temporario durante los tres primeros meses?, y si incluimos una cláusula especial de rescisión en el contrato?, y si alquilamos las máquinas en vez de comprarlas?*)

Aunque parezca mentira, se analiza mejor un Proyecto y se adoptan mejores decisiones al principio, pensando **"Cómo minimizar lo peor"** *que planificando en base a* **"No te hagas problemas, todo está OK!!"**

7.6) Conclusiones

Este punto podría NO EXISTIR y que sea el lector de la presentación el que saque las suyas propias.

Sin embargo, un razonamiento final de los aspectos financieros, los "*pros y contras*", el por qué de ciertas decisiones, da imagen de seriedad, profesionalismo y ayuda en la decisión de quién va a poner dinero en nuestra idea.

8.0- ANEXOS

Llegamos finalmente a los Anexos.

En esta sección del Plan de Negocios es donde se agrega el material de apoyo a los puntos indicados en el mismo.

Cada Plan de Negocios puede diferir de acuerdo a sus objetivos, pero, como consejo general, suele ser conveniente no recargar -fundamentalmente con los complejos cuadros financieros- los puntos donde se explica y fundamenta la idea.

Suele ser mejor, citar el Anexo en el que se entrega dicha información.

Marcelo Perazolo

Un ejemplo (*interrumpir la lectura de un Proyecto de Abono Orgánico para leer siete páginas con análisis bioquímicos del compuesto final MATA A CUALQUIERA*), mucho más simple es remitir al Análisis en el Anexo (siempre el que tiene interés lo verá).

En los Anexos generalmente incluidos dos grandes áreas:

8.1) Material de Soporte

Son las Fotografías, Cuadros, Cartas, Estudios, Encuestas, Estadísticas, Folletos, etc.

8.2) Cuadros Financieros:

Balances, Proyecciones, Planillas de Cash Flow, etc.

Un comentario final para dar por terminada esta etapa.

Un Proyecto se enriquece mucho con gráficos, fotos y cuadros -incluso un video puede representar un golpe de efecto fundamental-.

Esto no ha terminado, pero corresponde reiterar a modo de cierre... *un Plan adecuadamente presentado puede ser la diferencia entre el éxito o el fracaso* para recibir una inversión o convencer a un potencial socio.

Un Plan adecuadamente estudiado, puede ser la diferencia entre el **éxito y el fracaso** para un Emprendedor (recuerde siempre que el primer objetivo del Plan NO ES el de convencer a un tercero sino ajustar a fondo sus propias premisas y cursos de acción).

Análisis Estratégico del Entorno (F.O.D.A.)

Analizar la propia situación es muy importante, pero mucho más aún lo es *"entenderse"* y entender el proyecto en base al entorno.

Uno **no encara SOLO** la experiencia, sino que lo hace en un **MARCO COMPETITIVO** y para comprenderlo existe una herramienta de análisis especial conocida como **"FODA"** (acrónimo formado por las iniciales de *"Fortalezas, Oportunidades, Debilidades y Amenazas"*).

El **"FODA"** obliga a pensar en los aspectos competitivos, tanto **Internos** (*propios*) como **externos** (*del mercado*), pero siempre enfocado desde la perspectiva de que existen COMPETIDORES que actúan en el mercado.

A) Aspectos Internos:

Básicamente se trata de la realidad de *"puertas para adentro"*.

Un análisis serio y objetivo permite determinar los puntos de apoyo y los aspectos críticos a corregir o mejorar antes del inicio de actividades o una vez iniciado el proceso.

Fortalezas

En qué me destaco?

Qué me brinda ventajas comparativas?

Conozco a fondo el negocio o el mercado? Ya poseo una cartera propia de clientes?

Tengo acceso estratégico a las fuentes de insumos?, costos menores a la competencia?, ubicación estratégica?, grandes recursos financieros?, una marca de alto impacto y penetración?

Debilidades

Al contrario del punto anterior.

Poseo poco capital?, mi personal no está entrenado?, mi sistema de información es deficiente o inexistente?

Mi producto está mal definido? es de baja calidad? realmente tiene demanda?

Soy un desconocido en el mercado al que pretendo llegar?

B) Aspectos Externos

Esta línea del análisis, por el contrario, mira de *"puertas afuera"* de la empresa y pensando en las circunstancias del mercado.

Oportunidades

La situación de los competidores o el mercado tienden a favorecerme?

Bajará el costo de mis insumos?, algún competidor se retira del mercado?

Es este un producto nuevo que tendrá gran demanda y yo poseo los derechos?

Amenazas

Se instalarán nuevos y fuertes competidores en mi segmento?

Aparecerán productos sustitutos en el corto plazo?

Existen leyes en estudio que afecten mi rentabilidad o posibilidad de operar que se dictarán en un futuro cercano?

Consideraciones Finales

La **PLANIFICACION** presenta **DOS NIVELES** de complejidad pero **SIEMPRE HA DE ESTAR PRESENTE.**

Si mi Proyecto debe ser presentado a un **inversor externo** o a un **potencial socio,** evidentemente la redacción de los documentos deberá hacerse en profundidad, profesionalmente y con todos los requisitos que la buena práctica exigen.

Si por el contrario, encararé sólo o con mi familia un proyecto, el nivel de mis documentos podrá ser más *"casero",* pero sin entender esto **JAMAS** como *"superficial".*

Quienes saben mucho en este tema -y desde mi humilde punto de vista puedo ratificarlo plenamente- suelen decir:

*"En un Proyecto que ha sido **total, exitosa y seriamente** planificado suele ocurrir que:*

*Los problemas **son mayores** a los esperados*

*Los costos **duplican** a los estimados*

*Los ingresos llegan **mucho después** y en **menor cantidad** de lo que estaban previstos."*

Así que ya puede imaginarse que ocurre en un Proyecto que **NO FUE PLANIFICADO!!**

En el siguiente capítulo o sección veremos un caso concreto para poder comprender su dinámica y resultados.

Marcelo Perazolo

Análisis de la Implementación de un Proyecto

Introducción al Caso

En esta Sección vamos a introducirnos en los **aspectos prácticos** de la implementación de un Proyecto en Internet.

Para ello y siguiendo la metodología impuesta en el *"Estudio de Casos"* por la **Escuela de Negocios de Harvard**, utilizaremos un **caso hipotético** que cubre la mayor cantidad de opciones y presenta algunas serias dificultades en su implementación.

Como nos preocupan fundamentalmente los aspectos prácticos, al indicar cada acción del emprendedor, iremos haciendo las correspondientes aclaraciones en notas anexas para que advierta los principios que se aplican o la razón que justifica las acciones desarrolladas.

Dado que me resulta más simple para los ejemplos concretos utilizar referencias de **Argentina**, situamos la acción en ese país, sin embargo esta ubicación presenta una ventaja adicional: Se trata de un **mercado intermedio**, ni tan grande como *México, Brasil o España*, ni tan pequeño como *Uruguay o Bolivia*.

Esto permite transferir las conclusiones -hacia mercados mayores o menores- con más facilidad a que si hubiese escogido uno de los casos extremos.

Finalmente deseo advertirles que **ADEMAS** de los aspectos vinculados al Proyecto, otorgamos mucha importancia a la esfera de las decisiones y **motivaciones PERSONALES** del emprendedor.

La gente llega **<u>TAN LEJOS</u> como se lo propone** y de las **<u>ENERGIAS</u>** que aplique a las acciones a ejecutar.

No existe Plan exitoso sin **CONVICCION, EMOCION y PERSEVERANCIA.**

No hay cambios sin una **VISION** previa.

También existen problemas y se requiere **CARACTER** para enfrentarlos.

Con el formato elegido, Usted podrá "*mirar desde arriba*" el **cuadro total**, analizando no sólo lo instrumental del proyecto, sino los elementos anímicos y subjetivos que afectan al emprendedor como persona.

<u>A.- Escenario y Antecedentes del Emprendedor</u>

Jorge Rodriguez es un Contador Público de 47 años de edad, que vive en la ciudad de **Rosario** en la República Argentina, está casado con **Saira Vicenttini** (de 41 años) y tiene dos hijos.

Rosario es la segunda o tercera ciudad de Argentina, con **1.2 millones** de habitantes y se ubica en una región estratégica ya que se encuentra a 300 kms al norte de **Buenos Aires,** la capital de Argentina con unos **12 millones de habitantes**, a

400 kms al este de **Córdoba** (el otro gran centro en Argentina con **1.2 millones de habitantes**) y a 200 kms de otras dos importantes ciudades, **Santa Fe** (400.000 habitantes) y **Paraná** (400.000 habitantes).

El hijo mayor de Jorge, **Adrián** de 24 años, estudió su carrera universitaria en Buenos Aires -pese a tener una Facultad en Rosario, prefirió "vivir solo la vida de estudiante"- y se ha recibido de Contador el año pasado. Para sorpresa de todos, hace unos meses que se casó con su novia -**Susana**- y se ha vuelto a vivir a Rosario a una casa que le facilitaron sus suegros. Dado que hay un exceso de profesionales en el mercado y difícilmente consiga un trabajo bien pago o que pueda iniciarse por su cuenta, confía en trabajar en el Estudio Contable de su padre.

Por su parte **Ramiro** -el otro hijo-, actualmente con 20 años de edad siempre fue la "oveja negra" de la familia, empezó dos carreras distintas en la Universidad de Rosario, no terminó ninguna de ellas y ha "rebotado" por diversos trabajos que nunca terminó de tomar muy en serio. Vive aún en la casa de sus padres y no tiene muy claro aún que hacer con su vida, excepto canjearse canciones en MP3 con sus amigos en la computadora y chatear con chicas de todo el mundo a altas horas de la noche (*viviendo con los padres, la vida es menos exigente a la hora de pedir resultados*).

Jorge básicamente es un profesional como cualquier otro, pudo ejercer la profesión cuando aún era rentable y eso le permitió comprar su casa de Rosario, tener un auto para él y uno más chico -y ya algo viejo- para **Saira** -aunque en realidad al auto de su esposa lo tiene "capturado" su hijo **Ramiro** como era de esperar-.

Con un crédito hipotecario del que aún se adeudan algunas cuotas, llegó a comprar un pequeño departamento en Buenos Aires -donde vivió **Adrián** mientras estudiaba- y cuenta con algunos ahorros, que si bien no le solucionan la vida para el futuro, al menos le dan un margen de maniobra en caso de necesitarlo.

Pese a todo, no pudo comprar la oficina donde tiene el Estudio y se arrepiente de eso. En su momento pospuso la decisión para poder hacer un viaje a Europa con **Saira** (*se lo merecían después de años de duro trabajo*) y luego jamás volvió a darse la oportunidad de hacerlo, afortunadamente alquila hace más de 15 años al mismo propietario, en un valor más que razonable.

Su Estudio está bien montado para lo que puede esperarse, tiene una secretaria para las tareas administrativas y junto a un viejo empleado de años y un estudiante avanzado en la carrera lleva adelante la atención de sus clientes.

En los últimos años, tanto la situación económica de la región, como el exceso de oferta profesional en el mercado lo hacen dudar de que su carrera le permita acumular mucho más dinero y a lo sumo podría mantener lo que tiene...sin embargo la venida de **Adrián** -casado y con la esperanza de trabajar con el padre- lo enfrenta a un dilema que le exige tomar una decisión.

En realidad más que **UN dilema** tiene varios, pero por comodidad venía posponiendo enfrentarlos.

Por un lado su actividad profesional y la situación económica no permiten esperar ningún *"cambio mágico"* en su vida. A lo sumo podrá mantener lo que tiene sin muchas expectativas de crecimiento.

Ramiro va por la vida sin rumbo, profesión ni trabajo estable -y ya no le quedan muchos años para seguir en la "juerga"-, la venida de **Adrián** con la esperanza de trabajar con él, genera un requerimiento adicional para el Estudio que difícilmente pueda dar lo suficiente para dos familias y por último **Saira** -que terminó su Licenciatura en Historia- dejó la docencia hace muchos años, en parte por criar a los chicos, pero más que eso porque terminaba gastando más de lo que le pagaban. Hace tiempo que ella le está pidiendo insistentemente poner algún negocio, por un lado para generar un ingreso adicional (según su argumento), pero en el fondo es una válvula de escape ya que se aburre soberanamente ahora que los chicos ya son grandes.

La situación exige algún tipo de decisión y sería bueno aprovechar el *"momento de cambio"* para intentar una solución que de respuesta a todos los problemas de modo simultáneo. **Jorge** decide tomarse este fin de semana para meditar los caminos posibles.

Comentario (01)*: La situación es bastante típica y sirve de fondo general al ejemplo.*

Un profesional que ha logrado ciertas metas con su actividad, sin llegar a la riqueza, hijos que crecen y se enfrentan al complejo mundo laboral actual -con tan pocas oportunidades externas para aprovechar-, una esposa cuya carrera -al menos en la región- es poco rentable y está mal retribuida, lo que la ha llevado a abandonarla hace años.

La situación podría haberse mantenido indefinida, pero la necesidad de ayudarlo a Adrián -que se ha casado y espera trabajar con el padre- sirve en parte de detonante para intentar una solución que contemple el conjunto de los problemas.

B.- La Decisión

En el fondo y como cualquiera de nosotros, **Jorge** siempre soñó con la "*aventura*" de emprender algún proyecto que le permitiese ganar dinero, pero su actividad profesional lo absorbió por completo y nunca tomó una decisión en tal sentido.

Saira -en las charlas que han tenido sobre este tema- insiste en instalar algún tipo de comercio dentro de los rubros relativamente conocidos, pero **Jorge**, como Contador, sabe perfectamente que a los pequeños comercios no les va precisamente bien en el complejo escenario competitivo y financiero actual. *"Poner un negocio tradicional será tirar el dinero por un caño"* - le ha dicho a su esposa-

Realmente ningún cambio se produce "*por casualidad*" y aparentemente el subconsciente de Jorge ha venido madurando esta decisión por su cuenta y de modo anticipado. Hace unos meses ya, que ha comprado algunos libros sobre la Nueva Economía y que viene siguiendo con atención algunos sitios Web y Newsletters que tienen novedades sobre los proyectos de Internet.

Ha seguido con asombro la ***danza de los millones*** y, con la misma sorpresa -y cierta decepción- ha visto la caída de los mercados y el cierre de muchos proyectos en el último tiempo, pero el entusiasmo aún le dura...como profesional con experiencia sabe que los **mercados suben y bajan, pero que las oportunidades existen o no.**

Viene madurando una idea que por momentos lo arrebata y emociona, mientras que al rato le hace dudar si no habrá enloquecido: desde un principio se imaginó poniendo un sitio para la venta de vinos, luego abandonó la idea cuando vio que aparecieron varios Proyectos orientados a eso, pero últimamente cree haber encontrado un giro adecuado y novedoso para la iniciativa.

Si los números que ha hecho no lo engañan -y como Contador los ha revisado una y otra vez-, las posibilidades son interesantes y el dinero a invertir no es mucho más del que debería utilizar para montar cualquier otro negocio seguramente destinado al fracaso...si va a correr un riesgo con los ahorros más vale hacerlo con algo que lo motive antes que enfrentando una opción mediocre.

Si la convence a **Saira** quizás pueda lanzarse con su familia en esta "*locura*" y resolver de paso todos los problemas con una única acción.

**Comentario (02)**: *Sé que en algunos países el enfoque de **Jorge** puede sonar un poco extraño para el modo tradicional de pensar de un profesional...el hecho de haber situado este caso en Argentina me da la ventaja que el fenómeno de Internet tuvo un **gran impacto allí**.*

Marcelo Perazolo

*Por un lado hubo **inversiones millonarias** en un momento en que la economía se encontraba estancada -o peor aún en plena recesión-.*

Mientras que industrias sólidas no conseguían un centavo en los Bancos para su actividad, jóvenes de 20 años recibían millones de dólares de los inversores para sus "Proyectos de Internet" y esta "danza de los millones" llevó a que TODOS en el país, pensasen algún "proyecto" aunque más no sea en un oscuro y oculto rincón del corazón.

***Jorge**, enfrentado a un problema concreto no hace más que retomar la idea que le produce **emociones más intensas**. Si va a encarar un proyecto, mejor que sea uno que **lo MOTIVE y motorice sus energías**.*

*De todos modos **Jorge** no ha encarado el Proyecto con la idea de los "millones" en su cabeza, es consciente que los **tiempos han cambiado** y ha enfocado su análisis con los mismos criterios y pautas que utiliza para evaluar cualquier proyecto común y corriente de uno de sus clientes.*

C.- El Aviso

Ese domingo la decisión de discutir al menos la idea con la familia está tomada. Luego del almuerzo familiar pide la atención de todos y comienza:

- *"Quiero saber qué piensan de que, como familia, nos metamos en un proyecto de Internet"*, arrojó a la mesa sin más preámbulos.

- *"Mamaaaa, vení...el viejo está loco!!!"* -gritó **Ramiro** llamándola a **Saira** que estaba en la cocina preparando el café.

Saira regresa presurosa al comedor con la bandeja y pregunta:

- *"De qué están hablando?"*

- *"Dice el viejo que quiere competir con Bill Gates en Internet!!"* - comenta **Ramiro** con una fuerte carcajada-

- *"Miren..."* -retoma la palabra **Jorge**- *"con Mamá (Saira) venimos conversando hace rato la alternativa de poner un negocio o hacer algo para sumar algunos ingresos, lo he estado pensando y creo que tengo una buena idea para organizar un negocio en Internet".*

- *"Pero...en Internet?, yo nunca dije Internet"* -aclaró **Saira** con un tono algo duro- *"Yo estaba pensando en algo así como una boutique o una librería..."*

- *"Mamá, hay como mil librerías y boutiques cerradas en todos los shoppings, te querés fundir?"* - tomó la palabra una vez más **Ramiro**, que se encontraba particularmente jocoso este día-

- *"Esperen, déjenme que les explique lo que he estado pensando..."* -volvió a tomar la palabra **Jorge** mientras colocaba una cucharada de azúcar en su café- *"...como saben no fumo, no me dedico a las mujeres y el único gusto que me doy es tomar un buen vino en el asado de los domingos".*

- *"Eso si vas vos al super para hacer las compras, porque cuando va la vieja te busca las botellas más baratas y siempre te estás quejando!!"* - comentó **Ramiro** con el tono de chanza con el que había empezado su participación.

- *"Así es hijo...tu madre no distingue un Merlot de un Cabernet Souvignon, ni el vino blanco del tinto, pero como todos saben el único hobby que tengo y que empecé después del viaje a Europa con su madre, es estudiar y probar al menos un vino bueno por semana..."*

- *"Pensas vender vinos en Internet?"* -intervino por primera vez **Adrián** que hasta ese momento había permanecido extrañamente callado - *"...me parece que hay un montón de sitios que hacen eso y supongo que en tu época también estudiaban en la Facu que hay que buscar diferenciarse para tener éxito...además, yo pensaba dedicarme a la profesión y no a los negocios!!"*

- *"Tenés razón, hay muchos que venden vino en Internet, pero esa no es mi idea..."* - dijo **Jorge**- *"...lo que quiero montar es un Club del Vino donde los amantes del vino se puedan asociar y recibir una serie de beneficios que he estado pensando...si los números que hice no están equivocados lo podemos hacer con poco dinero, tiene más oportunidades de crecimiento que cualquier negocio que pudiésemos poner con la misma plata y nos abre un campo de oportunidades enormes, además por lo que estuve viendo no hay ninguno en la red...déjenme que les cuente un poco más..."*

<u>Comentario (03)</u>: *Aquí dejamos la descripción en modo coloquial, ya que mostraremos el **"Sumario Ejecutivo"** que preparó Jorge para su Proyecto.*

*Los negocios familiares o **"home business"** constituyen una tendencia que había sido predicha en época tan lejana como 1970 por **Alvin Toffler** en su libro **"La Tercera Ola"***

*Tan acertado era el análisis de Toffler que la Secretaría de Trabajo de los EE.UU. estima que para el 2003 el **PRIMER EMPLEADOR** -en EE.UU.- será* *"**uno mismo**", es decir, el **autoempleo y los proyectos familiares** son una de las tendencias (buenas o malas, pero tendencias en definitiva con las que debemos convivir) vinculadas a los **cambios económicos** de principios de siglo.*

*La **actividad profesional tradicional**, el **empleo seguro en las fábricas y grandes corporaciones** o en el **Estado**, aparecen cada vez más como **hechos del pasado** (hermoso pasado para algunos, pero, como todos los "pasados" queda **ATRAS** y no siempre puede repetirse)*

*A diferencia de los EE.UU. que posee una fuerte cultura basada en el "entrepreneurship" (emprendedores) y donde el estado otorga **GRANDES beneficios fiscales** a quienes encaran negocios familiares, en nuestra región las actividades autónomas tienden más bien a estar castigadas, tanto por el fisco, como por las leyes laborales y previsionales.*

*Pero lo importante a destacar es que el desarrollo de negocios familiares del tipo "home business" (algo diferentes a la "empresa familiar" que nosotros conocemos), impone una **nueva dinámica** a la relación familiar, que debe ser comprendida, conocida, analizada y enfrentada si se desea evitar problemas. **Jorge**, al menos en su primer presentación del proyecto a la familia no ha cosechado grandes apoyos y esto **puede ocasionarle problemas a futuro**.*

Plan de Negocios

Sin llegar a ser un Plan de Negocios en toda su dimensión -básicamente porque no tenía que presentárselo a nadie-, **Jorge** había pasado el día sábado garrapateando notas, haciendo borradores y trabajando con su Planilla de Cálculos. Además, había recuperado algunas viejas notas y recortes que había separado, más por curiosidad, que porque tuviese claro que iba a usarlos en su propio proyecto algún día.

Estos son los principales puntos que rescatamos de sus notas:

A.- Síntesis de la Idea (Sumario Ejecutivo)

Implementar un *"Club del Vino"* en Internet, con diferentes categorías de asociación para sus miembros y donde se les ofrecen los máximos beneficios posibles a cada una de ellas (vinos de cortesía, degustaciones, información, productos exclusivos, viajes a bodegas, conferencias de expertos, un boletín de novedades, etc).

Mantener los costos operativos muy bajos hasta que el Proyecto sea rentable, aprovechando la oficina. Involucrar a los chicos y Saira en el trabajo del Proyecto. Contratar afuera la programación del sitio e informarse bien de todo lo que se necesita para ello.

Difundir el proyecto en las revistas especializadas y ver que se puede hacer en los restaurantes de lujo, en los negocios de venta de bebidas y con las propias bodegas. Ver si conseguimos socios "famosos" para que colaboren con la difusión.

Vender vinos y buscar otros productos que les puedan interesar a los amantes del vino.

Iniciar el Proyecto en Rosario y si funciona ampliarlo a Buenos Aires y Córdoba y luego a otras ciudades. Pensar a futuro si se dan franquicias o nos asociamos en otros países.

Buscar alianzas con casas de bebidas para que despachen los pedidos que tengamos, ver con las bodegas si podemos lograr publicidad o algún beneficio especial.

Analizar que hacen en sitios parecidos, buscar libros y revistas sobre el tema.

Según los números, el Proyecto debería autofinanciarse con 120 socios en el sistema (40 en cada categoría) y el costo de lanzarlo no debería superar los **$ 25.000**, más una previsión de gastos del mismo monto (otros **U$S 25.000**) y aspiro a lograr **270 socios en el primer año** con una ganancia de **U$S 2.000** al finalizar el Primer Año, con un Punto de Equilibrio operativo alrededor del **MES 7**.

**Comentario (04)**: El "Sumario Ejecutivo" de Jorge no es estrictamente el que presentaría a un inversor, pero en este caso ese no es el objetivo, sino sintetizar todo lo que ha analizado en cada punto de su Plan.

Esto **ES CORRECTO**, un Proyecto debe analizarse en sus aspectos básicos **AUN** cuando no deba presentarlo a un inversor, esto sirve para ordenar las *ideas, ver los aspectos que deben ser fortalecidos y prever la evolución futura de las actividades.*

*Generalmente un **"Sumario Ejecutivo"** se hace **DESPUES** que se ha redactado todo un Plan de Negocios y sirve justamente como una síntesis rápida del Proyecto o Negocio -una o dos carillas- y que contiene los puntos fundamentales de la idea. El sumario de Jorge es completo (**pero debemos insistir que NO ES el que se presentaría un Inversor, ya que en ese caso debería ser más completo y claro**) y evidentemente ha analizado cada uno de los aspectos que hacen al negocio, en esto se nota que tiene alguna experiencia y posiblemente se deba a que es un Contador y ha trabajado en los proyectos de sus clientes.*

Repasemos ahora las notas y borradores correspondientes a cada uno de los puntos que hacen a la planificación de un Proyecto.

B.- Mercado

El vino -en sus variedades más sofisticadas- ha sido revalorizado en su consumo, principalmente en el sector de la población de más altos ingresos.

Por las averiguaciones hechas, la Revista **"Bodegas y Vinos"** vende más de **7.000 ejemplares** de su publicación mensual -pese a su elevado precio-; en el principal Supermercado de la ciudad me han confirmado que se venden **más de 450 botellas** a la semana de los vinos con un valor de más de **U$S 20 la botella** y varios miles de botellas en las variedades de más de **U$S 10** la botella.

En los dos principales restaurantes de la ciudad, me confirmaron que venden **más de 500 botellas de vinos** en sus variedades finas por semana, estos datos han de ser iguales o similares en el resto de las ciudades importantes del país.

En las principales revistas existen secciones para el comentario de vinos finos y por los datos que obtuve en la Cámara de Comercio, si bien el consumo bajó de casi **100 litros al año** por habitante en la década del 60' a **menos de 45 litros actualmente,** más del 50% del total se corresponde a los vinos finos y de reserva -que han crecido en un **500% en los últimos años**-.

El último dato importante -tomado de la prensa- es que en los últimos 5 años, más de 20 bodegas de Cuyo (la principal zona de producción de vino en el país) han sido adquiridas por empresas **chilenas y francesas** justamente para incrementar la producción de vinos finos y como respuesta al incremento de su consumo y que el vino es uno de los rubros que **más han crecido en las exportaciones**.

Al revisar la red (*1) no he encontrado nada parecido a lo que estamos planteando y además me he llevado la sorpresa de que los sitios dedicados a vinos dejan bastante que desear en su gran mayoría.

Por último, el *"Club del Vino"* que existe desde hace años, tiene una clientela selecta, pero ha dejado de crecer -posiblemente por desatención de sus socios- y no se han dado una política en Internet pese a las ventajas que la misma tendría para ellos.

Hice un breve **"FODA"** y me da los siguientes resultados:

Fortalezas:

Tengo costos fijos muy bajos.

Con los ahorros que poseemos y algún pequeño crédito adicional tenemos asegurado el financiamiento integral del Proyecto, sin depender de terceros.

Tengo experiencia en la administración de negocios y estoy en condiciones de manejar prudentemente el proyecto.

Estoy motivado.

Oportunidades:

No hay en Internet un "Club del Vino" como el que planteo.

El vino fino crece en consumos y adeptos y a la gente le agrada poder compartir experiencias con otros que posean idénticos intereses.

A las bodegas, restaurantes y casas de vino les interesará contar con un canal adicional para sus promociones y ventas.

En el interior es difícil conseguir artículos especializados y nadie está organizando viajes para degustaciones de manera sistemática.

Debilidades:

Conozco poco de programación y todo lo referido a los aspectos técnicos de Internet, lo que deberé contratar afuera y dependo de conseguir alguien idóneo.

Existe problemas con el tema de los medios de pago en Internet.

No tengo grandes relaciones establecidas en sector.

Amenazas:

Es posible que la gente no desee pagar una cuota por pertenecer al Club y eso altere la ecuación financiera que tengo prevista.

Si alguna de las revistas especializadas me copia la idea antes de que la haya afianzado pueden desplazarme del mercado, otro tanto si algún grupo con gran financiamiento y recursos decide lanzarse con una propuesta de este tipo.

Comentario (05)*: El **"estudio de mercado"** que ha hecho Jorge sin duda es "casero" pero está **bien fundado** y ha acudido a múltiples fuentes (Medios, Cámara de Comercio, Relevamientos en comercios, etc.).*

Ha investigado el mercado global, los consumos generales, se ha preocupado de analizar datos locales, tales como la venta en supermercados y restaurantes - lo que le da un indicio de las pautas de consumo-, finalmente ha tomado datos de interpretación lateral, como sería el número de suscriptores de una revista especializada, las tendencias generales de la prensa y finalmente la evolución y crecimiento de la industria con la incorporación de Firmas extranjeras.

*No ha ampliado su investigación aún a **toda la región**, pero en su planteo aparentemente piensa evaluar si el negocio le resulta rentable a **escala local** antes de crecer a otros países.*

*Como se puede advertir y siguiendo las mejores prácticas, **Jorge** se ha tomado el trabajo de realizar una investigación, tanto en la red como en los sistemas de Clubes existentes en el mundo real.*

Marcelo Perazolo

*Además ha realizado un análisis __FODA__ (Fortalezas, Oportunidades, Debilidades y Amenazas). Esta sencilla herramienta ayuda a **ordenar el razonamiento** a la hora de evaluar el mercado y la competencia desde la perspectiva propia. Es una herramienta de análisis estratégico.*

*En el Anexo de **SITIOS SUGERIDOS (*1)** les brindamos la lista de los sitios que consultamos para elaborar el ejemplo en el caso del "Club del Vino"...realmente decepcionante y Jorge tiene razón de que no hay nada **NI PARECIDO** a lo que él plantea en la Red en español.*

C.- Producto

Vamos a crear un "Club del Vino" con cuatro categorías de socios.

Cada categoría pagará (o no) una cuota mensual diferente y obtendrá diferentes beneficios.

Además, vamos a **vender ofertas especiales de vino** a los socios y buscaremos otros productos que puedan ser de su agrado (*sets de degustación, sacacorchos artísticos, pequeños muebles para bodega, libros sobre vinos, etc.*)

A futuro debemos analizar si se pueden incorporar **otros productos vinculados** (*caso de frutas secas - avellanas, almendras-, quesos, patés o caviar*). Vamos a incluir los champagnes, espumantes y vinos de cava en la oferta.

Vamos a organizar **degustaciones** con el apoyo de bodegas y/o restaurantes de lujo y al menos una **visita anual a una bodega** y de ser posible organizaremos

un viaje al extranjero para ir conociendo los vinos de diferentes países.

Evaluaremos el modo de **comercializar la publicidad** de las bodegas, restaurantes, revistas y negocios del rubro cuando tengamos tráfico y seamos conocidos.

<u>Categorías de los Socios:</u>

Socios Adherentes:

Esta categoría será **GRATIS** y servirá para que prueben el Club antes de entrar y nosotros consigamos datos de ellos para futuras promociones. Les ofreceremos:

- Acceso al sitio y sus contenidos.

- Participación en los Foros públicos.

- Recibirán el boletín quincenal "Novedades de la Viña"

- Podrán adquirir las ofertas del mes.

- Tendrán descuentos para participar en las degustaciones.

Socios "Botella de Plata":

Pagarán **U$S 20 al mes** por la membrecía y les ofreceremos lo mismo que a los anteriores, pero con los siguientes agregados:

- Una botella de la "*selección nacional de vinos*" todos los meses en su domicilio.

- El Informe semanal "Aprenda Todo sobre el Vino".

- Acceso gratuito a las degustaciones.

- Descuentos en los comercios adheridos.

- Podrán acceder a la "Oferta Especial de Miembros"

- Prioridad "C" en los cupos para visitas a bodegas nacionales y viajes al extranjero

Socios "Botella de Oro":

Pagarán *U$S 50* al mes y a lo de los anteriores le sumaremos:

- Una copa Reidel para degustaciones al momento de la inscripción.

- Recibirán dos botellas al mes en su domicilio, una de la *"selección nacional de vinos"* y otra de la colección "*conociendo vinos extranjeros*".

- Recibirán una botella de champagne nacional para el día de su cumpleaños.

- Prioridad "B" en los cupos para visitas a bodegas nacionales y viajes al extranjero.

- Acceso a los Foros Reservados de Consultas a especialistas.

Socios "Botella de Platino":

Pagarán **U$S 100 al mes** y a los anteriores sumaremos:

- Dos copas Reidel para degustaciones al momento de la inscripción y un set de 100 etiquetas con su nombre para colocar en las botellas que regale a sus amigos

- Un "set de degustación de lujo" cuando cumpla un año de socio.

- Cuatro botellas al mes en su domicilio, dos de *"selección nacional de vinos"* y dos de "*conociendo vinos extranjeros*"

- Una botella de champagne importado para su cumpleaños y otra de champagne nacional de "edición especial y limitada" para fin de año.

- Una noche de hotel pago cuando se hacen visitas a bodegas en el país.

- Prioridad "A" en los cupos de visitas a bodegas

nacionales y viajes al extranjero.

Comentario (06)*: Esto es muy interesante, quizás **Jorge** conozca poco de lo que en los Proyectos de Internet los analistas llaman "multiple sources of income" (múltiples fuentes de ingresos), pero las ha tenido en cuenta.*

*Por un lado apunta a lograr un **ABONO o MEMBRECIA** y ha establecido varias categorías de socios, con muy buenos servicios y ventajas en cada caso, para no desaprovechar ninguno de los niveles de ingreso e interés que se pueden detectar en el mercado - **segmentación por ingresos-**.*

*Piensa incorporar la **venta de vinos y champagnes** -apunta a ese mercado, es lógico- mediante ofertas y promociones especiales. Esto entra en el terreno del e-commerce.*

*Quiere analizar la inclusión para la venta de **artículos específicos** para fanáticos del vino (pequeños muebles de bodega, destapadores de lujo, sets de degustación, vasos especiales, etc.)*

*Evalúa -en lo que se llama **"ampliación de línea"**, la posibilidad futura de incorporar algunos "delicatessen" que suelen ser adecuados para un público de altos ingresos (caviar, avellanas, quesos finos, etc.) y se prestan para el consumo conjunto (familias de productos)*

*Ha previsto **organizar viajes** para degustaciones en bodegas nacionales y extranjeras, lo que deja abierta una puerta para actividades de **turismo temático**, que también están consideradas como una tendencia de alto valor agregado.*

Finalmente deja la puerta abierta para una **política de publicidad**, *pero la considera un factor adicional y no la base de su modelo.*

Sin duda es una definición amplia, equilibrada, correcta y que posee varios frentes para intentar su desarrollo.

D.- Estructura de la Empresa:

Ya que **Adrián** no está muy convencido del tema y quiere dedicarse a la profesión, le voy a encargar que se ocupe de los clientes del Estudio, para que me libere tiempo para dedicarme al Proyecto.

Yo me voy a hacer cargo de visitar las bodegas y los negocios para ver el acuerdo al que llegamos y de buscar las notas para los contenidos del sitio.

Ramiro que maneja bien la compu lo voy a poner a que se encargue de atender el sitio, pero no estoy muy seguro que sea el indicado para contestar los emails que nos lleguen, el tema de las inscripciones y pedidos o participar en los Foros, de esa tarea tendría que encargarse **Saira** con la ayuda de **Ramiro.**

Necesito urgente buscar un **programador para el sitio** -le voy a encargar a **Ramiro** por si tiene algún amigo que lo pueda hacer- y **algún periodista** o alguien que sepa de vinos para que se haga cargo de las secciones de información.

Mientras vemos como funciona esto, vamos a atender el Proyecto entre el Estudio y casa y por el momento voy a inscribir una sociedad de hecho para el tema de la facturación. Pero necesito comprar una notebook para mí y una computadora más en casa y otra en el Estudio.

Voy a preguntarle a **Raúl Panzotti** a ver si como abogado se le ocurre algo que me esté faltando o que vea los contratos o registros que haya que hacer por el tema del Club.

Para el tema de los **pedidos y las ventas**, creo que lo mejor será llegar a algún acuerdo con un negocio que venda vinos y trasladarles los pedidos a ellos a cambio de una comisión.

*__Comentario (07)__: Con un formato muy simple (tal como lo es el proyecto), **Jorge** ha hecho una división de tareas y asignado los responsables y ha tomado decisiones en lo referente a la **Estructura Empresaria**.*

__Personal:__

*El aparentemente él se queda con las **tareas ejecutivas** y un rango amplio de responsabilidades, si el Proyecto crece tendrá que delegar parte de las tareas que se ha asignado, pero al menos al principio se supone que el emprendedor cubre todos los frentes de batalla.*

*No cierra su Estudio, pero aprovecha de su hijo **Adrián**, que aparentemente no tiene mucho deseo de involucrarse en el Proyecto de Internet, para que lo libere de muchas de sus tareas al asumir la principal carga del Estudio. Es posible que la inexperiencia de **Adrián** para una responsabilidad tan grande le traiga algunos problemas, pero el seguirá cerca para resolverlas.*

***Saira**, por su formación puede ser buena atendiendo los emails y los Foros, como así también de los temas vinculados a inscripciones o compras, pero maneja poco la computadora, aquí entra a tallar **Ramiro**, que* *si bien no es confiable para la atención administrativa del sitio, puede actuar como operador en apoyo de su madre.*

*Finalmente ha decidido **tercerizar**, tanto lo relativo a la **programación**, como lo atiente a los **contenidos especiales** y el aspecto **comercial y logístico** en la venta de vinos.*

Legales y Fiscales:

*El es **especialista contable y fiscal** -no necesita un profesional externo para eso- y ha tomado la decisión de inscribir una **sociedad mínima** a los fines impositivos (llamada sociedad de hecho en Argentina) para la etapa inicial.*

*Sin embargo, recurre a un amigo **abogado** para las consultas específicas y los contratos.*

Domicilio e Infraestructura:

No realizará gastos en oficinas por el momento y ha previsto incorporar algún equipamiento adicional para completar el que ya tiene. También en esto es cauteloso.

E.- Plan del Sitio (Web site plan)

Se me ocurre que en el sitio debe haber acceso a **noticias y novedades** para los amantes del vino (*nuevas marcas y variedades, crítica de expertos, entrevistas a responsables de bodegas, etc.*) y datos generales para los que se introducen en este hobby (*cómo degustar un vino, tipos de copa que pueden usarse, diferencia entre las variedades*).

Agregaríamos una **sección o foro** para que los navegantes comenten sus experiencias (*vinos que probaron, viajes de degustación, bodegas visitadas, anécdotas*), el área para suscribirse al **Boletín** y una zona para poder inscribirse en alguna de las categorías de socios.

Deberíamos tener una sección en la que presentamos a un miembro relevante de la industria o el sector cada semana (dueños de restaurantes, bodegas, negocios de venta) y por allí conviene incluir a un político o artista hablando de sus vinos preferidos.

En el área de **shopping** deberían estar las ofertas de vinos y los otros productos que vayamos vendiendo y en una sección que se llame **"viajes de los socios"** ir promocionando la vista a las bodegas nacionales y las extranjeras.

Hay que ver todo el tema de las **encuestas, los foros, los carritos de compra** y el tema del **pago con tarjeta**.

Además hay que conseguir información relativa a cómo usar bien el tema de los **Newsletters** para los socios y la gente que se anote.

*__Comentario (08)__: También en este caso **Jorge** demuestra su profesionalismo a la hora de planificar sus pasos.*

*Ha hecho un claro esbozo de como será su sitio, las **opciones que tendrá** y sus **contenidos** y por otro lado ya tiene una lista de las **funciones especiales** sobre las que tendrá que averiguar en concreto (módulo de e-commerce, newsletters, foros, pagos con tarjeta, etc.)*

Adviértase que en su caso, por ser un contador, no tiene dudas dónde muchos las tendríamos -impuestos, sociedades, etc.-, pero tiene otras donde un especialista en Internet no las tendría. Rara vez alguien reúne "per se" el total de conocimientos necesarios para encarar un proyecto.

*Sin embargo -y esto es **MUY IMPORTANTE**-, Jorge no ha basado su proyecto en la comercialización de derivados del petróleo -donde seguramente no tiene idea de nada- sino en un segmento en el cual, aunque no sea un experto, al menos conoce **las principales variables que están involucradas**.*

*No será un productor de vinos o no estará en la comercialización del producto, pero se trata de su hobby, lleva **cientos de horas invertidas** en leer información, degustar vinos, conocer la personalidad y preferencias de los involucrados y, en definitiva no está haciendo más que pretender brindar los servicios que el mismo quisiera recibir de otro.*

F.- Plan de Marketing

Una vez que el sitio esté instalado y con los contenidos cargados, **contrataremos publicidad** en las revistas del *"Club del Vino"* y de *"Vinos y Bodegas"*, de ser posible pagaremos para que nos **hagan una nota en vez de colocar un aviso**.

Hablaré con Gastón o con Jaime para ver a quién contrataron ellos para su **campaña de promoción** y veremos de contratar al mismo para que nos **haga las gacetillas** y **difunda el tema** en la prensa.

Vamos a ver si los **sitios de vinos** que hay en la red, incluyen **banners** y cuánto cuestan o de lo contrario buscaremos las secciones de *"restaurantes"* o de *"vinos"* de los **grandes portales**.

Con eso **conseguiremos tráfico**, pero a los que nos visiten hay que preocuparse de entusiasmarlos para que **reciban el boletín** o se suscriban como *"socios adherentes"* (sin costo).

En la medida en que vayamos **estableciendo la comunidad**, deberemos tratar de que los socios adherentes realicen compras o se vayan incorporando a las diferentes categorías de socios pagos.

Debemos **hacer y enviar** uno o varios **boletines y newsletters** para mantener fresca la relación.

Hay que hacer **convenios** con los Restaurantes, las Bodegas y los negocios de vinos para que incluyan sus **secciones o sus publicidades**.

Vamos a pagarles por un año la membrecía a **gente famosa** -a la que presentaremos en las notas y foros- para entusiasmar al resto a incorporarse en el Club.

Prepararé dos o tres charlas **bien amenas** sobre el tema vinos y le avisaré a los locutores de los **programas de radio** para ver si me invitan sin cargo, en el caso de los programas más escuchados hay que averiguar qué cobran por hacer una nota.

Ver si podemos involucrar a los **colegios profesionales** o en su defecto a los vendedores de libros para abogados y contadores y los visitadores médicos, para que dejen folletos del sitio en los estudios y clínicas que vistan.

En el caso particular de los **restaurantes**, hay que ver el modo de preparar **degustaciones** con acuerdo de las bodegas y de ese modo ofrecerles servicios a los socios.

Tengo que hacer un acuerdo con una **casa de vinos** para que se haga cargo de responder a las ventas que hagamos y con una **Agencia de Turismo** para empezar a organizar el tema de los viajes a las bodegas nacionales y extranjeras.

Debo buscar un proveedor para los **artículos de degustación** (*copas, muebles, destapadores, etc.*) que pretendo vender en el sitio y para los **alimentos de gourmets** (*caviar, quesos, patés*)

*__Comentario (09)__: **Jorge** pone de manifiesto en su breve síntesis del Plan de Marketing, que tiene una visión amplia del mismo y una comprensión acabada de la conjunción de acciones **"on y off line"** que deben desarrollarse.*

*__Promoción Inicial - Búsqueda de Tráfico:__ Piensa invertir su pequeño presupuesto de modo efectivo dirigiéndolo principalmente a las **revistas especializadas** (off line) y a los **sitios de vinos**, o en su defecto a los portales, pero en las **secciones más vinculadas** (on line).*

*Sabe que es útil dirigirse a un **especialista** para que le prepare buenas gacetillas y que sea capaz de que los medios las citen en sus noticias en base a sus contactos en el medio.*

*También conoce la **dinámica de la radio** y sabe que muchos de los programas "chicos" están abiertos a cualquiera que traiga un tema interesante...lo programas "grandes" cobran por invitar, pero la audiencia y el impacto que se logra lo justifican en muchos casos.*

*Su estrategia de trabajar en el **"mundo real"** interesando a los **Colegios Profesionales** o, en su defecto a los **vendedores** que más visitan a estos profesionales, podrá o no dar resultado, pero sin duda es una iniciativa muy valiosa y si tiene éxito en su* *intento estará potenciando su público fuertemente. Otro tanto en su relación con los **restaurantes** y la posibilidad de organizar de modo conjunto degustaciones, proceso en el que ambos ganan (el restaurante clientes y él difusión a bajo costo)*

Articulación de la Comunidad:

*Pero Jorge distingue claramente la diferencia que hay entre **atraer "tráfico"** y establecer una **comunidad** y ha preparado una serie de acciones: membrecía gratuita para generar sentido de pertenencia, búsqueda de **"famosos"** por su alto impacto en generar atracción e incluso la excusa para preparar relaciones valiosas que ha de utilizar en el futuro, además ha de organizar uno o más **boletines o newsletters** para mantener activo el contacto.*

Rentabilidad - Ingresos y Negocios:

*Con el criterio que le dan sus años y su profesión, sabe que no está generando tráfico, ni estableciendo comunidades sólo para jugar...persigue la **rentabilidad** en un plazo corto y para ello se ha encargado de esbozar sus alianzas y tercerizaciones para la comercialización de vinos, viajes, artículos adicionales, alimentos gourmet, viajes, etc.*

G.- Cronograma de Ejecución

La primera tarea es hablar bien con cada uno y analizar su rol, esto tengo que concluirlo en esta semana.

Lo inmediato y más urgente es contratar alguien para que empiece con el tema de la programación del sitio y la inscripción del dominio que busquemos.

Cuando el programador se ponga en marcha, voy a utilizar el mes siguiente para las reuniones y contactos con las bodegas, casas de vino, restaurantes, agencias de viaje y negocios que me suministren los artículos especiales de venta.

Si llego a acuerdos tengo que firmar los contratos respectivos. Además está la inscripción de la sociedad de hecho para poder facturar.

Ni bien esté eso listo, seguiré con la búsqueda del Agente de Prensa para que prepare todo para el lanzamiento y además prepararé las charlas de las radios.

Si todo está en orden, espero poder lanzar el sitio en unos 60 o 90 días a contar de hoy.

Vamos a darnos unos 60-90 días desde el lanzamiento para ver cómo generamos tráfico y si el negocio como lo tenemos planteado responde a las expectativas de la gente, caso contrario deberemos cambiar los planes para adecuarnos a la realidad.

Debería tener organizada la primera degustación de vinos para esa fecha y el primer viaje a una bodega para fin de año.

Comentario (10): *Sin entrar en los detalles más finos -cosa que seguramente hará luego- ya tiene en claro el panorama para los siguientes **180 días como mínimo** y un esbozo del **primer año completo**.*

Por lo pronto las tareas que más tiempo tomarán (caso programación) las iniciará de inmediato y aprovechará ese plazo de espera para trabajar en los contactos comerciales, alianzas y tareas vinculadas al lanzamiento.

Ha dejado previsto un plazo para las tareas de búsqueda de tráfico y armado de comunidad, con una evaluación a los 90 días para fortalecer o cambiar el rumbo según sean los resultados que se estén obteniendo.

H- Aspectos Financieros

Para el Proyecto tengo que disponer de **U$S 25.000** para la instalación y lanzamiento y **U$S 65.000** como reserva para los **10 primeros meses** de actividad:

A) COSTOS INSTALACION Y LANZAMIENTO	
Items	**Costo Estimado**
Programación Sitio	U$S 5.000
Compra Máquinas	U$S 4.000
Viajes Comerciales para Contactos	U$S 2.000
Publicidad Revistas	U$S 5.000
Publicidad Internet	U$S 5.000
Pago Agente Prensa	U$S 4.000
Total Instalación	**U$S 25.000**

B) COSTOS OPERATIVOS MENSUALES	
Items	**Costo Estimado**
Publicidad	U$S 1.000
Sueldos	U$S 2.500
Gastos Sitio	U$S 1.000

Viajes	U$S 1.000
Otros	U$S 1.000
Total Mes	**U$S 6.500**

Sin embargo, no será necesario contar con todos los fondos de la Previsión Operativa, ya que debería haber **ingresos.** Por el momento me voy a fijar la idea de lograr **5 socios** por cada categoría durante el primer semestre y **10 en el segundo**.

Voy a estimar que al 20% de los socios consigo venderles diferentes ofertas de vinos y productos cada mes y que al menos al 10% lograré convencerlos de que participen de los viajes.

En publicidad debería conseguir al menos **tres o cuatro** banners de **U$S 500** cada uno por mes.

En base al **Flujo de Fondos** que he proyectado, el máximo requerimiento de capital que tendré rondará los **U$S 50.000**

Lo interesante es que si bien terminaremos el primer año casi sin ganancias, en los dos o tres años posteriores podremos crecer al menos en un 100% o150% y el ingreso del Proyecto superará al que hoy me da el Estudio Contable.

Tengo estimado que para el **MES 7** estaríamos en un **punto de equilibrio** y que recuperaría el **total de la inversión** realizada hacia el mes **15-16**.

Si **Saira** está de acuerdo afectaré **U$S 30.000** de los ahorros y obtendré un crédito hipotecario sobre el departamento de Buenos Aires para asegurarme los **U$S 20.000** adicionales que necesitaré.

Comentario (11): *Esta es la parte más compleja de explicar ya que intervienen una gran cantidad de números, estimaciones y conceptos que forzosamente debe manejar un especialista. Mi sugerencia es que, salvo que Usted sea un contador o un experto financiero, **CONSULTE A UNO** ya que, al igual que con aspectos legales o de programación, siempre estamos en terrenos que requieren de conocimientos especializados.*

*Sin embargo diferenciemos los principales elementos que **Jorge** ha tomado en cuenta -y que se ven claramente en las Planillas-*

Costos de Instalación:

*Hay un monto que **Jorge** debe invertir para **lanzar el Proyecto**. Este gasto luego no deberá repetirse y se compone de la programación, compra de equipos, publicidad y servicios iniciales, inscripciones, habilitaciones e incluso la publicidad de lanzamiento. Como Jorge utilizará sus oficinas y su domicilio, no suma necesidades de nuevos alquileres y acondicionamiento de oficinas, muebles, etc.*

Costos Operativos:

*El Proyecto además, tiene un **costo de funcionamiento mensual** que existirá haya ingresos o no (esto se llaman **COSTOS FIJOS**) o que habrá que realizar para cumplir con las operaciones comerciales (estos serán los **COSTOS VARIABLES**). Dado que **Jorge** ha pensado en tercerizar los aspectos comerciales, se ahorra los **costos de un stock** (aunque pierda parte de sus comisiones), en consecuencia no incluye estimaciones específicas para estos conceptos - capital de trabajo, stock, etc.-*

Ingresos Esperados:

*Obviamente no tendría sentido iniciar un Proyecto si no se esperasen ingresos de algún tipo. **Jorge** ha estimado un "promedio" de cuotas que intentará lograr cada mes en base a la afiliación de socios y ha estimado los otros ingresos (venta de vinos en oferta, artículos anexos, alimentos e incluso los viajes) en una proporción de los socios que estima lograr, salvo en lo referente a publicidad, en la que se fija una estimación aleatoria de publicidad colocada.*

Punto de Equilibrio:

Estima llegar a un "punto de equilibrio" en el mes 7. Esto significa que para ese mes -y según sus suposiciones-, el dinero que ingrese será igual o mayor que el que debe erogarse. En este punto el proyecto sería autosustentable en lo financiero.

Recupero de la Inversión:

*Este es un concepto diferente. Una cosa es que el proyecto esté en condiciones de autosustentarse financieramente en lo futuro y otra distinta el momento en el cuál se recupera el **TOTAL** del capital que se ha invertido -junto a sus intereses- Para **Jorge** pasarán varios meses desde el punto de equilibrio para que esta circunstancia se logre.*

Flujo de Fondos - Previsiones Financieras:

*Jorge entiende de dinero y de proyectos. **JAMAS** se le ocurriría lanzarse al Proyecto si no contase con el financiamiento necesario para ello.*

*Una de las principales causas de fracaso empresario están originadas en la **"subcapitalización inicial"** de los Proyectos. La gente tiende a suponer generalmente que los ingresos serán **MAYORES Y***

*MAS RAPIDOS de lo que en la realidad ocurre y tienen a **MINIMIZAR los gastos y erogaciones** (las que generalmente suelen duplicar las estimaciones iniciales).*

*La herramienta financiera para comparar dinámicamente los ingresos esperados, frente a los egresos es el **"Flujo de Fondos" o "Cash Flow"** que es un instrumento derivado de los **"Estados de Resultados"**.*

*Si sumásemos lo que **Jorge** piensa gastar (entre lanzamiento y reserva para 10 meses de trabajo) el resultado daría **U$S 90.000**, sin embargo Jorge estima que necesitará alrededor de **U$S 50.000 de capital propio** ya que el resto surgirá de los ingresos que él espera*

*Los inversores suelen pedir -como mínimo- estos dos documentos (el Estado de Resultados esperado y el Flujo de Fondos) a lo que se suma un **Balance de Apertura** que permite medir el impacto contable de las diferentes inversiones.*

*Como he dicho, este es un tema con el que no pueden cometerse errores. Si Usted es un experto en finanzas, cualquier explicación que le de será superficial y no le aportará nada y, si por el contrario **no conoce el tema** por más puntos que le explique, siempre quedarán temas sin tocar...no se arriesgue, trabaje y analice su Proyecto con alguien que **SI conozca** mínimamente el modo de hacer una evaluación financiera.*

Análisis Crítico del Proyecto

Si hubiese tenido que analizar este Proyecto como consultor hubiese destacado los siguientes puntos a **favor y en contra:**

Jorge Rodriguez posee la **formación y conocimientos** necesarios para llevar de modo prolijo un negocio (*a favor*).

Está **entusiasmado y motivado** (*a favor*)

Ha realizado una **planificación prolija** (*a favor*)

Cuenta con todo -o al menos la mayor parte- del **capital** necesario para desarrollarlo (*a favor*).

Está decidido a mantener un **nivel controlado** de costos fijos (*a favor*)

Ha estudiado fuentes **múltiples de ingresos** y **no depende de la publicidad** como ingreso principal en su modelo (*a favor*)

Le ha dado importancia a las acciones "off line" y en el mundo real, no piensa encerrarse **"sólo" en una burbuja de Internet**. (*a favor*)

Posee **muy poca experiencia** en los **aspectos técnicos** de Internet (*peligrosamente en contra*)

No posee **relaciones previas y consolidadas** en el sector del vino y sus canales de comercialización (*potencialmente peligroso*)

El equipo con el que va a desarrollar el Proyecto presenta **algunas debilidades** y hay un **exceso de responsabilidades a su cargo** (*potencialmente peligroso*)

No ha trabajado muy a fondo aún los problemas **relativos a los contenidos** (*potencialmente peligroso*)

Sus **asesores** en algunos temas críticos -caso del legal- no son especialistas en negocios de Internet (*potencialmente peligroso*).

El caso que hemos utilizado como ejemplo es de los que se encuentra **JUSTO** en la línea de decisión y tiene prácticamente la misma cantidad de puntos en contra que a favor. Desde mi perspectiva lo que define el éxito de este Proyecto es el **alto grado de compromiso de Jorge** con su idea.

Si va a ser capaz de **superar las dificultades e imprevistos**, las posibilidades de éxito serán altas; si por el contrario su entorno familiar o su personalidad lo debilitan cuando aparezcan los problemas **(QUE VAN A APARECER)**, se hundirá irremediablemente.

Pero advierta lo que estamos señalando porque debería analizarlo desde su perspectiva y para su Proyecto en concreto.

Estos suelen ser los puntos donde se comenten los **mayores errores:**

Usted no tiene asegurado el **financiamiento necesario** (con fuentes propias o de terceros) al menos por UN AÑO -o más-?...*no empiece hasta que lo asegure.*

No conoce absolutamente NADA del **segmento en el que pretende actuar**, no tiene relaciones de amistad o profesionales en el mismo?... *no empiece hasta que lo conozca mejor o búsquese un socio del sector.*

No conoce nada de los **aspectos técnicos de Internet** (programación, servidores, servicios, etc.)?... *no empiece salvo que consiga un buen socio o un empleado estupendo y con el que tenga la certeza que no lo abandonará a mitad de camino.*

No tiene experiencia previa en el manejo de una empresa o proyecto, mínimas ideas de contabilidad y administración?... *consiga un buen socio con esas habilidades o un profesional o estudio que lo asesoren adecuadamente.*

No está del todo seguro de su idea y no sabe si **será capaz de soportar** los inconvenientes que han de surgirle?... *en este último caso, ni se levante de la cama...NI SE LE OCURRA empezar con un Proyecto.*

Esto puede sonar un poco negativo, pero no se preocupe, la clave principal sigue siendo Usted mismo -y ya lo verá-, por ahora quiero comentarle **qué pasó con el Proyecto de Jorge.**

<u>Cómo Evolucionó el Proyecto?</u>

Nos trasladamos ahora hacia el futuro y estamos en condiciones de comentarle qué ocurrió con el Proyecto de Jorge:

<u>PRIMER AÑO</u>

El **Primer Año** fue mejor y peor a lo que había imaginado -siempre es el más duro-, debió gastar más dinero del que había calculado y básicamente porque tuvo problemas con el desarrollo de su sitio **(*1)** y los ingresos evolucionaron a un ritmo distinto del que había planificado **(*2)** lo que impactó de un modo muy grave en sus estimaciones financieras **(*3)**

Sin embargo, desarrollo su *"curva de experiencia"* **(*4)**, consolidó relaciones en el sector, adquirió experiencia, descubrió el valor de participar en una Exposición del sector, comprendió mejor los resultados esperados de la inversión publicitaria en cada uno de los medios, capacitó a su equipo **(*5)** y mejoró su comprensión de los negocios en Internet, aprendió a tratar con sus clientes y asociados y pudo explorar políticas y técnicas para incrementar sus ingresos.

*__Comentario (12)__: El primer año en todo emprendimiento es **crítico**, allí aparecen la mayor cantidad de problemas y se paga por todas las inexperiencias, es el famosamente conocido **"derecho de piso"** en los negocios. Más de la mitad de los emprendimientos fracasan en esta época.*

*(*1) Inexperiencia en Internet:*

*Aquí pagó **Jorge** sus mayores costos de aprendizaje. Inicialmente confió en que **Ramiro** -el que más entendía de computadoras en la familia- para que buscase un programador, pero la corta edad de éste lo llevó a seleccionar la persona errada para la tarea, se gastó dinero -no mucho afortunadamente-, pero lo que es peor se **gastó TIEMPO** (que es un recurso muy valioso), lo que demoró más de dos meses la salida a la calle del Proyecto luego del fracaso inicial. Armar un sitio técnicamente correcto costó un poco más de lo que había calculado **Jorge** inicialmente y a ello debió sumar el dinero mal invertido en el primer intento.*

__Conclusión__: Navegar 15 horas diarias en Internet y

*saber dónde se consigue software gratis, MP3 o sitios de Hackers no significa que se conoce cómo hacer un sitio **comercial, profesional y adecuadamente estructurado.***

*(*2) Velocidad de Crecimiento:*

***Jorge** basó sus análisis financieros en promedios y estimaciones teóricas, pero en la realidad su proyecto tardó **bastante más de lo que él pensaba** en crecer a un ritmo similar al que había planificado, esto es común en los emprendimientos, se suele **sobrestimar** los ingresos de la primera etapa.*

Los potenciales clientes, por razones culturales, económicas o de confianza, tardan en tomar su decisión y en muchos tiempos se dan un compás de espera para ver si los servicios prometidos son los esperados.

*Sin embargo, a medida que se asentaba el proyecto y se hacía conocido, el crecimiento fue adquiriendo una velocidad **MAYOR a la estimada** y en especial ciertas estrategias, tal como la de Asociación con Colegios Profesionales -que la había pensado- o los estupendos resultados de participar en una Exposición del Sector de Vinos -no planificada- lograron que el año terminase por arriba de lo esperado.*
<u>Conclusión</u>: *Los Proyectos necesitan una etapa de maduración, pero en el caso de Internet los resultados que se logran posteriormente, suelen sorprender ya que la posibilidad de acceder a las propuestas "con un click" facilita muchísimo su difusión "boca a boca" y por recomendación de los grupos de pertenencia.*

*(*3) **Problemas de Financiamiento:***

*Pese a que Jorge consiguió su punto de equilibrio en el **MES 9** (apenas dos meses después de lo que había planificado), el capital que tuvo que invertir ascendió a **U$S 72.000** (contra los **U$S 50.000** que el había previsto), esa diferencia tuvo que financiarla a costa de un mayor compromiso de sus ahorros y a la toma de dinero en el circuito financiero, todo lo que le trajo graves problemas familiares y el riesgo de sufrir una enorme pérdida si el proyecto finalmente hubiese fallado.*

*Esta suele ser una de las principales causas en el fracaso de los Proyectos y se conoce como **"subcapitalización"**. Se requiere de cierto tiempo para madurar una idea y ese tiempo **CUESTA DINERO**.*

*En este caso particular, la **experiencia, capacidad y compromiso** de Jorge le permitieron resolver el problema -y estos puntos VALEN para definir a un empresario exitoso-; no fue gratis, resintió su relación familiar y comprometió su propio futuro. **Los Proyectos Empresarios llevan implícito el riesgo!!!***

*__Conclusión:__ El aspecto financiero debe ser adecuadamente analizado. Los **bajos costos fijos** de Jorge y el hecho de contar con **recursos propios** para el principio son las claves que le permitieron resolver sus problemas a tiempo.*

*(*4) Curva de Experiencia:*

Como siempre ocurre, cada mes que transcurre en una actividad, es un mes de aprendizaje y mejora. Los contactos realizados empiezan a madurar, se pueden apreciar en la práctica los resultados de las acciones *realizadas, la gente empieza a desarrollar confianza en aquel que permanece en un mercado, los empleados y colaboradores empiezan a entender mejor su trabajo. Así como el financiamiento representa un problema, ya que cada mes transcurrido cuesta dinero, en la otra punta cada mes transcurrido significa **mayor experiencia y comprensión** de los procesos involucrados en el mercado y en el negocio de que se trate.*

<u>**Conclusión**</u>: *Al igual que se aprende a andar en bicicleta...andando, en los negocios la curva de experiencia **SOLO se logra adquirir** una vez que el negocio se pone en marcha.*

   (*5) Integración del Equipo:

*Los Proyectos en última instancia son **GENTE PUESTA EN MOVIMIENTO** con un **OBJETIVO COMUN**. Gente dando lo mejor de sí y trabajando en equipo.*

Jorge** tuvo que descubrir con el paso del tiempo que **Ramiro** tenía menor compromiso y seriedad de la que él esperaba, **Saira** -su esposa- tampoco llegó nunca a entusiasmarse ni a cumplir el rol que el esperaba. Sin embargo, **Adrián** terminó demostrando ser una pieza clave en todo el proceso y **su esposa** -que no estaba en los planes originales- terminó reemplazando a **Saira**; por su parte el **personal del Estudio** fue "mutando" sus roles y habilidades y terminaron conformando un equipo dinámico, integrado y comprometido. Así como el **primer programador** no fue lo que se esperaba, la empresa que se contrató en segunda instancia demostró profesionalismo y acompañó el Proyecto con inteligencia, los primeros **abogados y

__agentes de prensa__ contratados para ciertas tareas no comprendían tampoco la naturaleza de los negocios de Internet, pero buscando y probando llegaron a dar con estupendos profesionales para ambos roles. __Conclusión:__ El __factor humano es crítico__, pero también en este caso la "curva de experiencia" termina jugando su rol benéfico y finalmente los empresarios logran dar con la gente útil e idónea si le dedican __tiempo, esfuerzo y recursos__ a esta tarea.

SEGUNDO AÑO

El **segundo año** fue un año estupendo, la idea demostró ser buena, la gente apreciaba el valor recibido por sus membrecías, los socios siguieron creciendo, fue posible optimizar las ventas y mejorar los sistemas internos **(*1)**.

En el mercado ya eran conocidos y para muchas bodegas y casas de vino realizar publicidad, presentaciones o lanzamientos con ellos se convirtió en una parte habitual de sus negocios **(*2)**.

Fue posible consolidar la expansión en el mercado nacional y ganarse un lugar en el reconocimiento de los medios, hubo varias notas en revistas especializadas (tanto de vinos como de negocios) y esta difusión amplió aún más las fronteras del proyecto **(*3)**.

Las ganancias crecieron, fue posible recuperar el capital invertido y hacia fines del ese año y ya seguro de sus pasos, **Jorge** pudo cerrar su Estudio y concentrar todos los esfuerzos propios y de su gente exclusivamente en el Proyecto **(*4)**.

La decisión siguiente era empezar la expansión internacional mediante franquicias, alianzas o empresas propias **(*5)**.

Comentario (13)*: Los proyectos de Internet presentan la particularidad de un muy rápido desarrollo, se dice que Internet se mide con la **"edad canina"** donde **un año** de Internet **vale por siete** de los negocios tradicionales.*

*En muchos casos esto es cierto y donde más se advierte es en las **tasas de crecimiento**, no es extraño hablar de un **500% o 1000%** de diferencia entre un año a otro, fundamentalmente en las primeras etapas donde los puntos de inicio para la comparación son menores.*

(*1) Crecimiento y Ajustes:

*Quién ha logrado sobrevivir un año completo en Internet sabe de lo que hablo, a esa altura **todo parece funcionar mejor** (cuando funciona peor uno ya no está para contarlo). Si la idea ha sido buena, si la capacidad de ejecución fue adecuada, los resultados positivos empiezan a sumarse.*

(*2) Presencia en el Mercado:

*Esto vale para todos los negocios, mientras **más tiempo se permanece**, mayor es el número de contactos y relaciones al que puede recurrirse, gente a la que le hemos propuesto algunas campañas publicitarias cinco veces y las cinco nos rechazaron, a la sexta **dicen SI** y allí empieza a surgir un **"circulo virtuoso"** en el que otros empiezan a arrimarse dado que algunos lo han hecho antes.*

(*3) Ampliación y Difusión:

*El tiempo permite que el trabajo fructifique, la apertura de nuevas ciudades, la maduración de las acciones de difusión, todo lentamente empieza a encajar en su sitio y a generar más y más ventajas. Un caso particular es la presencia en los medios, ya no como anunciante, **sino como "noticia"**, un proyecto o un empresario exitoso empiezan a interesar a otros y las revistas del medio y las generales de negocios empiezan a citar el caso entre los destacados.*

(*4) Estabilización de Ingresos:

*Una vez logrado el "break even point" -punto de equilibrio- y que el negocio se sustenta a sí mismo, la recuperación del capital invertido es el paso siguiente. Sin embargo, en muchos casos estas circunstancias dependen de no descuidar una administración prudente y basada en bajos costos fijos y mucha mesura en la decisión de nuevas inversiones. No invertir en publicidad, equipos o recursos humanos puede ser grave, ingresar en una política de expansión antes de tiempo también. Se requiere **criterio y cuidado** en el manejo de las finanzas y la caja de un Proyecto.*

(*5) Expansión:

Un negocio -y menos que menos en Internet- no puede darse el lujo de detenerse ya que la dinámica del mercado es tan intensa que no existen en realidad "mesetas" en las que uno pueda detenerse a descansar y cosechar los éxitos.

Es menester crecer y crecer, avanzar y avanzar, pero preferentemente en base a políticas claras y bajo control.

<u>TERCER AÑO</u>

El **tercer año**, volvió a reunir elementos buenos y malos para Jorge.

La expansión que intentó creando una empresa en España consumió más recursos de los que tenía previstos y eso afectó la rentabilidad lograda en la Empresa y volvió a complicar los números.

Por otro lado, la política de alianzas en Brasil y Venezuela funcionó muy bien, como la hizo el otorgamiento de franquicias en Chile, Uruguay y Colombia **(*1)**.

La principal noticia de ese período la constituyó la alianza realizada en el segundo semestre con un gran Portal regional que incorporó al Proyecto de **Jorge** como el *"canal de los vinos"* dentro de su política de contenidos y servicios, esto les otorgó un salto espectacular en tráfico, difusión y ello empezó a traducirse en una aceleración en los ingresos **(*2)**.

- *<u>Comentario (14)</u>: Las expansiones no son para nada fáciles, una vez más el Proyecto y el Empresario se enfrentan a sus límites, vuelven a requerir capitales, personal, adecuación de políticas y estrategias. Parece que todo vuelve a empezar, pero esta vez, los resultados (buenos o malos) poseen sus efectos **magnificados en escala** y son capaces de catapultarnos a nuevas alturas o destruir todo lo hecho.*

- *(*1) Limites de Escala:*

Existen determinadas ventajas que se poseen a cierto nivel (conocimiento del mercado, personal entrenado, relación con la prensa o los proveedores) que se pierden por completo al momento de expandir la actividad en otros mercados.

Es como volver a empezar en muchos sentidos y no siempre las habilidades que se poseen en una etapa son transferibles a la siguientes. **El crecimiento TAMBIEN demanda preparación.**

Sin embargo existe múltiples formatos y oportunidades para crecer con recursos y estructuras propios o ajenos.
En el caso de Jorge, la pretensión de abrir una empresa propia en un país no le funcionó, pero sí lo hizo el aliarse en otros mercados, en otros casos puede ser a la inversa.

- **(*2) Desarrollo de Oportunidades de Entorno:**

Cuando se encara un proyecto se tiende a pensar sólo en las variables que uno controla o pretende controlar, empero, el mundo es un sitio amplio y complejo en el que muchas veces uno se cruza (para bien o para mal) en el camino de otras empresas y proyectos. Mientras **más se crece y consolida un Proyecto,** *más tentador se hace para realizar negocios y alianzas para terceros que también participan del mercado, de este modo, puertas que antes se golpeaban sin resultados hoy devienen en llamados telefónicos proponiendo negocios.*

Tenga **MUY PRESENTE** *esta circunstancia, cada día que permanezca en un negocio puede ser la fuente de oportunidades insospechadas y que nunca se imaginó que podían existir.*

<u>CUARTO AÑO</u>

Una bodega californiana que iniciaba una agresiva política de expansión en América Latina y España,

Marcelo Perazolo

hace una oferta millonaria e irresistible por el Proyecto.

Pese a que a lo largo del tiempo transcurrido, había recibido diferentes ofertas de compra o asociación -las que había rechazado-, el nivel y profundidad de ésta lo deciden a Jorge a aceptarla.

Jorge recibe **8 millones de dólares** por el **92%** de su Empresa y conserva el cargo de responsable del área de *"Clubes del Vino"* de la corporación, junto a un 8% del capital accionario.

*__Comentario (15)__: Un final feliz?, no tanto, más bien un final **LOGICO** y **ESPERABLE**.*

*Quién conoce la dinámica de los mercados globales y el desarrollo de las estrategias competitivas a nivel de corporación sabe que es más barato **COMPRAR** un proyecto exitoso (y el mercado que éste representa), antes que tener que recrearlo desde cero -aún cuando se posean los capitales para hacerlo-.*

Un proyecto exitoso, generalmente posee un equipo humano que SABE LO QUE HACE -y eso es difícil de reproducir aún con dinero-.

No todas las compras o adquisiciones tienen un final feliz, en muchos casos se convierten en fiascos para el comprador, pero generalmente los vendedores reciben un valor equivalente al de muchos años de un trabajo exitoso, por lo que la operación, al menos en un terreno financiero, suele estar más que justificada.

*Pero, al igual que con el billete de lotería (si no lo compra no gana), sólo el que **ESTA en el mercado** puede ser sujeto de una oferta...el punto es **ESTAR EN EL MERCADO!!***

Comentarios Finales y Consejos:

El Proyecto que le presentamos como caso de estudio fue trabajado en base a un **modelo de desarrollo financiero y de mercado**.

Más allá de que no le indiquemos en cada caso los valores o premisas tenidas en cuenta para modelizarlo (a fin de hacer más ágil la lectura), se ajusta perfectamente a la dinámica de cualquier proyecto exitoso y sigue la experiencia propia y de colegas en el asesoramiento de otros proyectos, sus principales problemas y sus posibilidades.

Las cifras y los resultados han sido analizados exhaustivamente y se aplicaron a los mismos, tasas de crecimiento conocidas y porcentajes de venta y rentabilidad ajustados a cada segmento.

Deseamos indicar ahora un conjunto de consejos que consideramos valiosos en la tarea de desarrollar un Proyecto:

a) Escala de los Proyectos:

Es posible plantearse al menos **TRES NIVELES** o **MAGNITUDES** para encarar un Proyecto.

Primero, uno doméstico y absolutamente controlable. En este caso el emprendedor encara la experiencia con lo que tiene a mano y los resultados que obtiene están en proporción directa a sus **habilidades, capacidades y valor de transferencia** que sea capaz de ejecutar.

Existen cientos o miles de sitios en Internet (o de Newsletters) que sin mayores inversiones (estamos hablando de **menos de U$S 5.000**), le han permitido a sus propietarios ingresos de diverso tipo o se los permitirán en el futuro en la medida de que soporten sus proyectos durante el tiempo suficiente.

Normalmente este tipo de proyectos se corresponden a **emprendedores del sector de Internet** (programadores, dueños de empresas de computación), que al conocer los principios básicos de la programación, están en condiciones de lanzar un sitio y mantenerlo sin mayores recursos.

Tres ejemplos en diverso grado de desarrollo para ilustrar el punto (entre miles que podría tomar):

Proyectos en una etapa inicial:

www.dgdfumar.com

Aquí el propietario, **Fernando Torcuato Insausti**, comercializa un sistema personalizado para dejar de fumar, ha realizado una pequeña inversión para desarrollar su sitio (si es que no lo ha hecho él directamente) y lo difunde en la medida de sus posibilidades.

No hay un plan orgánico de crecimiento o de inversión, pero realiza todas las acciones a su alcance para difundirlo y hacerlo conocer.

Llegado el caso en que prospere, puede involucrar con más profundidad a su responsable y entre tanto el mismo puede generarle un ingreso basado en la comercialización de su método.

Entre tanto si quisiese, podría lanzar un boletín para fumadores o ex-fumadores, ofrecer conferencias, vender libros y desarrollar una amplia gama de acciones tendientes a generar ingresos por el modelo de los *"negocios laterales"*.

Proyectos en crecimiento acelerado:

www.webalia.com

Este sitio empezó casi como un juego o un hobby por parte de un programador español llamado **Fernando Alvarez,** reuniendo algunos chistes y otros datos curiosos.

Lentamente -y sin que su propietario lo planificara- ha ido adquiriendo niveles de tráfico insospechados, lo que trajo aparejado un valor publicitario apreciable y que lentamente lo ha llevado a dedicarse de modo más intenso y exclusivo a su emprendimiento.

Si bien actualmente no posee fuentes de ingreso -salvo las publicitarias-, existen grandes posibilidades de que este sitio siga el camino del que utilizamos en el ejemplo y que algún gran portal lo adquiera como parte de sus contenidos y para aprovechar el tráfico generado.

Proyectos que crecieron a la etapa siguiente:

www.grippo.com

Quizás uno de los ejemplos más paradigmáticos que existan es el caso de **Jorge Grippo.**

Jorge es un licenciado en literatura argentino, pero que se enamoró de Internet en época temprana y empezó a intercambiar poesía y hacer amigos por el mundo, en tiempos tan lejanos como **1996**.

En aquella época había pocos recursos disponibles y mucha gente le pedía permanentemente datos de sitios argentinos. Para ahorrarles trabajo a sus amigos, se inició en los misterios del código "html" e hizo una página sencilla con los principales links disponibles en aquella época.

Su amor por el tema lo llevó a seguir perfeccionando sus conocimientos y los datos de su sitio web, creando el buscador **"grippo.com"**, sin mayores pretensiones que brindar un servicio a la gente con la que trataba.

Al incorporar un Foro para literatura, en el mismo empezaron a aparecer diferentes tipos de anuncios y, para que no molestase a los literatos, Jorge creo un Foro especial de negocios y le pidió a todos que pusiesen sus avisos y se dejasen de interrumpir con sus "temas comerciales".

De más está decir que el **Foro de Negocios de Grippo.com** se convirtió en el punto focal de referencia para avisos de negocios en lengua española (*cualquiera que haya hecho negocios en Internet desde hace algunos años lo conoce*). Jorge, a todo esto veía el tema casi como un problema ya que el servidor que alojaba su página le cobraba por tráfico y esto lo obligaba a gastar algunos centenares de dólares de su flaco bolsillo para cubrir la cuenta.

Cuando unos emprendedores chilenos armaron un proyecto de portales locales en la región, tuvieron en especial consideración a Jorge que poseía uno de los tres principales buscadores de Argentina. El grupo de inversión **Explorador.net** apoyó el Proyecto y consiguió **12 millones de dólares** de fondeo para el mismo.

Ignoro si actualmente **Jorge Grippo** sigue en Argentina o vive en San Francisco (USA), pero su buscador terminó siendo la base del Proyecto conocido como **guby.com** (www.guby.com).

El **segundo nivel** posible es el de los Proyectos planificados metódicamente, pero basados en un nivel intermedio de recursos (que sería el caso del *"Club del Vino"* que utilizamos para hacer el análisis).

En este nivel es más común encontrar **empresarios o profesionales** que disponen de algún capital para iniciar el proyecto en un formato más similar al de una empresa o poseen los contactos para conseguir financiamiento a ese nivel. En algunos casos provienen del sector informático, pero en muchos no.

La inversión necesaria para desarrollar este formato de negocios oscila entre **U$S 30.000 a U$S 100.000** y desde el principio es posible observar una estructura de empresa, un plan, objetivos, intentos de generar ingresos y una estrategia de acción.

También en este segmento sobran los ejemplos y en los rubros más variados:

Proyectos en una etapa inicial:

www.enplenitud.com

Marcelo Perazolo

Este proyecto -recién lanzado- es iniciativa de un médico psiquiatra, el **Dr. Daniel Gueller** que desde el enfoque de su profesión y especialidad se decidió a encarar un emprendimiento orientado al desarrollo de comunidades para personas de más de 40 años.

Recién se inicia, pero para su planificación se realizó un cuidadoso estudio de mercado, cada una de sus secciones y áreas temáticas ha sido planificada, se ha recurrido a convenios y alianzas de contenidos y servicios, se ha trabajado el desarrollo de un software sumamente completo para el manejo del sitio y todas estas tareas se cumplieron en base a un plan previo al lanzamiento y persiguiendo un uso cuidadoso de los recursos existentes.

Proyectos en crecimiento acelerado:

www.librosenred.com

Mal haría si no tuviese un ejemplo propio para dar.

Esta editorial digital -a la que me toca dirigir- se desarrolló en un rango de inversión dentro del indicado y con parte del aporte de manos de inversores particulares, pero con un prolijo proceso de estudio, selección del equipo a cargo, planificación y diseño de las estrategias a implementar.

Está orientada a un mercado que será explosivo en los próximos años y a la fecha crece con un ritmo superior al **50% MENSUAL**, tanto en tráfico, ventas, facturación y cantidad de autores editados.

Proyectos que crecieron a la etapa siguiente:

www.donde.com

Este buscador, comprado por **Terra Networks** durante 1999, en su política de expansión en la región por una cifra cercana a los 5 millones de dólares a sus creadores y propietarios los Ingenieros **Francisco Piantoni y César Planas** es un ejemplo en esta categoría.

Ellos planificaron su desarrollo desde **1996** como parte de su política empresaria, le dedicaron recursos y estructura dentro de su esquema empresario y para 1999 -fecha de la expansión de Terra- constituían quizás el mejor buscador en Argentina -junto a **Gauchonet** del **Lic. Gonzalo Arzúaga**, el otro proyecto adquirido por Terra en la misma operación-

En un **tercer nivel** encontramos a los proyectos que se planifican desde el inicio para ser **lanzados a gran escala** y con inversiones que rara vez bajan de **uno o dos millones de dólares.**

Este tipo de proyectos suele estar a cargo de financistas o empresarios de renombre, que reúnen desde un principio a equipos de alto rango (*y sumamente costosos*) y se encargan de buscar financiamiento previo de los grupos de inversión antes del lanzamiento de su proyecto.

Es este el segmento más afectado por la reciente crisis de Internet, pero el que dio lugar a las noticias más resonantes en la época de la *"danza de los millones"*.

Por ser más conocidos (***Patagon, De Remate, Mercado Libre, Laborum, Bumeran, El Sitio, Yupi***), es menos necesario ampliar a fondo el ejemplo y además se corresponden a un modelo de negocios que suele no estar al alcance del emprendedor individual -como si lo están los dos modelos anteriores-.

Curiosamente aquí encontramos el **mayor número de grandes fracasos** *-no justamente entre los que indicamos arriba que se mantienen vigentes a la fecha-* ya que por su alto nivel de gastos y erogaciones (necesarios para un proyecto que se inicia en esta escala), suelen ser los más perjudicados si no logran reunir le financiamiento adicional capaz de soportar el elevado nivel de gastos necesario para esta estrategia de posicionamiento.

En esta categoría, algunos ya han cerrado sus puertas, otros lo harán en los próximos meses, unos pocos lograrán saltos de escala y se posicionarán definitivamente como los estándares en determinados mercados.

b) Planificación de los Proyectos y Respuestas del Mercado:

Esté atento a la dirección que el mercado le da a su Proyecto.

Decenas de veces he visto que existen **grandes diferencias** entre lo que se **planifica para un sitio** y lo que termina resultando su **perfil definitivo**.

Esto se debe a que los proyectos son algo dinámico que interactua con el mercado y las necesidades concretas que existen en el mismo. Tal como indicáramos más arriba, **Grippo** pensó en un sitio orientado a la literatura y terminó poseyendo la **principal lista de negocios** de la región.

Piantoni-Planas y **Arzúaga** (**DONDE** y **GAUCHONET** respectivamente), se preparaban para una larga y dura lucha competitiva para sus portales y terminaron siendo comprados en sumas millonarias en una negociación que duró apenas unos pocos días.

El **Lic. Mario Vogel** lanzó un simple Newsletter para difundir la metodología del *"Tablero de Comando"* en Argentina -tema del cuál es un especialista- y en menos de un año se convirtió en uno de los referentes regionales en la materia, con alianzas internacionales y un sitio web vinculado (www.tablero-decomando.com).

Existen decenas de otros casos, algunos de los cuales analizaremos más adelante.

Cuando lancé mi Newsletter *"Novedades Empresarias y Profesionales"* en Septiembre de 1998, me imaginaba que si alguna vez los **400 suscriptores** iniciales llegaban a **10.000**, iba a considerarlo un logro impresionante y me fijé dos años para lograrlo (se trataba de un crecimiento de *"apenas" el 2.500%*)...cumplí dos años con **115.000 suscriptores en 24 países,** lo que representa un crecimiento del **25.000%!! -si leyó bien, 25.000%-**

Esto debe ser valorado por Usted si decide lanzarse a un proyecto... su **destino final lo tiene el mercado** y puede recibir sorpresas insospechadas.

c) Magnitud del Mercado:

Este tema lo hemos tratado pero puede que no haya sido adecuadamente dimensionado por Usted y es bueno reiterarlo.

Hoy la región aún está en una **escala incipiente** (aunque ya suficiente), tanto en cantidad de usuarios como en disponibilidad de medios de pago e internalización cultural.

Pero, es un mercado que crece en un **100% o más al año!!** y llegará a contar con millones de personas conectadas y dispuestas a comprar valor en la red - siempre que aprecien que se trata de **VALOR REAL** para sus intereses-.

Los ejemplos que ya se han vivido en EE.UU. -en donde la escala de usuarios es superior-, también se darán en la región y **unos cuantos** serán capaces de **inventar o detectar** productos o servicios atractivos para **millones de personas**.

Cualquier navegante avezado -y que entienda inglés- o los especialistas en marketing, conocen el famoso caso de **Corey Rudl**, el experto norteamericano que lleva vendidos millones de dólares de su libro sobre automóviles al que promueve en la red (www.carsecrets.com).

Eventualmente cualquiera con buenas condiciones y aptitudes para la comercialización y en tanto tenga productos de **valor REAL** para sus clientes, dispondrá de una poderosa herramienta para su comercialización.

d) Relación "Click & Brick":

Al principio parecía que el mercado respondería a los modelos **".com" puros** (también conocidos como *"click"*) y que el tipo de empresario que triunfaría en cada sector diferiría de los empresarios *"brick"* (así le dicen a las empresas de *"ladrillo"*).

La evidencia -y esto se mantiene aún hoy en gran medida- es que los principales negocios *"brick"* estaban muy vinculados a su mundo y no tenían las habilidades para desarrollar el aspecto *"click"* de su negocio.

Y esto realmente era así y alguno de los primeros casos lo mostraron con toda claridad. El fenómeno de *"Amazon"* -el principal vendedor de libros en la red- no estuvo a cargo justamente de una librería "real" y este mismo caso se replicó en casi todos los frentes.

Ni **Coca Cola, Disney o Ford Motor Co** fueron capaces de trasladar su éxito, sus modelos de negocios o sus habilidades al mundo de Internet.

Sin embargo al cabo de un tiempo se vio que, fundamentalmente en el territorio de los productos *"físicos"* las habilidades que se requerían no eran sólo informáticas. Se requerían las *"viejas"* habilidades y virtudes del manejo de stocks, despachos, logística, etc.

Hoy se asume que el modelo más exitoso es una conjunción de habilidades *"click" y "brick"* y por ello en la medida en que pueda mantenerlas próximas, cercanas o combinadas en su modelo el mismo tendrá mayores posibilidades de éxito.

En el próximo capítulo analizaremos los aspectos puntuales que debe tener en cuenta cuando diseñe **SU PROYECTO.**

Planificando SU PROPIO Proyecto

Introducción

El hecho de haber analizado un caso concreto en la Sección anterior nos ayuda mucho ahora en el desarrollo de este punto.

El **PRIMER PASO** como no podía ser de otro modo es **TOMAR LA DECISION** de hacerlo.

Aclaremos. No nos referimos aún a que **INICIE** su proyecto, sino que tome la decisión de **ANALIZAR** las oportunidades que posee para desarrollarlo.

Recuerde lo que ya le hemos dicho:

*"La **DECISION** precede a la **ACCION** y la **ACCION** precede a los **RESULTADOS"***

Si no empieza alguna vez, jamás llegará.

Aspectos Preliminares

Es muy difícil ajustarse a cada caso particular, pero al menos consideremos los aspectos comunes a todas las hipótesis.

Marcelo Perazolo

A.- <u>*Analice sus Ventajas Comparativas:*</u>

Sin duda en algo ha de ser bueno -o al menos mejor que otros-.

Es un diseñador de páginas web?, un redactor publicitario?, un abogado?, un nutricionista?, fabrica gorras publicitarias?, es un coleccionista de sellos?, acaso un experto en armar aviones a escala?

En algún terreno ha de contar con **mayores ventajas** y éstas pueden constituir la base de su emprendimiento.

B.- <u>*Analice sus Gustos y Expectativas:*</u>

Un segundo nivel de análisis tiene que ver con sus **gustos y expectativas**.

*Quizás es un **abogado**, pero realmente desearía cambiar su ritmo de vida y convertirse en un **escritor**.*

*Quizás es un **farmacéutico**, pero en realidad siempre se sintió tentado por iniciar un **negocio de cosméticos**.*

*Quizás es un **empleado administrativo** y desea dedicarse a **organizar viajes temáticos** para clientes de grandes recursos y de este modo conocer el mundo.*

Esta puede ser su oportunidad para preparar el proceso que CAMBIE SU VIDA o simplemente para **aprovechar a fondo** sus aptitudes y fortalezas actuales potenciándolas en un espacio más amplio y excitante.

Debo adelantarle algo. Si va a **trabajar 20 horas por día** en su proyecto sin descuidar su actual ocupación por el momento, si va a **renunciar a los descansos de los fines de semana y las**

vacaciones, si va a **invertir el dinero ahorrado** para cambiar el auto o viajar al Caribe en un Proyecto...asegúrese que estos esfuerzos y sacrificios los hace en algo que **LE GUSTA y LO MOTIVA.**

Al frente suyo hay *aventura, excitación, placer y autosatisfacción*, pero también hay *sacrificio, problemas, inconvenientes* y mil veces maldecirá la hora en que se le ocurrió abandonar su cómoda vida anterior.

Mientras más le guste lo que hace, más fácil le será sobrellevar sacrificios y problemas y más dulce será el sentimiento ante el triunfo y el éxito.

C.- *Analice el Mercado:*

Este es un punto particularmente complejo.

Ya le he dicho que siempre es mejor generar productos o servicios que aporten un **VALOR REAL** y que ese valor es el que **APRECIA EL MERCADO y NO USTED.**

Hemos analizado casos donde se pretendió vender suscripciones o membrecías -o productos- por los que el mercado realmente no estaba dispuesto a pagar.

Pero, por el otro lado también es cierto que siempre, quienes **CAMBIARON UN MERCADO,** fueron los innovadores y generalmente actuaron en **contra de la corriente** (es más, *actuaron ANTES de que hubiese una corriente para ir en contra*).

Aquí se enfrenta al famoso **DILEMA DEL EMPRENDEDOR!!**

Está Usted loco o es un visionario iluminado del que se escribirá en las revistas de negocios en pocos años más?

No tengo -nadie tiene- muchos consejos para darle en este terreno, excepto decirle que **CONFIE EN SUS IMPULSOS** si va a ser capaz de sostenerlos en el tiempo.

Ahora bien, analizar un mercado no es cometer la imprudencia (y superficialidad) de decir:

*...pues bien, hay 10 millones de usuarios de Internet que hablan español y como el **40% son mujeres** esto significa que tengo un mercado de **4 millones** para hacer un sistema de **"Club de Vacaciones Femenino"**, asumiendo que el **10% me compren** estaré vendiendo **400.000 paquetes** en los próximos 3 años...*

Calma!!

Sin duda que puede ser una buena idea, pero... **cómo piensa llegar** a 4 millones de mujeres en Internet? -su presupuesto es consistente con ese propósito?- y cómo está seguro que a dichas mujeres **va a interesarles** adquirir sus "paquetes turísticos"?

Los mercados deben evaluarse con **mesura, criterio, calma y la mayor cantidad de datos posibles.**

Debo hacerle presente además, que existen diferencias locales, culturales o nacionales que deben ser comprendidas y analizadas en cada caso.

Algunos ejemplos:

El hecho de que en **España** se rindan exámenes (*llamados oposiciones*) para ocupar el empleo público, hace que los procesos de **Educación a Distancia** tengan mayores oportunidades de desarrollarse en una escala masiva, respecto a otros países de la región donde los estímulos de capacitarse no son tan directos e inmediatos, ya que un título adicional *"no suma puntos"* (como ***SI LO HACE en España en el caso de los Cursos Homologados***)

La facilidad para implementar la comercialización de **productos sofisticados** y de elevado costo y que deben ser **despachados al domicilio**, tiene más oportunidades para aquellos que viven en países con poblaciones urbanas de cierta importancia. Ciudades como ***San Pablo, Madrid, Barcelona, Buenos Aires*** presentan condiciones (*de masa crítica y capacidad de consumo*) que no las encuentra en ***La Paz o Asunción*** del Paraguay.

Hay productos que gozan de las ventajas de la "*marca país*" -y este es un valor agregado importante-. Si quiere vender **tequila** en el ***mercado internacional*** le sugiero lo haga desde ***México*** y si se va a dedicar al **vino** forzosamente debe hacerlo desde ***España, Chile o Argentina.***

A la inversa, si va a trabajar un mercado **NACIONAL**, puede ser una buena opción **vender tequila en España** y **vino en México** ya que estará ofreciendo productos novedosos y con poca competencia local en el mercado.

No traslade ciertas **pautas culturales de otros países** a su territorio de manera directa. Los norteamericanos por ejemplo tienen una larga tradición de compra por catálogo (*por lo que están acostumbrados a pagar de modo previo, recibir productos por correo, etc.*). Esta situación no necesariamente se repite en nuestra región.

Marcelo Perazolo

D.- _Analice los Proyectos similares:_

Uno de los caminos más convenientes para entender un mercado, muchas veces es estudiar previamente las restantes experiencias que actualmente se encuentren en desarrollo y que sean similares a la que Usted piensa implementar.

Esto forma parte del _"research"_ o estudio de mercado y suele enriquecer enormemente el nivel de análisis del emprendedor.

Personalmente me llevé la sorpresa -cuando preparaba el caso del _"Club del Vino"_-, el escaso desarrollo de comunidades y sitios en este tema. Desde mi perspectiva **NADIE** (_al menos de los que encontré durante mi búsqueda_) estaba aprovechando a fondo las posibilidades del modelo y conste que al lado de emprendimientos muy humildes, algunos están a cargo de bodegas o de empresas con grandes cantidades de recursos a su disposición.

(digamos que llegué a dudar si utilizar el caso como ejemplo o lanzar un proyecto propio en la materia!!)

Si entiende el inglés tendrá la ventaja de poder analizar los casos norteamericanos, que en razón de tamaño y antiguedad son **más amplios y desarrollados** que los que encontrará exclusivamente en español (dicho sea de paso esto es una **ventaja adicional** ya que significa en los hechos de que existen grandes oportunidades aún no explotadas a fondo en nuestra región).

Y dado que **TODOS** estudian proyectos norteamericanos, por allí el consejo adecuado pasa por sugerirle a Usted, que para encontrar ideas o proposiciones originales e interesantes, se dedique a analizar proyectos en *Italia, Brasil, Francia, Alemania, Australia o Corea* (todos ellos países con un gran desarrollo en Internet)...quién le dice que no se lleva una sorpresa!!

E.- _Decida el Producto y/ o Servicio:_

De vuelta al *"dilema del emprendedor"*... cómo decidir entre *productos globales o locales?, productos digitales o físicos?, productos o servicios?*

Para eso **Usted es el EMPRESARIO** y a usted **corresponde esta decisión**. Si realmente es bueno al decidir este punto *mayores sus posibilidades de éxito* (y lamentablemente también a la inversa).

Existe un viejo cuadro de **Ansoff** que sirve para establecer algunas pautas respecto a las **posibilidades de éxito y las dificultades** vinculadas a esta decisión:

	Mercado Existente	Mercado Nuevo
Producto Existente	SIMPLE	INTERMEDIO
Producto Nuevo	INTERMEDIO	COMPLEJO

Según este criterio -al que siempre hay que analizar en perspectiva- lo más **SIMPLE** siempre es comercializar un *PRODUCTO o SERVICIO existente* en un *MERCADO CONOCIDO.*

Esto es, vender algo que **YA SE VENDE en DONDE YA SE VENDE**, asume que ya conoce el mercado, ha pagado los "*derechos de piso*" e implica el menor nivel de riesgos.

Un ejemplo?: *Soy un redactor publicitario en la ciudad de Bogotá y amplio mis oportunidades intentando la venta de más artículos o trabajos en mi propia ciudad.*

Sé que es lo que vendo -lo hago de antes- y conozco el mercado pues allí trabajo desde siempre.

El segundo nivel de riesgo y oportunidades estaría dado por **CAMBIAR EL PRODUCTO** pero en el **MISMO MERCADO** o **CAMBIAR EL MERCADO**, pero para el **MISMO PRODUCTO.**

Cambia **una sola variable** por lo que aún conservamos control en parte del proceso. En el ejemplo de recién, este redactor publicitario decide vender sus trabajos en toda la región (*o al menos en un mercado diferente, digamos Chile*) o bien cambia el "*producto*" y empieza a redactar contenidos humorísticos para sitios web, pero dentro del mercado que ya conoce.

Uno todavía mantiene un sólido punto de apoyo en algo que conoce y maneja muy bien (***sea el producto o el mercado***) y esto facilita la transición.

Se me ocurre otro ejemplo claro: Un productor de seguros con una importante cartera de clientes se decide aprovechar la misma para venderles participación en un Fondo de Inversiones (***producto nuevo en mercado conocido***).

Finalmente llegamos a la casilla que aparece como más riesgosa ya que se trata del "***doble salto mortal*** *al vacío*" que consiste en intentar un **producto nuevo en un mercado nuevo**. Aquí **NO HAY** *"curva de experiencia"* previa para aprovechar en ningún aspecto y las dificultades aparentan ser mayores.

Más allá de estas consideraciones, lo cierto es que las **OPORTUNIDADES** pueden estar en cualquiera de los cuadrantes analizados.

Por lo general Internet implica estar en un **MERCADO NUEVO** casi siempre, ya sea porque los usuarios de internet no son las mismas personas a las que llego con mi servicio en el mundo real, o porque al ser un medio que **NO TIENE FRONTERAS** siempre estoy trabajando en un **MERCADO NUEVO** (casi sin quererlo).

Particularmente me gusta el ejemplo de algunos Estudios Jurídicos y Contables de EE.UU. que toda la vida se han dedicado a conformar sociedades (caso de las *corporaciones en Delaware*) y que ahora ofrecen sus servicios por Internet a escala mundial. Es el típico caso de un **PRODUCTO CONOCIDO** ofrecido a un **MERCADO NUEVO.**

Patagon puede ser considerado un caso similar, ya que existía un Agente de Bolsa que iba a desarrollar sus mismas funciones financieras, pero en un medio diferente.

Sin embargo, casos como los de **eBay.com, DeRemate.com** o **MercadoLibre.com** (todos vinculados a *remates o subastas en la red*) sin duda se tratan de **productos y mercados nuevos.**

Para más detalles nos remitimos al **Capítulo V**, donde analizamos las características de los productos.

Aspectos Operativos

Todos los puntos anteriores nos conducen a determinar el perfil con el que hemos de enfrentar la experiencia. Sin embargo es necesario procesar algunos aspectos operativos y concretos.

A.- _Conforme su Plan de Negocios:_

Llegó el momento de planificar su acción de modo previo a desarrollar su Proyecto.

Algunas **sugerencias y consejos** para aquellos que nunca tuvieron que trabajar con un Plan de Negocios.

Inicialmente uno tiende a ser **algo rígido** al elaborarlo, toma un modelo, trata de seguir el orden de los puntos y de contestar todas las preguntas que allí aparecen, en algunos puntos desarrolla profundamente los conceptos, en otro **no tiene ni idea que poner**.

No se preocupe, eso está bien y ya va a mejorarlo, lo que ocurre es que hay dos aspectos de un Plan de Negocios -que ya hemos tratado- y que en la medida de lo posible no debemos confundir.

Casi todas las guías para un Plan de Negocio que pueda encontrar, están muy orientadas a desarrollar los documentos que se supone Usted debe presentar a un socio, banco o inversor y en consecuencia comprenden una gran cantidad de elementos que, si va a desarrollar su proyecto de modo individual o familiar puede que no necesite.

Sin embargo **TODOS** sus puntos suelen comprenden aspectos claves y es útil que piense en ellos.

Lo que generalmente ocurre en un emprendimiento particular es que uno ha elaborado o avanzado en algunos aspectos (*generalmente el concepto de producto o servicio*) y muy poco en otros (*comercialización, financiamiento, estructura legal, requisitos fiscales, plan de mercadeo, etc.*)

Uno está relativamente **ansioso** por empezar de una vez por todas y no tiene ganas de *"perder el tiempo"* analizando o resolviendo cuestiones que *"después verá"*.

Esto puede ser cierto en algunos casos, (un empresario famoso que llegó a tener una gran fábrica de neumáticos solía decir: *"si esperaba a tener los neumáticos antes de salir a vender, nunca hubiese empezado"*), sin embargo la regla que le aconsejo atender dice:

"Todo lo que planifique, resuelva y prepare ANTES de empezar le ahorrará tiempo y dinero luego".

De todos modos, si tuviese que preparar un Plan de Negocios para presentar a un socio o inversor, el mismo deberá ser **completo, conciso, sintético, claro, consistente y bien redactado.**

Si va a trabajar sólo o en un entorno de amigos o familia, le bastará con tener analizadas y respondidas las cuestiones principales que presenta un Plan de Negocios aunque lo haga de modo *"casero"*.

Marcelo Perazolo

Las preguntas que **NO PUEDE** tener **sin respuesta** antes de empezar son al menos las siguientes:

*Cuál es en concreto su **PRODUCTO o SERVICIO?***

*Cuál es su **MERCADO?***

*Cuánto **estima vender**, CUANDO, COMO y POR QUE?*

*Hay **competidores**, qué hacen ellos, cómo va a enfrentarlos?*

*Cuánto dinero **necesita para empezar** y cómo va a obtenerlo?*

*Cuánto dinero **necesita para operar el primer tiempo** (que no habrá ingresos) y cómo va a obtenerlo?*

*Cómo va a **hacer conocer** su producto o servicio a la gente?*

*En qué momento llegará a su **PUNTO DE EQUILIBRIO** (más ingresos que egresos)?*

*Qué temas **técnicos, legales, contables o fiscales** debe resolver para su negocio?*

*Qué **gente va a intervenir**, cuáles serán sus roles y funciones?*

Si tiene una buena respuesta para todas ellas está por el buen camino sin dudas, si en algunos puntos sus respuestas no son tan buenas, **TRABAJE ANTES EN RESOLVER ESAS CUESTIONES!!**

B.- <u>*Analice seriamente los Aspectos Financieros:*</u>

El dinero es el combustible de su experiencia. No podría pasear en auto sin combustible, no podrá tampoco desarrollar su proyecto sin dinero.

Cuánto dinero es el que se necesita?

Esto depende de la escala de su proyecto, las inversiones que deba realizar, la velocidad con la que pretenda desarrollarlo, la eficacia de su modelo, la gente que esté involucrada, el tiempo que tenga que funcionar antes de tener ingresos y otros cientos de *"etcéteras"*

La consideración actual en este punto es la siguiente: Olvídese de las *"viejas épocas"* de hace unos meses atrás, donde una idea medianamente atractiva podía ser regada con millones. Eso quedó en el pasado a todos los efectos prácticos.

Existe aún dinero de inversores en el mercado? <u>SI</u>, pero ya no apoya *"ideas"* sino que apoya *"negocios"* y de preferencia **negocios rentables** y que estén **generando dinero** o lo harán en el **corto plazo.**

Aquí quiero señalar los siguientes aspectos:

*- **El proceso de inversión de riesgo fue <u>POSITIVO</u> en la "educación" de los actores.***

En toda nuestra región el proceso de la **INVERSION DE RIESGO** era realmente desconocido. El único formato que conocíamos antes de este proceso era: ***dinero propio o crédito de un banco previo presentar importantes garantías.***

Los **empresarios, emprendedores** y **consultores**, aprendimos -o mejoramos- nuestras habilidades para planificar ideas, estudiar mercados, establecer curvas de rentabilidad estimadas, hacer presentaciones a inversores y todo eso nos ha hecho **crecer y madurar.**

Del lado de los **inversores** ocurrió un proceso similar. Los grupos anglosajones que **SIEMPRE** han usado este sistema ya sabían como funcionaba, pero cientos de empresarios o inversores **locales** se "*enteraron*" que se podía correr riesgos y ganar dinero a partir de esta experiencia.

En este sentido hemos dado **un gran paso hacia adelante en la región.**

- Internet (el mercado en definitiva) demostró que rentabilizar las experiencias "on line" demandará un poco más de tiempo que el estimado inicialmente.

Los usuarios crecen, el tráfico crece, los contenidos crecen... pero los ingresos por publicidad, la venta en internet, la rentabilidad de los proyectos aparentemente tienen un ritmo más *"lento"* que el que se esperaba.

Esto no se sabía en profundidad hasta poco tiempo atrás, hoy los analistas cambiaron sus enfoques y criterios y **TODO EL SECTOR** se ha vuelto más **cauto, paciente y conservador** que lo era en un principio.

Hoy los proyectos se evalúan con **criterios más próximos a los de los negocios tradicionales** (*no me muestres tus estimaciones futuras, muéstrame* **cómo ganas dinero HOY** *para que analice si invierto en tí*).

Adviertan que no se trata de que los inversores se fueron, se trata de que hoy entendemos y **conocemos MEJOR EL MERCADO** y sus **TIEMPOS Y MAGNITUDES DE RESPUESTA.**

Esto no es **positivo o negativo**, es sólo un **hecho de la realidad.**

- El cambio de criterio de los inversores no fue acompañado por un proceso de "reeducación" en el mercado.

Así como dije que todos aprendimos en base a la inversión de riesgo, también nos *"malcriamos"* (o ingenuamente equivocamos) al creer que **cualquier proyecto** más o menos original escrito en un *"Plan de Negocios"* **YA ERA un** *"negocio"*.

Los **inversores** -que son profesionales- rápidamente vieron la respuesta del mercado y actuaron en consecuencia (para eso están los mercados). Los **emprendedores** en muchos casos quedaron *"desenganchados"* de ese proceso y aún no advierten el modo de moverse en el nuevo escenario que quedó planteado.

Ayer mismo (**16 de Noviembre de 2000**) en un programa especial de la **CNN en español** sobre Proyectos de Internet, un emprendedor que habló por teléfono para consultar a uno de los panelistas (un inversor de Nueva York) le cuestionaba: *"Por qué si mi proyecto de cementerio virtual tiene un excelente Plan de Negocios los inversores no ponen dinero en él?"*

El inversor piadosamente evitó responderle de modo directo pero se me ocurre la respuesta: *"Joven, hoy NO VEMOS Planes de Negocios...vemos NUMEROS CONCRETOS!!"*

Este libro pretende ser parte activa del proceso de *"reeducación"* explicando y facilitando los medios para entender **DOS PUNTOS CLAVES:**

Usted puede planificar e iniciar un proyecto que le brinde un ingreso de ***U$S 20.000, U$S 50.000 o U$S***

200.000 *al año -insuficiente para un inversor de riesgo que necesita* **MILLONES,** *pero más que satisfactorio sin duda para sus finanzas personales-* ***sin necesidad de contar con inversión de riesgo en grandes cantidades.***

En la medida que ***ponga en marcha su proyecto,*** *si es exitoso en el mismo, siempre tendrá oportunidad de recibir inversiones que analicen su* ***NEGOCIO REAL*** *y no su* ***PLAN DE NEGOCIOS***.

Esta incomprensión de los **principios eternos del éxito** para cualquier emprendimiento al que nos empujó el espejismo de la *"danza de los millones"* y el estado de confusión en que nos dejó, es <u>**negativo**</u> y debe ser revertido.

C.- <u>*Considere especialmente los aspectos TECNICOS:*</u>

Aquí se produce un caso particular que merece especial consideración.

Recuerde que estamos hablando de *"negocios en Internet"* y en consecuencia se asume que Usted **COMPRENDE y CONOCE** el medio en el que ha de operar.

Tal como nos ocurría al principio a quienes trabajábamos en ***Informática Jurídica*** (que debíamos **SER abogados** y **CONOCER profundamente** los aspectos de equipos y programación), hoy se asume que usted tiene que **SER empresario** -ya que operará un negocio-, pero **CONOCER** o tener un buen apoyo del medio (Internet) y sus herramientas.

Cada vez son más los profesionales o empresarios que *"viven"* en ambos mundos, pero si no es su caso (tanto porque sólo conoce de Internet y poco de negocios o viceversa), deberá poner especial atención en **mejorar sus puntos flojos** en uno u otro aspecto.

Si no es dueño del total de los conocimientos, puede solucionarlo por **dos vías**: <u>**contratando**</u> (*y eso requiere dinero*) o <u>**asociando**</u> (y eso requiere *"animus societatis"* o *voluntad y deseo de ser socios*).

Ambas vías presentan sus ventajas y desventajas:

Si tiene dinero para **contratar**, *mantiene el pleno control del proyecto, pero le cuesta más y si no contrata la persona idónea perderá dinero.*

Si se **asocia**, *ahorra dinero, gana en lealtades y esfuerzos compartidos, pero "tiene un socio" con todo lo bueno y malo que esto implica.*

No puedo hacerle sugerencias concretas en este punto que depende en gran extremo de sus condiciones y contexto personal. A mí me gusta trabajar en equipo, pero no todas las experiencias han sido buenas siempre.

Ahora bien, lo que sigue en este punto es más concreto:

Usará un **Newsletter** *únicamente?*

Tendrá un **sitio web** *sin Newsletter?*

Utilizará **ambas herramientas?**

Hará un manejo intenso de **Listas de Discusión y Foros?**

Puede resolver los aspectos de "carrito de compras", cobro con tarjeta, autorrespondedores, etc.?

Tendrá un servidor propio o hará "hosting" externo?

Marcelo Perazolo

Hará el hosting en su país o en un servidor de los EE.UU?

Cada uno de estos puntos son analizados en particular en el Capítulo siguiente así que allí lo derivamos para un análisis más profundo de cada uno de ellos.

D.- <u>No descuide el ASESORAMIENTO:</u>

Aquí empleo **ASESORAMIENTO** en un sentido amplio, no me refiero sólo a los *abogados, contadores o programadores* que necesita para hacer *contratos, inscripciones de sociedades, temas contables o fiscales* sino a **TODA la problemática** del negocio (incluyendo lo antes dicho), pero comprendiendo el tema de productos, mercados, marcas, etc.

Este tema, en el *caso particular de los negocios de Internet*, presenta aristas particularmente complejas por una causa principal: **el tema es tan extenso y novedoso que aún hay poca gente verdaderamente preparada para darle una ayuda correcta en cada cuestión.**

Podría darle miles de ejemplos: aún hoy si le pide a un abogado un *"Convenio de Confidencialidad"* lo mirará con el rostro perplejo (ni le cuento si le dice un *"Non Disclosure Agreement"*); si le pregunta qué legislación o trámite se aplica para *enviar una botella de vino a Venezuela* se pondrá a llorar sobre su escritorio y le ofrecerá a cambio un contrato de locación de inmuebles y si finalmente le consulta respecto a que, si en su caso particular, es conveniente hacer una *sociedad local* o manejar todo el negocio desde una compañía en *Delaware o en Islas Vírgenes*, antes de arrojarse por la ventaja de su oficina le dirá que por qué no le llevó un simple cheque impago para hacer el cobro ejecutivo.

No crea que se salvan los contadores o los asesores fiscales...*cómo hago con el IVA -o el impuesto a las ventas- cuando vendo un producto en Guatemala?* -y allí verá a su contador arrojándose por la misma ventana abierta dejada por el abogado un minuto antes-.

Esto es aplicable además a las particularidades de los mercados...un Proyecto Ecuatoriano llamado *"Kamaleón"* (muy bueno por cierto), se enteró que ese nombre es una **conocida marca de profilácticos** en Argentina cuando vino por primera vez a una presentación (*el auditorio no podía sostener las risas cada vez que se mencionaba el nombre del sitio*).

Ya citamos el caso de que un **producto perfectamente legal en un país** (como *té de hojas de coca en bolsitas* en Bolivia), al llegar a la aduana en Miami puede conducir a que el comprador de con sus huesos directamente en la cárcel y sea interrogado por la **CIA, el FBI y la INTERPOL**.

Realmente muy pocos Estudios o Profesionales pueden prestar un asesoramiento completo y profundo hoy día sobre todos los aspectos de este negocio.

Requerirá entonces de mucho esfuerzo y atención para resolver este tipo de problemas, aunque cada vez hay más profesionales que se preparan para asesorarlo de un modo integral en los problemas de este *"nuevo mundo"*.

Ejecución del Proyecto

He logrado reducir todos los problemas de ejecución a dos categorías: los que **PUEDE PREVER y EVITAR** y los que le **APARECERAN DE TODOS MODOS.**

Empiezo por la segunda categoría porque **NO TIENE SOLUCION!!**

A.- *Qué hacer con los Problemas que no tienen solución?*

Siempre tendrá problemas, pero son parte de la dinámica de los negocios y proyectos.

El programador no le cumplirá con lo prometido, el abogado lo asesorará de modo incorrecto, Usted equivocará las previsiones financieras de su proyecto, un *"cracker"* destruirá su sitio, el tráfico será menor de lo esperado y no sabrá como resolverlo o bien superará todas sus expectativas y colapsarán su servidor, el salón que contrató para el lanzamiento no se lo entregarán el día previsto por un error del Hotel, un virus borrará justamente los archivos que no estaban respaldados, etc., etc., etc.

Esto ocurre en todos los ordenes de la vida y sólo tiene una acción para enfrentarlo: **RESUELVALOS** a medida que aparecen.

Recuerde que la *"Ley de Murphy"* es de cumplimiento riguroso como la Ley de Gravedad, se cuidadoso, controle, planifique, evite problemas.

B.- Qué Problemas puede evitar?

Aquí **SI** quiero detenerme unos instantes.

El gran consejo que dicta mi experiencia con cientos de clientes es la siguiente:

"No incurra en gastos antes de tiempo ni deje de gastar cuando deba hacerlo"

Ejemplo: Si aún no le entregaron el sitio web funcionando, NO ALQUILE LA OFICINA y contrate seis secretarias!!

Luego descubrirá que el programa que le prometieron para dos meses de trabajo **toma seis** y Usted **consumió su dinero** pagando alquileres, muebles y sueldos que no pudo usar en nada!!

El **dinero es la <u>energía que alimenta el Proyecto</u>** y debe ser **muy cuidadoso** en su administración.

Todas las reglas desarrolladas por la sabiduría popular (que en definitiva es experiencia acumulada) son aplicables aquí.

Una de ellas es: *<u>"lo barato sale caro"</u>* y verá que el *"primo de la novia de su hijo"* que por unas monedas le hacía el sitio web le hará perder meses de su valioso tiempo -y en muchos casos además, dinero-, verá que el *"hosting gratis"* que utilice para ahorrarse $ 50 al mes en un servidor profesional, le corre a sus potenciales clientes que lo ven poco serio, la dirección *"director@yahoo.com"* no cuesta nada pero es poco profesional y no habla de la seriedad de su emprendimiento y así sucesivamente.

La otra que viene a mi mente es: *<u>"no todo lo que brilla es oro"</u>* y se encontrará con que el carísimo estudio que le prometía una atención profesional no tenía ni idea sobre el tema y lo usaba a Usted -y su dinero- como conejillos de indias para aprender, o que la gran compañía de diseñadores en realidad eran un grupo de irresponsables que jugaron con su tiempo -y nuevamente con su dinero-

Deberá aprender a ser cauto y criterioso en sus decisiones.

De todos modos la __regla de oro__ se mantiene: *"No incurra en gastos antes de tiempo, ni deje de gastar cuando deba hacerlo".*

Esto no lo digo en vano, he sufrido (y pagado) mis pecados personales por incurrir en estos errores y hoy gano mi dinero asesorando a otros para que no los cometan.

No hace mucho, en uno de los Proyectos que asesoro me dejé llevar por el criterio de los empresarios (*que dicho sea de paso son* **MUY BUENOS** *y allí estuvo mi error de confianza*) y permití que cometiesen **TODOS los errores** que acabo de advertir: alquiler de oficinas y empleados antes de tener la solución tecnológica, depender de gente con poca experiencia para el desarrollo de la misma, etc., etc.

Resultado? Un gasto excesivo de los recursos disponibles antes de llegar a la etapa crucial del Proyecto y la lógica consecuencia de debilitar las acciones concretas del negocio en sí mismo, en el momento en que más se necesitan.

Aún continuo vinculado a ese proyecto, porque tuve la virtud de señalar estos aspectos en su momento (el famoso: *"yo te avisé"*), pero en lo personal me siento profundamente insatisfecho de no haber puesto un freno más firme a estas acciones.

A la par, tengo el orgullo de haber aconsejado adecuadamente en otros casos y saber que estos empresarios han obtenido un **valor mayor a la inversión realizada.**

Si su criterio en este punto es bueno podrá evitar los errores que aquí señalo.

Apoyo Externo - Crecimiento - Financiación

Si he sido todo lo claro que pretendo ser hasta el momento, espero haberle transmitido la necesidad de realizar un Proyecto basado en las *"viejas reglas"* de los negocios: **Proyecte e invierta en su nivel financiero, cuide los recursos, trabaje en lo que sabe y gane dinero!!**

Pero, si lo hace **BIEN** y <u>crece</u> -o si realmente tiene un **gran tema** entre manos desde un principio-, posiblemente necesite de algún asesoramiento especializado o de alguien que colabore con Usted en articularle correctamente el negocio o ayudarlo a encarar una **estrategia clara** desde un principio.

Por lo pronto en los Anexos, verá **decenas de sitios** en los que encontrará valiosa información de todo tipo, pero he querido detenerme en una Empresa en particular porque posee una dinámica especial de trabajo *-yo personalmente la he usado en varios proyectos-* y llegado el caso **puede serle de gran ayuda.**

Un experto financiero con un **profundo conocimiento** de los procesos de **inversión de riesgo**, el **Lic. Omar Vigetti** y con el soporte de un gran equipo de profesionales, es uno de los pioneros en el concepto de **BtoI** (o lo que es igual *"Business to Investors"* o dicho en español *"Negocios para los Inversores"*).

Desde su compañia, llamada The Latin Gate y que opera en toda la región (*con sedes o representaciones en **Miami, Bogotá, Buenos Aires, Lima, Santiago de Chile, Montevideo y pronto en México y España***), él y su equipo se dedican al **análisis y estandarización** de Proyectos de Negocios y a su presentación a inversores que forman parte de su grupo de consulta.

Además de brindar una **gran cantidad de elementos** para los entrepreneurs en su sitio (*modelos de planes de negocios, valuación de proyectos, estadísticas, etc.*), recibe los **Planes de Negocios** en un formato parametrizado, los estudia y observa junto a los emprendedores y aquellos que pasan el tamiz de selección son colocados en un *"Area Reservada"* a la que sólo tienen acceso los inversores.

Una vez al mes organiza un *"Match Meeting"* en el que reúne los cuatro o cinco mejores proyectos con veinte o treinta inversores, para que estos emprendedores tengan la posibilidad de presentarles sus proyectos. Además, esas presentaciones se realizan con una emisión en simultáneo vía Web, a la que acceden otros **60-80 inversores** de la región.

A diferencia de las **Incubadoras** -que hoy están inmersas en la misma crisis que los propios Proyectos de Internet-, esta operatoria de **<u>Business to Investors</u>**, a lo que apunta es a *"seleccionarle proyectos"* a los inversores y ya son muchos los que han *"matcheado"* (vinculado) su proyecto con un inversor interesado.

Advertencia!!!

Gran parte de la información en el sitio **es gratuita**, los servicios profesionales **se cobran** (*son precios irrisorios para la media de la industria*) y es importante destacar que la Firma -a diferencia de las Incubadoras- **no se queda con NINGUN PORCENTAJE** sobre la propiedad del proyecto y cobran honorarios **SOLO** en caso de éxito en encontrar un inversor para el mismo.

A mi criterio **es de lo mejor** que se puede encontrar en la red (en español al menos) para este tipo de trabajos y como siempre: *consulte, visite, investigue, analice y decida* absolutamente por su cuenta.

Los datos del sitio son: www.thelatingate.com

Veamos en el próximo capítulo un análisis más concreto de cómo llevar adelante su Proyecto en base a las **herramientas disponibles** para su desarrollo.

Marcelo Perazolo

Recursos a Utilizar

Introducción

Hablamos de negocios y planificación de Proyectos **en Internet** y en consecuencia las herramientas y recursos que hemos de analizar **SON los de Internet.**

El problema de esta sección es más que todo metodológico...*para que nivel de conocimiento del lector planificamos la información?*

Para el lector que ignora incluso lo que es una página web?, Para el usuario experto que sólo desea conocer trucos sofisticados y datos secretos?

Trataremos de lograr una **solución intermedia y útil para todos**. No podemos explicar qué es Internet y cómo se usa -se asume que los lectores de esta obra poseen un nivel razonable de conocimientos-, tampoco pretendemos hacer un manual de programación avanzada en lenguaje Java.

En ambos casos, tanto para aquellos que *necesitan datos introductorios*, como para los *usuarios altamente experimentados* existen obras especializadas. El sentido de esta material es encarar el problema de los recursos desde la perspectiva de **cómo hacer negocios** con las herramientas disponibles.

Marcelo Perazolo

Primer Paso: Presencia y Acción "en" Internet

El primer enunciado que voy a realizar puede prestarse a discusión: **Hacer negocios en Internet implica desarrollar "comunidades" y no páginas web.**

- *Cómo??, dice que **no hay que tener** una página web??*

No he dicho eso, he dicho que los negocios se hacen a partir de *"comunidades"* y su correlativa **estrategia comercial,** el resto (*Páginas web, Newsletters, Listas de Discusión, Foros, Autorrespondedores, etc.*) son **meras herramientas o recursos.**

Mucha gente ha tendido a confundir los <u>**fines y objetivos**</u> del mundo de los negocios en Internet, con las <u>**herramientas**</u> y creen que el <u>**OBJETIVO**</u> es tener una **página web**, cuando en realidad **el objetivo es** <u>**HACER NEGOCIOS**</u>.

Hacer negocios en Internet es un problema de **ESTRATEGIA, OBJETIVOS y POLITICA,** dónde las herramientas y recursos son sólo ésto...*herramientas y recursos*.

Como algunas empresas y profesionales viven de *"vender"* páginas web, se ha establecido la creencia de que *"**si quiere tener un negocio en Internet tenga su propia página web**". ...cómo?...* y la **estrategia** a seguir con esa página? y las **acciones a desarrollar?**

Existen cientos de ejemplos disponibles de gente que hace a diario negocios en Internet (*y muchos de ellos muy rentables*) sin poseer un dominio propio, ni una cuenta de email -fuera de las gratuitas- y jamás se han acercado siquiera a una página web.

Bien es cierto que, así como el carpintero que quiere construir un mueble sólo con un martillo y un serrucho tendrá más problemas que aquél otro que dispone de **TODAS las herramientas**, siempre tendrá más facilidades para su trabajo quien utiliza el **mayor número de recursos posibles**.

Sin embargo lo importante de la tesis es lo enunciado:

*Para hacer negocios en Internet necesita un **producto o servicio**, un **plan de mercadeo**, una **estrategia de posicionamiento**. Las herramientas que use son irrelevantes en tanto las utilice de **modo eficiente** para sus fines últimos.*

Dejando en claro el principio, analicemos ahora las herramientas y el mejor modo de utilizarlas.

Instalando el Negocio: Su Nombre en la Red

El primer punto a considerar es el de los **dominios o direcciones o URL's** (*Uniform Resource Location*) que constituyen la ***"dirección del negocio en la red"***

Tal como indiqué antes, perfectamente podría hacer negocios **SIN poseer su propio domino**, pero si su pretensión es desarrollar un negocio de largo aliento y para el cuál deberá desarrollar diferentes herramientas, sin duda este es un paso importante.

Los aspectos a considerar en este tema son los siguientes:

Qué es un dominio?
Cómo seleccionar un dominio adecuado?
Cómo contratar un dominio?

1.- Qué es un Dominio?

Nos comprometimos a **no convertir esta obra** en un manual introductorio de Internet y respetaremos el enfoque, por ello daremos sólo alguna información básica sobre este tema.

Cuál es el Problema con los Dominios?

El problema de los dominios en Internet surge de la propia estructura de la Red.

Para encontrar un recurso en la Red -un servidor- hay que identificarlo. El sistema en realidad es **NUMERICO** (las llamadas *direcciones IP*), que por la forma en que están estructuradas son potencialmente infinitas.

Sin embargo, la gente se entiende mejor con las palabras que son **más fáciles de recordar** (prefiere ***"leche.com" antes que el IP 206.13.24.06***), para ello se estableció el **DNS** (***sistema de nombres de dominio***), que le asigna **palabras a las "direcciones IP"**.

El problema actual -luego que se han registrado **MILLONES DE DOMINIOS**- es que empiezan a escasear, **no los números** (*direcciones IP*), sino **las palabras** que pueden asignarse a los mismos.

Y no hablamos de **TODAS las palabras**, sino de aquellas consideradas **VALIOSAS comercialmente** para una Empresa o Proyecto (Ej: *"mimadreestuerta.com"* quizás aún esté libre, pero *"motores.com"* hace rato que está ocupado). Se estima que en la actualidad **no quedan combinaciones** de tres o cuatro letras o números **LIBRES**.

Completando el ejemplo, el año pasado se remató el dominio *"business.com"* por **7.5 millones de dólares** (el más caro del mundo a la fecha), y otro tanto ha ocurrido con *"hollywood.com", "taxes.com", "loans.com"*, etc.)

Niveles de Dominio

Los dominios poseen diferentes niveles, los **GENERICOS** (que son los conocidos *"com", "net", "org", "edu"*), los de **PRIMER NIVEL**, que son los que se asignaron a los **países** (Ej: *".es", ".cl", ".uy", ".ar"*, etc.) y los de **SEGUNDO NIVEL** que son los que se otorgan dentro de cada país por la entidad a cargo de su administración (Ej: *"manzanas.cl"* es un **dominio de segundo nivel chileno**, así como *"barcelona.es"* es un **dominio de segundo nivel español**).

Hablando de los dominios de **SEGUNDO NIVEL**, algunos países optaron por **NO mantener** la identificación de *"com", "org"*, etc. -tal el caso de **Chile o España** donde directamente el dominio figura como *"peras.es"* y no como *"peras.com.es"*-, en tanto que otros, como **Argentina o Uruguay** mantuvieron la estructura de los genéricos -por ello encontrará los dominios *"peras.com.ar"* o *"peras.com.uy"*.

Marcelo Perazolo

<u>Breve Referencia Histórica</u>

Por último digamos que allí por **1990** una empresa privada llamada **NetWork Solutions** consigue el contrato con el Departamento de Defensa norteamericano para mantener el **NIC** (*Network Information Center*), que se encargaba de asignar los dominios en esa época.

Al principio los dominios en EE.UU. se registraban gratuitamente, pero cuando empezó la "fiebre" de los registros, se realizó un concurso para privatizar esa función, el que fue ganado en **1992** justamente por Network Solutions -y allí nace **INTERNIC**-, la que salió a la bolsa en **1997** con una valuación de mercado inicial de **225 millones de dólares** hasta su compra por parte de otra compañía llamada **Verisign** en la bonita suma de **21.000 millones de dólares**.

Siempre se cuestionó que los norteamericanos manejasen los dominios -y más aún en manos de una empresa privada- (*les recuerdo que ELLOS inventaron Internet*), finalmente en un proceso que abarcó desde **1998 hasta principios de 2000** quedó definitivamente implementado el nuevo sistema a cargo de una organización internacional sin fines de lucro llamada **ICANN** (*Internet Corporation for Assigned Names and Numbers*).

El **ICANN** posee una representación internacional, en la que incluso alguno de sus miembros han sido elegidos en una reciente votación "on line" por los propios internautas -la representación de la región la ganó un brasilero-.

Los principales cambios habidos en los últimos tiempos son los siguientes:

*Previo pago de una "licencia" de **dos millones de dólares**, se han otorgado derechos de registración de dominios a **más de 120 empresas** de todo el mundo - ya no hay más una sola a cargo de este tema-.*

*Se han establecido **nuevas reglas** para atender a los problemas de propiedad de los dominios, con un sistema de **resolución arbitral**.*

*Luego de un concurso internacional que involucró decenas de propuestas, se han aprobado **SIETE (7) nuevos dominios genéricos** -esta vez son ".biz", ".museum", ".name", ".aero", ".coop", ".info", ".pro"*

2.- _Cómo seleccionar un dominio adecuado?_

Este punto presenta tres aspectos: el **nivel del dominio, la extensión apropiada y su nombre propiamente dicho**.

Nivel del Dominio:

Se suele considerar que poseer un dominio de **GENERICO** (el caso de los".com" por ejemplo), es **muy valioso** ya que se lo tiene por *"universal"* frente a la situación de los **dominios nacionales** (los **".es", ".ar", ".pe"**, etc.).

Creo que esto en principio es así -aunque cada vez influye menos en la gente-.

Para un usuario (*y potencial cliente*) de un país -digamos Venezuela-, ingresar a un dominio **".com"** no presenta resistencias, en tanto que podría *"resistirse"* a entrar al sitio si el dominio del mismo estuviese identificado con un país determinado -que es el caso de los dominios nacionales-.

Marcelo Perazolo

Este dominio de **alto nivel** opera como una *"marca de cobertura global"* para un Proyecto y le evita tener que obtener todos los dominios en cada país por separado.

De tal modo **"baquia.com"** puede ser accedido sin prevenciones por parte de nadie y desde cualquier país, en tanto que alguien podría pensar que **"baquia.cl"** trata sólo temas chilenos que no serán de interés para el mismo.

Los dominios de alto nivel entonces, tienen la ventaja de **no generar frenos inconscientes** en nadie a la hora de tipearlos para ingresar a los mismos, aunque como decimos esto se está tornando relativo con el correr del tiempo.

La Extensión Apropiada:

La segunda discusión de los expertos es si conviene tener un **".com"** o puede igualmente trabajarse desde un **".net"** o un **".org"**.

Recordemos que las extensiones de alto nivel **".mil"** -militares-; **".gov"** -gobierno-; **".edu"** -educativas- están reservadas para quienes acrediten tal carácter y en consecuencia no podría utilizarlas en su caso (salvo que sea un colegio o una universidad y reclame un *".edu"*)

No viene al caso que le reproduzca aquí los debates en esta materia, pero en términos generales se considera que el **".com"** es el más atractivo de ellos, ya que por costumbre la gente tiende a poner la extensión *".com"* asociada a un nombre -y no la *".net"*- por ejemplo.

Los grandes proyectos al contratar un dominio **tratan de tomar las tres extensiones del mismo** (*com, net, org*) de modo simultáneo para evitar que nadie **ocupe las mismas** y le genere problemas futuros de identidad o de marca.

Con la ampliación de nuevas extensiones aprobadas por la **ICANN** (lo dijimos arriba, se trata de *".biz", ".museum", ".name", ".aero", ".coop", ".info", ".pro"*) cabe esperar dos situaciones a futuro:

*Que empiece a **perder importancia** tener un ".com" como extensión y que, al incrementarse en número, todas las extensiones tengan **idéntico impacto** en la mente de los navegantes o bien que;*

*Justamente al existir una mayor dispersión de extensiones, el valor de los ".com" como referencia **adquiera aún un mayor valor.***

Mi sensación es que ocurrirá lo <u>**segundo.**</u>

De todos modos analice el punto siguiente antes de tomar una decisión.

<u>**El Nombre propiamente dicho:**</u>

El problema aparece a la hora de escoger el **NOMBRE**, ya que se encontrará con que la **mayoría de los dominios de alto nivel** están ocupados.

Ni hablemos del caso de los dominios en **INGLES** - *donde la cantidad de registros es tal que se supone que ya **no quedan combinaciones libres** de tres, cuatro y casi de cinco letras!!-*

Aún en español, ni se le ocurra contratar *"negocio", "negocios", "minegocio", "mi-negocio", "tunegocio", "tu-negocio" -y **decenas de otras combinaciones posibles**-* ya que dentro de los *".com"* se topará que todas o casi todas <u>**ya están ocupadas.**</u>

Y lo mismo ocurre en casi cualquier tipo de nombre a buscar.

Deberá probar si el nombre que busca **aún está libre** o seleccionar un nombre que **no presente problemas de registro** para poder hacer la reserva a su nombre.

Hay decenas -o centenas- de sitios dónde puede **consultar dominios**, para saber si están libres y en su caso **adquirirlos**. Sólo para que tenga una referencia le indicamos dos:

Network Solutions - www.networksolutions.com

Esta es la empresa que durante años fue la **única registrante** de dominios de alto nivel, desde aquí puede acceder a la opción llamada *"Whois"* que permite consultar un dominio y saber si está libre o pertenece a alguien.

In Search Of My - www.insearchofmy.com

A diferencia de la anterior, esta es una compañía que tiene **nombres registrados** y los **vende** a quienes tienen interés en ellos (los precios varían en función del nombre).

Para la búsqueda de los **DOMINIOS NACIONALES**, debe consultar con el organismo a cargo de su administración en **SU país**.

Algunos países tienen una política muy liberal en el otorgamiento de los dominios (como en el caso de **Argentina** que son gratis y sin mayores requisitos, aunque eso esté cambiando ahora) y otros con una reglamentación **particularmente compleja** (como **España** que exige una gran cantidad de requisitos para acceder a un dominio *".es"*)

Sumando una anécdota personal relato nuestro caso particular, cuando registramos nuestro dominio -y pese a que lo hicimos varios años atrás (**1997**), cuando aún no había tantas registraciones realizadas-, ***"PSP.COM"*** -que era el que buscabamos para nuestra Firma- ya estaba ocupado y tuvimos que optar por una combinación discutible como lo es "www.psp-sa.com" En el caso de nuestra **Editorial Digital**, casi todas las combinaciones que se nos ocurrieron con la palabra "*libros*" estaban tomadas, hasta que llegamos a la combinación de "www.librosenred.com" para poder instalar el Proyecto.

El Valor de Referencia de los Dominios:

Lo que interesa discutir aquí es el **valor de referencia** de un nombre o marca en la **mente del consumidor.**

El **valor de una marca** es uno de los **temas claves del mercadeo** y existen miles de libros (literalmente) vinculados a esta cuestión.

Comparto la tesis del experto **Al Ries** quién considera que un nombre **DIRECTO** posee ventajas innegables en la mente del consumidor.

Si Usted se dedica a las estampillas está fuera de discusión que el dominio ***"estampillas.com"*** no deja lugar a dudas y facilita ser recordado sin grandes esfuerzos por cualquiera, en tanto que ***"disecantropo.com"*** no brinda ninguna pista de su contenido y no lo ayuda mucho si Usted se dedica a las estampillas.

Empero, esto no ha sido obstáculo para que aquellos que **empezaron hace tiempo** y tuvieron gran aceptación (como ***YAHOO***) o quienes dispusieron de

grandes recursos para establecer **una marca en la red** (caso de *AMAZON*) ya que han logrado el mismo efecto de retención y conocimiento por parte de la gente.

El buscador más utilizado no es *"search.com"* o *"buscador.com"* sino **YAHOO**, y cerca de él encontrará a **LYCOS, ALTAVISTA, TERRA o GOOGLE**, nombres todos que como podrá advertir tienen **poca relación** con la acción o efecto de "buscar".

La librería más conocida y que más vende no es *"book.com"* ni *"libros.com"* es **AMAZON** y en el caso del español encontrá cosas tales como *"submarino.com"*, *"bol.com"*, etc. que tampoco tienen relaciones tan directas entre nombre y función.

Una pregunta para que advierta los alcances y dificultades de este debate:

Si tengo que escoger para un sitio dedicado a las estampillas entre **"disecantropo.com"** *(el único que quedaba libre en el* **alto nivel***) y* **"estampillas.es"***, **con cuál me quedo?***

Me encantaría poder ayudarlo, pero podría contestarle **cualquier cosa** y conseguir **fundamentos adecuados** para cualquier posición que adopte. Vea:

Si su negocio se ha de desarrollar en **un solo país** *(en este caso España) podría convenirle* **la fortaleza de** **"estampillas.es"** *antes que el difuso* **"disecantropo.com"**

Sin embargo, si dispone de **recursos o tiempo***, el extraño* **"disecantropo.com"** *podría convertirse en un nombre* **curioso y atractivo** *que colabore con la* *personalidad de su proyecto de estampillas y que le sería útil para una política global en **toda la región**.*

Bezos, el propietario de **AMAZON** -en alguna entrevista leída por allí-, explicaba que cuando buscaba el nombre para su sitio, la mayoría de nombres vinculados a libros ya estaban ocupados. Pese a que no lo tenía claro en ese momento pensó que algún día podía vender otras cosas que no fuesen libros por lo que no le convenía dejar tan identificado el sitio con un solo producto.

El deseaba conocer el **Amazonas** (*el río más grande del mundo*) y al utilizar ese nombre, además daba idea de lo que pretendía ser: **el más grande en su tipo en el mundo**.

- Le parece "científica" la explicación de Bezos para seleccionar su nombre?

<u>**Otro caso**</u>:

Sin duda ***"DeRemate.com"*** es fuerte y claro respecto a su objeto (un sitio de remates en la red). ***"MercadoLibre.com"*** -dentro del mismo rubro- no logra la misma fuerza como nombre pero se mantiene *"cerca"*.

Sin embargo el principal sitio de remates del mundo se llama **"eBay.com"??!!**

- Aclaro sus conceptos en la materia con esto?

Para sintetizar este punto entonces:

*Un dominio de **alto nivel** se considera **más valioso** que los nacionales -aunque esta circunstancia **pierde importancia** en la actualidad-*

*Un domino **".com"** se lo estima **más valioso** que a los de otra extensión (los **".net"** o **".org"**), -aunque habrá cambios a futuro al ampliarse la cantidad de* *extensiones que pueden **reforzar o debilitar** este hecho-*

*Un nombre que **tenga vinculación con su negocio** es de **gran ayuda** para captar navegantes -aunque **es posible** imponer marcas o nombres sin ninguna relación con los recursos o el tiempo suficientes-*

Como podrá advertir, **TODAS LAS REGLAS GENERALES** enunciadas tienen sus excepciones...***haga lo que quiera!!***

3.- Cómo contratar un dominio?

Una vez más, vamos a evitarle a quienes ya lo saben que se distraigan en estos aspectos.

Como hemos dicho más arriba, los **dominios genéricos** hoy son comercializados por **más de 120 empresas** (de la cuál la más famosa sigue siendo Network Solutions), en tanto que para los nacionales debe consultar el organismo a cargo de su administración y cumplir con los requisitos que cada país ha establecido.

Los dominios genéricos, se **adquieren desde la red** y con su tarjeta de crédito, sin embargo debe tener presente que para poder registrarlo debe contar con algunos datos -el principal las direcciones primarias y secundarias de los servidores a los cuales los piensa asignar-.

Hay países que aún permiten el **registro gratuito** de los **dominios nacionales**, en tanto que el precio para los **dominios genéricos** ha variado enormemente al crecer el número de los oferentes de los mismos (*actualmente puede contratar dominios genéricos hasta por **U$S 15** al año en adelante*).

En caso de duda, debe consultar con su asesor en temas informáticos.

Los Sitios Web

En apariencia tener *"el"* sitio web propio es llegar a la meta si se habla de negocios en Internet.

Puedo decirle que esto **no es tan así**, pero que tiene **gran importancia**.

Contar con el propio sitio web equivale a "***tener un local***" en el gigantesco shopping de la Internet. La gente sabrá a **dónde ir para conocerlo a Usted, o sus servicios o sus productos**.

Esta *"tienda" u "oficina"* estará abierta las **24 horas del día los 7 días de la semana**.

Sin embargo, si su sitio no tiene un aspecto profesional y atractivo y no disfruta de las funciones que le darán soporte a su actividad puede llegar a jugarle en contra.

Le ha pasado alguna vez que se ha desilusionado al conocer el sitio de alguna empresa o profesional? No le destruye la imagen que se ha forjado de alguien, cuando llega a un sitio chapucero y precario?

Este es el **gran problema** de instalar un sitio en la red. Si va a instalarlo debe hacerlo del **modo correcto** y el **modo correcto cuesta dinero**.

Para simplificar su árbol de decisiones le comento que tiene ante Usted sólo tres o cuatro opciones:

***No contar con un sitio web** hasta que se justifique y haya consolidado su Proyecto.*

*Contar con un sitio web **hecho por Usted o un Programador.***

*Instalar un sitio web en un **"Mall" o "CyberTienda"***

Analicemos brevemente los **pros y contras** de cada opción:

1.- *<u>No contar con un Sitio Web</u>:*

Contrariamente a lo que un vendedor de sitios web pueda decirle, perfectamente podría llegar a desarrollar cierto tipo de negocios en la red **sin necesidad de contar con su propio sitio.**

De este modo, si su idea prospera o se consolida, recién allí podrá tomar la decisión de invertir en el desarrollo de un sitio.

El problema -se lo reitero una vez más- es generar una comunidad, **NO HACER SITIOS WEB.**

Que para el desarrollo de una comunidad el sitio web lo ayude, es correcto (pero demuestra que se trata de una **HERRAMIENTA** y no de un **FIN EN SI MISMO**).

Usted quiere hacer <u>**negocios**</u>...NO SITIOS WEB!!

Se que lo que acabo de decir **suena a herejía para el medio**, pero trato de poner las cosas en su justo lugar.

Ahora bien...qué le aconsejo en particular?

*Que si puede tener un sitio web con las <u>características mínimas</u> que se requieren para hacerlo <u>**BIEN**</u>, **TRATE DE TENERLO.***

Si no va a poder cumplir con esos estándares...**piénselo.**

Quiero recordarle que en decenas o cientos de casos hay gente que ha desarrollado sus negocios desde Newsletters o mediante simples emails dirigidos a listas de discusión y no tienen a la fecha un sitio web que los acompañe en la tarea.

Obviamente que debe tener en claro **cuál es su negocio** y **qué utilidad** presta el sitio web en cada caso en concreto.

Si se dedica al negocio de proporcionar *"scorts"* (*acompañantes femeninas*), casi con seguridad que ver las fotos de las niñas en el sitio **"gatitas-salvajes.com"** siempre le atraerá más clientes a que si sólo envía emails con un mensaje...pero puede que se lleve más de una sorpresa de todos modos.

*Una de las personas que **más dinero ha ganado en Internet,** vende **CD's** con manuales y otro tipo de información, y **todo su negocio lo maneja por email** (ni siquiera tiene un miserable Newsletter).*

El secreto de hacer negocios tiene más que ver con las **ESTRATEGIAS de MARKETING correctas**, lo demás son meros instrumentos.

En síntesis:

*Puede desarrollar negocios en Internet **SIN un sitio Web?: SI***

*Es aconsejable contar con uno?: **Si lo puede hacer bien SI.***

Marcelo Perazolo

2.- *Haciendo su Sitio Web:*

Supongamos que se dispone a tener su propio sitio web. Los temas a considerar en este punto son los siguientes:

Cómo es un sitio web efectivo?

Qué errores debo evitar?

Dónde lo instalo?

Quién lo hace y quién lo administra o mantiene?

Cuánto Cuesta?

Cómo es un Buen Sitio Web

Los expertos en la materia nos dan infinidad de consejos aplicables y me quedo con los siguientes:

a) *Atractivo - Profesional:*

Esto no significa *"recargado"* ni *"sofisticado"*, quizás todo lo contrario. Estamos hablando de *"elegancia"*, buenos colores, buena distribución, sensación de profesionalidad.

El mejor modo de entender este punto es **NAVEGANDO** en la red. Visite sitios y cuando vea uno que le parece bueno, tómelo como ejemplo. Existen cientos de sitios sencillos y sumamente atractivos -o al menos tolerables que ya es mucho-, mientras que otros resultan absolutamente chapuceros y vergonzosos.

b) *Fácil de Navegar:*

Otra de las claves. Existen sitios inentendibles, que a la segunda página que pasó no logra volver al punto anterior.

Una vez más el secreto es recorrer la red. Busque sitios que le parezcan "navegables" y estudie cómo han organizado su sistema.

c) *Calidad de los Contenidos:*

Personalmente considero a ésta la **CLAVE PRIMARIA** de un buen sitio.

He pasado horas (literalmente) leyendo información interesante y en gran cantidad, en sitios que quizás no estaban tan bien diseñados -y se los he perdonado justamente por su calidad de contenidos-, mientras que no he gastado ni un minuto en decena de sitios sumamente sofisticados pero que eran una mera cáscara vacía.

Obviamente que los contenidos están referidos a un **segmento de público** en particular. Jamás me he detenido un instante en formidables sitios vinculados a la *carpintería* (*porque no era el tema que buscaba*) y Usted tampoco debe pretender ni esperar, que **TODO EL MUNDO** se quede leyendo en su sitio -para eso tendría que pensar en una enciclopedia-.

Estamos hablando que, sea cual fuere su mercado destino, debe asegurarse que los contenidos existentes (*en cantidad y calidad*) justifiquen a la gente **haber llegado a su sitio**.

d) *Actualizados:*

Uno de los principales problemas es lograr que la gente **regrese a su sitio**.

Si sus contenidos son buenos pero **nunca más los renueva** o amplía luego de la instalación original, obviamente la gente, a la segunda o tercera visita, **no tendrá ningún estímulo para regresar** (*todo lo que había para ver fue visto*).

e) *Captura de Datos:*

Como decíamos más arriba, salvo que Usted quiera tener un sitio web como "hobby", caso contrario debe estar preparado para **generarle VALOR** y el mayor valor que existe es la comunicación con sus "clientes". Por ello, debe tener algún sistema para que se **suscriban**, dejen su dirección (*y si fuera posible nombre, país, sexo y ciudad como mínimo*).

Existen diferentes tipos de formularios para ello que se utilizan al diseñar el sitio, pero más allá de los aspectos tecnológicos influyen **las estrategias para que la gente deje sus datos.**

La **más efectiva** suele ser ofrecerle **algún regalo** (digamos **un informe, un boletín o una clave de acceso** a un área reservada) a cambio de que se suscriba.

f) *Herramientas de Comunidad:*

No siempre será posible que lo haga (*hay mayor dificultad técnica y costo para ello*), pero sería ideal que **cuente con las herramientas de comunidad**, ya que ello le facilitará la comunicación con sus navegantes y el contacto con los mismos.

Las más habituales suelen ser los **Foros y los Chats,** pero si no puede utilizar las mismas, al menos no descuide las **Listas de Discusión, los Boletines y/o Newslettes** -tratamos todos estos temas más abajo-

g) *Sistema de Comercialización:*

Como en el caso anterior puede que su presupuesto no de para tanto, pero evidentemente que el *"sitio web ideal"* incluye contar con las herramientas que le permitan **vender sus productos y/o servicios**, cobrarlos en línea, administrar los despachos, etc. También analizamos este tema con más detalle en puntos siguientes.

<u>Qué errores debe evitar en su Sitio Web:</u>

Así como hay características que deben estar presentes, hay otras que **deben ser evitadas a toda costa**.

Estos aspectos son **MUY IMPORTANTES** para el caso que Usted vaya a contratar al "*primo de un amigo de mi hijo*" para que le diseñe su sitio.

Algunos "*jóvenes entusiastas*" de la red, aún con buenos conocimientos de programación suelen demostrar muy poco criterio comercial o cierta ignorancia sobre los principios de la eficacia en la comunicación humana, de allí que tienen cierta tendencia a convertir su sitio en un monumento al desarrollo de "*experiencias novedosas*".

El problema es que Usted **no quiere financiar una tesis, <u>quiere un sitio eficaz para sus fines</u>**.

a) <u>Tamaño Excesivo de la Página:</u>

Uno de los **mayores problemas**. El programador se entusiasma con fotos, archivos de sonido, más gráficos animados, explosiones, manitos que se mueven, pajaritos que pasan volando por la pantalla y otros adicionales.

El Problema? Que nadie llegará jamás a verlos, ya que luego de esperar 5 minutos a que aparezca algo en la pantalla sin resultados, el navegante partirá raudo hacia otro sitio que pueda ver sin problemas.

Dos comentarios en este punto:

El sitio **más visitado del mundo** es **YAHOO**. Su pantalla inicial tarda **7 segundos** en cargarse!! Es cierto también que la velocidad de los módems aumenta día a día al igual que el ancho de banda disponible y, cada vez más es posible plantearse ciertas "audacias". De todos modos la **prudencia** en este punto es el mejor consejo.

<u>**Técnicamente**</u>: Trate que su Home Page no tenga un *"peso"* **mayor a 40-50 Kb** y de ser posible menos aún.

b) <u>*Exceso de Frames:*</u>

Otra tendencia de los programadores nóveles e inexpertos.

Los **frames (o marcos)** permiten que una parte de la pantalla permanezca constante mientras el contenido puede ir variando.

Sólo se justifica en muy pocos casos y generalmente entorpecen la navegación, reducen el área de la pantalla disponible, aumentan el tamaño de la página a descargar y no siempre pueden verse con diferentes versiones de los navegadores.

Otro dato negativo? Muchos buscadores no pueden indexar sus páginas si éstas tienen un frame!!!

Una vez más: *A visto algún "frame" en YAHOO?*

c) <u>*Exceso de links al Exterior:*</u>

Otra tendencia negativa es colocar banners de otros sitios (como intercambio) o un exceso de **links externos** en el contenido del sitio.

Resultado?, lo está invitando permanentemente a su navegante (*al que tanto trabajo le costó traer*) a que se vaya a otro lado.

Realmente es lo que quiere?

<u>**El consejo**</u>: Trate de dispersar la atención de su navegante lo menos posible y, en caso de ofrecer links asegúrese que los mismos se abren en una **ventana nueva** y que la suya permanece abierta.

d) <u>*Incompatibilidad con Navegadores:*</u>

Lo dicho antes tiene relación con este punto. Si bien ha existido una concentración muy marcada hacia los navegadores de **Microsoft** en los últimos tiempos, aún hay gente que utiliza **Netscape, Opera** y otros productos para navegar.

Si su sitio está demasiado vinculado a un producto (en este caso **Explorer**) e incluso dentro de éste a su **ULTIMA VERSION**, estará **dejando afuera** a cientos o miles de personas que no podrán ver su sitio correctamente.

Simple, navegable y universal son las claves que deben guiar su desarrollo.

Dónde Instalar su Sitio Web?:

Las decisiones aquí se **reducen a dos** (y la segunda presenta una ramificación adicional) que tratamos a continuación:

a) Hosting del Sitio en un Proveedor Gratis:

Decenas de sitios le ofrecen que haga su propia página gratuita en ellos en base a unos formularios prediseñados y los más sofisticados le permiten incluso que *"suba"* su propia página. Dado que es **gratis,** le incluyen en su sitio uno o más banners de sus anunciantes.

Actualmente, cuando el costo de hacer hosting en un proveedor profesional se ha reducido a límites ridículos, esta opción debería ser descartada, pero agrego algunos comentarios adicionales.

En primer lugar, **no estará utilizando su DOMINO**, sino que tiene que utilizar el del proveedor del servicio gratuito. Es decir, su sitio aparece como:

**www.elproveedorgratis.com\paginausuarios\
comun\amgos\pepe.htm**

Esto genera varios problemas:

*Su sitio **no aparece como profesional y serio** (si
fuese serio tendría dinero para instalarlo en otro lado
y no en un proveedor gratis)*

*La extensa dirección le **dificulta sus tareas de
promoción** -hay direcciones de geocities (uno de los
principales proveedores de sitios gratis) que ocupan
más de dos renglones-.*

A lo antes dicho debe sumar:

*La navegación suele **ser lenta** ya que los accesos son
compartidos por **miles de personas**.*

*En muchos casos sólo le permiten un **pequeño
espacio en el disco,** que no siempre le alcanzará para
lo que necesita.*

*No tendrá **ningún servicio adicional** -copias de
resguardo, asistencia técnica, etc.-*

*En algunos de esos servicios, le abren **molestas
ventanas de publicidad** (llamadas "pop up") que
son un verdadero engorro para le navegante.*

De todos modos y, si pese a ello se decide a instalar
un sitio en un proveedor gratuito, le recomiendo que lo
haga con **www.freeservers.com,** que al menos le
dará una **dirección corta** elegida por usted (*e incluso
le permitirá utilizar **la SUYA que tenga
registrada***), podrá subir **su propio diseño** o utilizar
sus eficaces herramientas de desarrollo y además
cuenta con buenos niveles técnicos de respuesta (*es
posible que existan otros con similares prestaciones,
pero este lo he probado personalmente por razones
técnicas y puedo recomendarlo*).

b) _Hosting en un Proveedor pago:_

Hoy día, con valores **tan bajos como U$S 19,95** -o **U$S 35 / U$S 50** en el caso de los servidores que pueden valer la pena-, casi es un pecado no aprovechar estos servicios.

Decíamos que aquí se ramificaban las opciones y es que debe analizar entre: un **proveedor local** -en su país- y un **proveedor en los EE.UU.**

Las pautas para esta decisión son las siguientes:

Si piensa tener **tráfico global** (o al menos de varios países), la opción en **EE.UU. puede beneficiarlo** ya que ellos concentran las conexiones mundiales y casi siempre su sitio será accedido **más rápidamente** por la gente que ingresa de un país diferente al suyo.

Si **sólo espera navegantes de su propio país**, la opción de hacer el hosting localmente puede justificarse -por empezar hablará con ellos en el mismo idioma-, pero siempre que se asegure:

Buenos precios

Buen ancho de banda (velocidad de acceso a su sitio para los navegantes)

Buenos servicios del proveedor -Ej: copias de resguardo periódicas-

Bajo nivel de fallas en el servicio -caidas de equipos o conexión-

Si **no le garantizan** estos factores, busque hacer hosting en EE.UU. que los resultados son inmejorables y los precios estupendos.

Quién lo Programa, mantiene y administra?

Básicamente estos son los **tres grandes problemas de tener un sitio web**.

El primero de todos -y ya hemos dado algunos adelantos- es **QUIEN lo programará.**

Un "amigo del hijo de un primo"?, quizás económico pero poco experimentado?

Una empresa especializada en la materia?

En esto está solo y lamento no poder ayudarlo.

Encontrará **excelentes** *"amigos del hijo del primo"* y otros **pésimos** con los que gastará su tiempo y su dinero. Encontrará **estupendas** *"empresas"* y en otras será **vilmente estafado** en su buena fe y dinero.

Sea cuidadoso en su selección, **pida antecedentes** de otros sitios hechos (*y visítelos*), **pida referencias** de otros clientes (*y llámelos para saber su opinión*).

Trate de hacer algún tipo de contrato que especifique claramente las obligaciones de cada parte, no pague todo al principio y aplique su buen juicio al realizar esta importante elección.

Cree que esto terminó con la programación?

Le tengo una mala noticia. Salvo que **JAMAS vuelva a tocar su sitio** (*y en ese caso le sugiero que* ***NO LO HAGA*** *ya que si no piensa actulizarlo nadie lo visitará por segunda vez*), se supone que alguien debe actualizar las páginas, mejorar el diseño a medida que el uso va demostrando mejores opciones o los navegantes le hacen sugerencias, realizar correcciones, etc.

Estas tareas están vinculadas al **MANTENIMIENTO** y a la **ADMINISTRACION** de un sitio.

Salvo que Usted tenga algunos conocimientos en la materia -o estudie y aprenda- alguien deberá colaborar en esta tareas.

Los problemas a los que se enfrenta son idénticos a los que enfrentó al contratar la programación del sitio.

Cuánto Cuesta un Sitio Web?

Es casi imposible darle una respuesta ya que la cantidad de factores involucrados son demasiados.

En qué lenguaje van a programarlo? Qué cantidad de programación o páginas incluye? Manejará Bases de Dato de algún tipo? Hay una gran tarea de diseño profesional -gráficos por ejemplo- o se trata de un sitio simple?

Cada uno de estos puntos implica precios diferentes, con variaciones aún mayores según fuere el país dónde se encuentre (posiblemente caro en *España o Argentina*, tal vez más barato en *Colombia o Ecuador*).

De todos modos -e insisto que el dato vale de poco por la gran cantidad de factores involucrados-, posiblemente las soluciones **más sencillas** puedan rondar los **U$S 500 a U$S 1.000** y de allí escalar precios hasta **cualquier cifra** que su imaginación le dicte.

De todos modos debería conseguir cosas **MUY BUENAS y COMPLETAS** con un presupuesto de entre **U$S 5.000 a U$S 10.000** -de no ser así avíseme que se lo soluciono-.

En Síntesis: Contar con un sitio web propio es **IMPORTANTE** pero presenta ciertos problemas que deben ser resueltos adecuadamente y que tienen un **COSTO FINANCIERO** que debe ser analizado dentro de la estrategia general del Proyecto que se plantee.

Marcelo Perazolo

3.- <u>*Instalar un Sitio en un "Mall"* o *"CyberShopping"*</u>

Finalmente la tercer opción que es un punto intermedio entre las dos anteriores.

Existen ciertos sitios en la red que le permiten instalar un *"comercio o tienda"* en un entorno ya preparado a estos efectos.

Algunos le ofrecen **formularios totalmente estandarizados**, otros le permiten diseñar las formas más libremente, pero por lo general incluyen una serie de herramientas -principalmente en las opciones de e-commerce- que simplifican muchos de estos problemas.

Al igual que cuando busca un programador, encontrará *"Malls"* absolutamente **chapuceros** y otros de **gran nivel técnico y de prestaciones**, algunos **sumamente económicos** y otros excesivamente **onerosos** -en ambas categorías, la de los buenos y la de los malos-.

El clásico consejo para el comprador: **pregunte, averigue, busque, visite, analice, compare.**

Hay gran cantidad de opciones, múltiples en cada país y cada día aparecen nuevas.

Sólo para que tengan **tres puntos de comparación** *-no los recomiendo, son los que por diferentes razones **conozco más** y por ello le brindo una pista para que inicie su propia búsqueda-*, le sugiero que visite:

<u>**El Sistema Argentino de Oferta Pyme (SAOP)**</u> - www.saop.com.ar -

Este sitio fue previsto por una organización empresaria -la **Confederación General**

Empresaria-, para empresas de Argentina, lo destacable son los **servicios especiales** que brinda, tales como los "*Gerentes Virtuales*" o la figura de un *Ombudsman institucional* para resolver conflictos entre compradores y vendedores.

ElShopping - www.elshopping.com -

Este sitio cuenta con una **tecnología muy sofisticada** en el proceso de comercialización, un diseño cuidado y permite habilitar locales en los propios sitios del usuario.

CyberFeria.com - www.cyberferia.com -

Este es posiblemente uno de los "*malls*" decanos en español ya que opera **desde 1997** -si no de antes-, cuenta con una gran cantidad de tiendas instaladas, actualmente están actualizando y mejorando su diseño y posee **todas las herramientas** necesarias para un proceso de comercialización a **muy bajo costo** y con un **alto nivel de prestaciones**. Su tecnología además, está licenciada como módulo de e-commerce en varios sitios de gran prestigio, es seguro, funciona en todas sus opciones y tiene un equipo técnico de primer nivel a cargo de su mantenimiento.

Insisto en que hay decenas de otras opciones que **debe analizar,** previo a tomar una decisión y que por lo general en cada país existen varios sitios con este tipo de prestaciones.

Este tipo de soluciones suelen ser bastante económicas y rara vez superan costos de más de **U\$S 50** por mes (*incluyendo el mantenimiento, la actualización el hosting, etc.*).

Marcelo Perazolo

Los Newsletters y Las Listas de Discusión

Podría hablar mucho sobre estos temas, tanto que tengo un libro específicamente relacionado con esta materia del que se han vendido algunos centenares de copias en 15 países de la región, administro el Newsletter más grande en español -al menos hasta el momento ya que cuenta con **más de 120.000 suscriptores**-, soy *"padrino"* de más de **30 o 40 Newsletters** adicionales y frecuentemente me contratan como consultor en la materia por parte de diferentes emprendimientos.

De todos modos, lo que hay que saber de estas herramientas puede sintetizarse en pocos párrafos:

1.- *Diferencias entre un "Newsletter" y un "Boletín"*

Digamos que no existe una *"ley"* que establezca esta diferencia como un principio religioso, pero hay **DOS formatos diferentes** para este tipo de comunicaciones.

El **Newsletter** -al menos como yo lo defino- posee un sentido de **comunicación integral.** Tiene **Editorial** -o algo que se le parece-, hay **opiniones del autor** y de los suscriptores, las notas se **envian completas** para su lectura. Es decir, posee *"autonomía conceptual"*

Un **Boletín** por el contrario, es un email que ciertos sitios web envian con regularidad y que avisan de las novedades incorporadas en el sitio. Rara vez incluyen opiniones y por lo general **se limitan a indicar links** a la página para ir a leer las noticias.

Existen por supuesto situaciones "*mixtas*" que tiene características de ambos sistemas.

Lo que tiene que tener claro es que un "***Newsletter***" según esta definición le sirve para establecer una **COMUNIDAD**, en tanto que un "***Boletín***" es sólo una "***herramienta de tráfico de un sitio web***".

Muchos sitios web tienen una opción para suscribirse que dice: "***Suscribase para nuestro Newsletter***" y lo que envian luego es un "***Boletín***".

Los "***Boletines***" son estupendos medios para **incrementar el tráfico de un sitio**, pero al no tener comunicación "*personalizada*" con los suscriptores, **RARA VEZ** logran generar una "***comunidad***".

Recibo noticias agrupadas de diferentes medios; me mantienen informado, son útiles, las aprecio, en más de una ocasión voy al sitio a ver la nota completa...pero no me dan sentido de "***pertenencia***" a NADA.

Si Usted quiere utilizar esta herramienta para **desarrollar una "*comunidad*"** debe pensar en un **Newsletter y no en un "*Boletín*"**.

Si va a **desarrollar la comunidad desde un sitio web**, le basta con tener un buen **Boletín** que le incremente el tráfico a su sitio.

2.- _Diferencias entre un Newsletter y una Lista de Discusión:_

El **Newsletter** es un email que llega a sus suscriptores de modo periódico y que es producido por **UNA PERSONA o EMPRESA.**

Una **Lista de Discusión** es una utilidad especial que permite que decenas o cientos de personas envien mensajes a la lista, los que luego son **redespachados** a cada uno de sus miembros.

De este modo, en una **Lista de Discusión**, usted recibe la información de **TODOS** los otros miembros.

Para completar la descripción respecto de las **Listas de Discusión** agreguemos:

Las listas pueden ser **MODERADAS**, en donde una persona a cargo o "moderador" autoriza de modo previo los mensajes que serán despachados al resto o **NO MODERADAS**, en donde TODOS los mensajes son redespachados sin ningún tipo de filtro previo.

Las listas pueden tener **DIGESTOS**. Esta es una utilidad especial que permite que en vez de llegarle CADA UNO de los mensajes **por separado**, los mismos se agrupen y a Usted le llegue **UN SOLO** email conteniendo **todos los mensajes del día.**

3.- _Comunidades basadas en Newsletters o Listas:_

Ambas herramientas (_Newsletters y Listas)_ son **muy económicas, simples de usar y de administrar** y permiten el desarrollo de comunidades.

Creo que esta es una de las **claves estratégicas de Internet:** Usted puede desarrollar su mercado o comunidad, de **modo previo** a definir la instalación de su sitio web y/o de su "negocio" en la red.

Si luego de un año o dos -y en algunos casos de menos tiempo- Usted posee una base de **10.000, 20.000 o 50.000 miembros en una comunidad**, puede plantearse casi cualquier negocio que se proponga.

Es más, no se asuste por esos números. Si su comunidad abarca los jugadores de golf, o los principales médicos cirujanos o las Agencias de Turismo o los Colegios Privados, seguramente será un lista de **1000 o 2000 direcciones**, pero todas ellas de un **gran valor** y con **extraordinario potencial** para el desarrollo de negocios.

<u>**Análisis de Caso**</u>: *El **Dr. Miguel Sedoff**, abogado especialista en legislación y reglamentos vinculados a Instituciones Educativas, empezó un Newsletter con datos útiles para el sector (es uno de nuestros "apadrinados").*

*Cuando su cantidad de suscriptores llegó a un punto crítico y fortaleció sus contactos y reconocimiento en el sector, inició un **servicio por abono** para **más de 100 Colegios Privados** -en la Provincia de Santa Fe en Argentina- y **habilitó su sitio web** desde el que además intenta ahora establecer un **sistema de franquicias** para su servicio.*

El Sitio es: www.gestionprivada.com

<u>**Resultados**</u>: *Con una secuencia estudiada, sin erogaciones no justificadas en ningún momento del Proceso, el Dr. Sedoff ha conseguido un proyecto **altamente rentable**, tanto por los abonos que recibe,*

como por el tipo de casos que le derivan las Instituciones para su atención.

Conclusiones: *Asegurarse el mercado de* **modo previo a la comercialización,** *ahorra costos, permite desarrollar la* **curva de experiencia** *y* **genera comunidad.** *Todo ésto puede hacerse con un* **Newsletter o Lista de Discusión** *de modo eficaz y previo a contar con un sitio web.*

4.- <u>*Tecnologías "Push" versus "Pull"*</u>:

Este es un aspecto interesante y que muchas veces no es adecuadamente comprendido en el trabajo de Internet.

Una comunicación que **VA HACIA LA AGENTE** (*como sería el caso de una carta o un email o un Newsletter*) se dice que es una comunicación ***"push"*** (o empujada hacia Usted). Por el contrario, si usted tiene que "*ir a buscarla*" (*como sería el caso de un sitio web o un foro o un chat*) estamos frente a las comunicaciones ***"pull"*** (es Usted el que va por ella).

Los sistemas de comunicación **PULL** tienen que ser **permanentemente difundidos y alimentados**, para conseguir quebrar la inercia de la gente y convencerla para que "***venga***". De allí que un Boletín - tal como lo definimos más arriba - es un sistema ***"push"*** (*se lo mandan a su correo*) para conseguir resultados ***"pull"*** (*que usted llegue al sitio web mediante un link que le envían*).

Los sistemas ***"push"*** tienen mucho más éxito en la comunicación que los sistemas ***"pull"*** -salvo que cuente con el dinero y la estrategia para hacer funcionar éstos últimos en base a promoción y publicidad-.

Dicho de otro modo: si instala un **sitio web, un foro o un chat** (medios totalmente *"pull"*), deberá invertir tiempo y esfuerzos en conseguir que la gente **VENGA a ellos**, por el contrario si utiliza un medio *"push"* (*como un Newsletter o una Lista*), estará llegando a la gente sin necesidad de tener que quebrar su inercia.

5.- *Cómo Hacerlos?, Cuánto Cuestan?*

Tengo una obra casi tan grande como ésta dedicada **SOLO a tratar este tema.**

Ese material es el **Informe Técnico 330 (o IT-330)** y le sugiero -si le interesa conocer TODO sobre estas herramientas- que se contacte para obtenerlo.

El problema básico de un **Newsletter** está dado por:

*seleccionar el **perfil y tema**,*

*mantener una **alta calidad de los contenidos**,*

*establecer una **estrategia de comunicación** y*

*conseguir su **crecimiento permanente** por diferentes medios.*

Puede enviarse desde su propia computadora con diferentes programas de email -desde los más simples a los más sofisticados- o utilizando servicios hoy existentes en la red (más abajo indicamos algunos).

En lo que respecta a una **Lista de Discusión**, si bien puede manejarla en su computadora con los programas adecuados, suele ser creada y administrada directamente en Internet.

Aquí los problemas son:

definir un **tema atractivo** *y vinculado a sus objetivos,*

conseguir **participantes activos** *y*

mantener el **movimiento** *en la misma.*

El **COSTO de ambas herramientas** puede decirse que es **CERO ($ 0)**, aunque en realidad toma mucho tiempo *preparar el material, despacharlo, mantener la lista actualizada, contestar los emails, etc.* -y ese costo en "*tiempo*" debe computarlo en su valor monetario-

Cada vez hay **más y mejores servicios** para desarrollar estas experiencias desde la red y sin que esto agote la lista (que es gigantesca), cito al menos alguno de ellos - que sirven **tanto para Newsletters como para Listas de Discusión**-:

eGroups: www.egroups.com

Posiblemente se trate del sistema más difundido y conocido en el mundo. Administran **MILES de listas** en diversos idiomas.

Tópica: www.topica.com

Otro sitio con idénticas prestaciones, aunque algunos lo consideran más moderno y ágil que al anterior (*pese a ser menos famoso y difundido*).

eCircle: www.ecircle.es

Este es un sistema europeo (*a diferencia de los dos anteriores que tiene origen en EE.UU.*), es alemán, pero la dirección que le informo es la de su nodo en español, instalado hace poco y que está haciendo un formidable trabajo.

6.- *Qué es Mejor: Una Lista o un Newsletter?*

Es difícil opinar en un tema como éste ya que depende de múltiples factores. Voy a precisarle sus respectivas características para que comprenda las variables que están en juego en uno y otro caso:

En el Newsletter el autor **controla** *plenamente los contenidos, en la Lista la información* **surge principalmente** *de los participantes.*

El Newsletter se envia cuando el autor **lo decide,** *las Listas -sobre todo si son muy activas- generan gran cantidad de información* **casi a diario** *y esto puede "agotar" a algunos participantes que se ven desbordados por un exceso de información.*

A la inversa, el autor controla la información y **fecha de salida** *de un Newsletter, una Lista con* **pocos miembros** *puede generar* **poca información** *y en consecuencia ser de escaso valor para quienes se inscriben en ella.*

Si la calidad de contenidos en un Newsletter **no es buena** *la gente puede cansarse, la Lista se ve* **permanentemente enriquecida** *por el aporte de cientos de personas.*

El autor puede **controlar la calidad** *de los contenidos en un Newsletter, en una Lista si la calidad de los miembros no es la adecuada el nivel de información que se genera puede ser* **muy pobre.**

La gente se siente **más estimulada a participar** *-y a formar comunidades- donde tiene un rol* **más activo,** *como es el caso de las* **Listas,** *frente a un sistema* **más unidireccional** *como resulta el de los Newsletters.*

Marcelo Perazolo

El juego de estas variables en el caso particular de su comunidad, le darán un indicio de si le conviene una herramienta u otra (e incluso **AMBAS**).

Los Chats y los Foros:

Ambas son **herramientas de comunicación**, con un formidable poder para generar la **participación** de la gente, fortalecer el **sentido de pertenencia** y propender a la **formación de comunidades**.

Al tratarse de tecnologías *"pull"* deben ser **alimentadas en su tráfico** mediante diversas acciones.

Generalmente se establecen como complemento de la información contenida en un sitio web, aunque actualmente se puede poseer un *"Foro" o un "Chat"* sin necesidad de tener un sitio web propio.

No es nuestra función explicar estas herramientas que estimamos conocidas: En el **Chat,** la comunicación se produce de modo *"sincrónico"* (es decir **AL MISMO TIEMPO**), en tanto que en los **Foros** la participación es *"asincrónica"* (los participantes ingresan en diferentes momentos).

Diferencias?

Generalmente los **chats** son más *caóticos y anárquicos* y dificultan una comunicación en profundidad, pero por otro lado el *"tiempo real"* en que se produce la comunicación la hace sumamente **estimulante** y la convierte en una experiencia **excitante y atractiva**.

El **<u>Foro</u>** permite más *mesura y profundidad* en el tratamiento de los temas y el manejo de las respuestas entre los participantes, como contrapartida es más *"fria"* que un chat y no logra despertar las emociones que aquél produce.

Hoy día puede crear un **Foro** en casi cualquier sitio (por ejemplo los grandes portales como **Terra, Starmedia, UOL**, etc.), lo mismo con un chat, aunque el procedimiento en estos casos es un poco diferente ya que en muchos casos los chats se *"arman"* en el instante y luego desaparecen.

También existen **diferentes programas** -tanto de **chat como de Foros**- para que pueda incluir estas opciones directamente en su propio sitio web, sin depender de proveedores externos para estos servicios.

Es sumamente dificultoso y extraño que alguien pueda **sustentar una comunidad enteramente** en un Foro o en un Chat y por lo general son **herramientas complementarias** de las políticas que desarrolle desde su sitio web o desde su Newsletter.

No les dedicamos en consecuencia más detalles atento formarán parte de su estrategia global de comunicación.

Los Autorrespondedores

Esta es otra **herramienta complementaria** de su actividad en su sitio web o su Newsletter o Lista.

Los **<u>autorrespondedores</u>** básicamente son aplicaciones que permiten establecer uno o más mensajes para ser despachados de modo automático a la persona que envie un email a dicha dirección.

Actualmente se usan por parte de muchos proveedores de acceso a Internet -y junto a la cuenta que le entregan- para que deje un **mensaje de respuesta** a quienes le escriben.

El uso normal que se les da es informar: *"Recibí tu mensaje"* o bien *"Estoy Fuera de la Oficina hasta el martes", etc.*

Sin embargo, como herramientas de mercadeo permiten un uso mucho más sofisticado aún: *devolver información específicamente diseñada.*

Caben dos usos según el tipo de autorrespondedor que utilice:

1.- <u>Respuesta Unica de Llamado a la Acción:</u>

En el caso de que sólo disponga de **UNA respuesta posible** (*en el autorrespondedor que le ha provisto su compañía de acceso a Internet*), podría utilizar la misma con inteligencia, de modo tal que a TODA PERSONA que le haya enviado un email, le llegue su respuesta diciendo: *"He recibido tu comunicación, la agradezco y de paso te comunico que en mi sitio web xxx encontrás esto y aquello y que además tengo un informe gratuito para ofrecerte y etc., etc."*

Sin duda que esa respuesta es un impacto publicitario adicional para su producto o servicio, que de otro modo no tendría.

2.- <u>Campaña de Seguimiento</u>:

Este es un uso más sofisticado y para realizarlo tiene que utilizar alguno de los sistemas de autorrespondedores que le permitan definir **MAS de un MENSAJE** para enviar.

Estos sistemas son muy prácticos ya que le permiten diseñar una verdadera *"campaña"* con varios mensajes vinculados entre sí y que serán enviados automáticamente con diferencia predeterminada de días.

Además, podrá disponer de **tantas direcciones de autorrespuesta** como las que desee o contrate.

Su principal ventaja es que al ser procesos totalmente **AUTOMATICOS**, en la práctica Usted está *"trabajando duramente"* cuando en realidad no debe hacer absolutamente nada (*todo lo hace el autorresponder por Usted*).

Analicemos su funcionamiento con más detalle y en base a un **caso concreto**.

Para aquellas personas interesadas en nuestro Informe Técnico IT-330 (*"Cómo Hacer un Newsletter Exitoso"*) hemos dispuesto un autorresponder en una compañía llamada **Webmailstation.**

En el Newsletter -o en nuestro sitio web- informamos a la gente que aquel que quiera más información sobre el Libro, le ofrecemos un **Informe Gratuito (IG-023** en nuestra nomenclatura) y si lo desea puede enviar un email a: ig023@webmailstation.com y seguidamente recibirá la información correspondiente.

Quienes envian un email a esa dirección **INMEDIATAMENTE** reciben la *"Respuesta Uno"* que les explica nuestra experiencia concreta en la materia y relata la historia de nuestro Newsletter.

El Sistema de Autorresponder nos envía un aviso de que *"tal persona"* ha pedido el informe.

El **Informe IG-023** se lo remitimos individualmente para poder comunicarnos con ellos, pero lo hagamos a tiempo o no (*a veces nos atrasamos*) al **tercer día** un *segundo mensaje* les llega de modo automático -el que trabaja es el autorresponder obviamente-, en este caso informándoles la lista de toda la gente que ya ha comprado el libro y las opiniones de algunos de ellos sobre el material.

Al **séptimo día** un *tercer mensaje* les es enviado, en este caso estimulándolos a no desaprovechar la oportunidad de incorporar el Informe Técnico.

Por último, el **día doce** un *cuarto mensaje* les envía una *"Encuesta de Cortesía"* en donde evaluamos su opinión sobre el material recibido y sus expectativas sobre el procedimiento.

Con este procedimiento y sin ninguna acción ni trabajo de nuestra parte, **cuatro mensajes o correos** especialmente diseñados para brindar el máximo de información y seguimiento le llegan a las personas que nos consultan sin que nosotros tengamos que trabajar en ello.

Otro caso interesante es el del experto español **Alvaro Mendoza** (de **Mercadeo Global**) que ha dispuesto en un autorresponder un CURSO de MARKETING en **diez lecciones** que llega con una separación de dos o tres días cada una.

Quién lo solicita, recibe una *"lección"* cada dos o tres días y Alvaro no mueve un dedo en este proceso.

Respecto a las compañías que dan este servicio -que como todo en Internet hay varias-, las mismas brindan los servicios de **modo gratuito** (*agregando publicidad en los mensajes*) o **pago** -y en este caso sin publicidad-.

Siempre sugerimos que sea Usted el que recorre la red buscando la mejor opción a su criterio, sólo para que le sirva de ejemplo le damos los datos de dos de las principales:

GetResponse - www.getresponse.com

Quizás la más grande, importante y reconocida en este tipo de servicios. Brinda múltiples opciones para el manejo de las respuestas, las listas, la personalización de los emails, etc.

Webmailstation - www.webmailstation.com

Otra compañía, mucho más pequeña y menos conocida que la anterior. La hemos utilizado sin grandes problemas y por ello nos atrevemos a sugerirla como otra opción para consultar.

Medios de Pago: Tarjetas de Crédito

Este es uno de los temas **más cruciales y secretos en la Internet** (*el que sabe cómo, no se lo dice a nadie*) y si Usted **no dispone de medios de pago eficientes** no podrá comercializar productos o servicios de modo ventajoso.

Podríamos profundizarlo a extremos ininmaginables, pero trataremos de concentrarnos en lo fundamental de un modo simple y comprensible:

Marcelo Perazolo

Diferentes Medios de Pago
Protocolos de Seguridad (SSL y SET)
Certificados Digitales
Carts o Módulos de Compra y Pago
El Problema de las Tarjetas de Crédito

1.- <u>Diferentes Medios de Pago</u>:

Básicamente a Usted podrían pagarle: *de contado, mediante un depósito bancario, mediante una transferencia, con tarjetas de crédito, con tarjetas de débito, cheques electrónicos, con sistemas de "billeteras electrónicas", con tarjetas prepagas y por contrareembolso.*

<u>Pagos de Contado</u>:

Se supone que no es el pago tradicional en Internet. En el mundo real Usted ingresa a un negocio y abona su compra, aquí está adquiriendo productos o servicios que pueden ser ofrecidos desde cualquier lugar del mundo.

<u>Depósito Bancario</u>:

Esto es más habitual. Al menos a la fecha -en que aún los sistemas financieros no pueden "saltar" las barreras nacionales- los depósitos bancarios suelen utilizarse cuando comprador y vendedor están en el mismo país.

Como **ventajas** presenta varias: para el <u>**comprador**</u> es un *medio seguro* ya que no está dejando datos en ningún medio de transferencia, le *queda un comprobante "físico"* de su pago (la boleta de depósito), en tanto que para el **vendedor** se hace del dinero *casi de inmediato* y para **ambas partes** los *costos del proceso son bajos.*

Las **desventajas** son dos: obliga al <u>**comprador**</u> a realizar un *trámite incómodo* (ir al banco con dinero, hacer un depósito, etc.) y esto hace que el <u>**vendedor**</u> pierda muchas operaciones de las llamadas *"compra en caliente"* (el comprador muchas veces se *"enfría"* al tener que demorar su proceso de compra y adquisición del producto).

<u>Transferencias (Bancarias, Postales, Financieras)</u>

Una **transferencia** presenta las mismas ventajas y desventajas del caso anterior.

La diferencia está dada por el hecho de que constituye uno de los medios habituales para **enviar dinero entre un país y otro.**

Es un procedimiento que instrumentan los **bancos o empresas financieras especializadas** como **Western Union** (quizás la más importante a escala global). Sus costos son elevados -fundamentalmente en sumas pequeñas-, pero está presente en casi toda ciudad importante del mundo.

Por si no conoce el dato, una firma como **Western Union** tiene una **comisión mínima de U\$S 17** (así que para una venta de **U\$S 10** la comisión de Western Union representaría **más del doble** como costo financiero).

Si quiere conocer todas las sucursales de Western Union en cada país y ciudad del mundo, puede consultar su sitio.

México, Brasil y unos pocos países más permiten a sus habitantes **RECIBIR dinero**, pero **NO ENVIARLO** por este medio.

Los Bancos también realizan transferencias internacionales, pero por lo general sólo se ocupan de **sumas mayores.**

Tarjetas de Crédito

Este es **EL MEDIO** por excelencia para Internet.

Millones de personas cuentan con **tarjetas de crédito** y aquí si la *"globalización financiera"* permite **imputar el pago en cualquier lugar del mundo** -es largo de explicar en detalle, pero digamos a los efectos del presente que no hay una "transferencia" involucrada-.

Para quienes tienen acceso a los sistemas internacionales de cobro con tarjeta de crédito, los costos pueden ser **tan bajos como el 2%** de retención para el comerciante y algunos adicionales vinculados a la validación del sistema o costos mensuales por el funcionamiento del mismo.

Sin embargo, es una opción **muy difícil de instrumentar** salvo que Usted tenga una compañía (o sea ciudadano) en **EE.UU., Canadá, Inglaterra** y unos pocos países adicionales (hoy día ya está disponible con cierta facilidad en **España**). En el resto de la región es **PARTICULARMENTE ENGORROSO y COMPLEJO.**

Lo tratamos en detalle más adelante, así que por ahora lo dejamos enunciado.

Tarjetas de Débito

Resultaría una modalidad similar a la de la tarjeta de crédito, la diferencia es para el **COMPRADOR** ya que en vez de comprar a crédito con su compañía, directamente **ordena un débito** en sus cuentas.

Es un sistema que **no existe** *"globalizado"* como en el caso de las tarjetas de crédito, pero que puede darse a futuro mientras más se horizontalicen las instituciones financieras y la legislación aplicable.

Cheques Electrónicos

Unicamente disponibles para **EE.UU. y Canadá** en la actualidad.

Mediante un sistema de *"firma o código digital"* Usted puede emitir un *"cheque electrónico"* para hacer el pago, que el comerciante directamente cobra desde su cuenta habilitada.

No profundizamos en este mecanismo ya que es prácticamente inexistente en la región.

Billeteras Electrónicas

Tampoco nos vamos a detener en este sistema porque -al menos a la fecha- no está lo suficientemente extendido en la región.

Aquí se supone que el comprador **contrata una suma de dinero** con una compañía que luego le **habilita pagos contra dicho depósito** -como si fuese una tarjeta de débito, pero sin la tarjeta-.

La presunción de las compañías involucradas es que los compradores dirían *"Bien, guardaré 1000 dólares en mi billetera electrónica y cuando tenga que comprar algo en la red, lo haré directamente desde allí sin usar mi tarjeta de crédito".*

No es una mala presunción, pero la gente no ha demostrado un gran interés en utilizar el sistema bajo esta modalidad, al menos por el momento.

Tarjetas Prepagas

Tampoco se ha difundido en gran medida y por sus características es **más propio** de una venta hecha **dentro del mismo país** que en un sistema internacional.

Aquí se supone que existan unas tarjetas de diferentes valores (**U\$S 10, 50, 100**, etc.) con un código. Usted compra la tarjeta en un kiosco y descubre el código secreto, en base a la misma puede adquirir productos hasta que se le agota el monto que posee.

Como decimos, puede ser un camino interesante en la región, donde mucha gente no cuenta con Tarjetas de Crédito -o prefiere no utilizarla por razones de seguridad-, pero no ha logrado una escala que lo haga aplicable.

Quizás algún sitio financiero global (como **Patagon**) algún día dedique atención a este tema y cree un sistema amplio y difundido para poder utilizarlo con más facilidad.

Pago Contra-reembolso:

Un sistema práctico por varias razones, pero que fundamentalmente sólo puede aplicarse a costos razonables para **operaciones domésticas dentro de un mismo país**. Aclaremos que sólo sirve para "*productos físicos*" y no "*digitales*", ya que en estos últimos no habría qué entregar.

Como todos saben, el Correo Nacional o ciertas compañías de reparto, llevan el paquete al domicilio del comprador y cuando este recibe el producto concreta el pago.

Para **operaciones domésticas** el *contrareembolso, los depósitos bancarios y hasta las transferencias* amplían las opciones de pago, pero para las operaciones de **alcance internacional,** forzosamente debemos *incluir la Tarjeta de Crédito* como la opción de pago por excelencia si queremos simplificar el proceso.

2.- <u>Protocolos de Seguridad</u>

Vamos entrando en el problema de las **Tarjetas de Crédito** y uno de los temas a tratar es éste.

Los datos -como ya le habrán dicho- viajan por Internet **sin ningún tipo de seguridad**, cualquiera podría interferirlos y quedarse con ellos.

Para evitar este problema se crearon sistemas de "*encriptado*" donde los datos son reconvertidos mediante claves algorítmicas que los dejan "*ilegibles*" para quién no posea la clave que permite volverlos a su estado original.

Estos sistemas de encriptación se han ido sofisticando con el tiempo (hoy utilizan **más de 128 bits** para generar los algoritmos) y entre los muchos que existen, el más conocido, usado y difundido es el **SSL** -*Secure Socket Layers*-

Como habrá escuchado hablar también del **SET** -*Secure Electronic Transaction*-, vamos a diferenciar uno de otro.

Ambos implican sistemas de **encriptación de alta seguridad**.

Pero, mientras el **SSL** es un mero *protocolo de encriptación* que permite la transferencia de datos entre dos partes (*por ejemplo el comprador y el vendedor o entre el comprador y la firma que valida la tarjeta de créditos*), el **SET** es un *"sistema"* -desarrollado en colaboración entre **VISA y MASTERCARD** junto a algunas otras empresas- en el que interviene una institución adicional que se encarga de validar los datos y confirmar la operación.

El **SET** -que incluye un sistema de encriptación como es obvio- es más bien un *"entorno"* o *"enviroment"* desarrollado para lograr la seguridad **más plena posible** en las transacciones electrónicas.

El **SSL** se utiliza en múltiples funciones dentro de Internet (ya que, como dijimos, su función es encriptar los datos), en tanto que el **SET** estaría restringido básicamente para que una institución valide el resultado de una operación financiera y emita una confirmación o rechazo de la misma.

En el **SET** el número de tarjeta **nunca llega al comerciante y sólo lo hace la confirmación de la operación.** Se supone que este sistema le brinda la máxima seguridad a las compañías de Tarjetas de Crédito. Sin embargo a la fecha, por razones técnicas y de costo este sistema está tardando en ser aplicado.

Este es un tema que presenta varios niveles de complejidad y podríamos extendernos a lo largo del resto del libro profundizándolo. Como hemos dicho antes, si Usted es un experto en la materia, poco podremos decir que ya no sepa, si no lo es, lo que hemos explicado le alcanzará para comprender la mecánica del proceso.

Si quiere más datos sobre este particular le sugerimos consultar:

Sobre SSL - www.openssl.org

Aquí encontrará todos los datos sobre el protocolo **SSL** y sus características, modos de instalación y funcionamiento (en inglés).

Sobre SET - www.setco.org

Lo mismo que en el caso anterior, pero referido al protocolo y ambiente del **SET** (también en inglés).

3.- Certificados Digitales

Este es otro concepto complementario.

Para poder operar en sistemas de seguridad, uno de los requisitos es confirmar los equipos y/o los sitios web que intervienen en el proceso (*el emisor y el receptor*).

Para lograr identificar sin lugar a dudas un servidor o un sitio en la red, se le puede asignar un sistema electrónico de identificación que se conoce como *"certificado digital"*.

Estos *"certificados digitales"* son otorgados por diversas empresas que prestan los servicios conocidos como *"Secure Payment Gateway"*. Existen varias, pero si desea consultar las principales puede ver:

LINK POINT - www.linkpoint.com

Certifican sitios y brindan los servicios para las **tarjetas de crédito y cheques electrónicos**. Son proveedores a su vez por múltiples *"Malls"* o *"Shoppings" virtuales*.

AUTHORIZE - www.authorize.net

Otra de las empresas que prestan servicios similares a la anterior.

VERISIGN - www.verisign.com

Posiblemente una de las mayores y más conocidas compañías en este terreno.

Este "***certificado digital***" le permite a **mi equipo** saber que es el **SUYO** el que envía el mensaje y no otro.

Las "***firmas digitales***" operan de un modo similar, con la diferencia que en vez de validar "***equipos***" están validando "***personas o empresas***".

4.- <u>Carts o "carritos" o Módulos de Compra y Pago</u>

Para poder comprar un producto o servicio, se supone que Usted en un sitio web, debería poder seleccionar uno o varios productos y en un momento dado **decidir el pago y el modo de envío.**

En consecuencia, estos ***módulos de programación*** -ya que no son otra cosa- permiten que Usted defina **qué compra, cómo quiere que se lo envíen**, le **calcula los impuestos** y **costos de despacho** y finalmente le permite **efectuar el pago** -por diversos medios habilitados-.

Casi todos los sitios con opciones de ***e-commerce*** (*para la venta de productos o servicios, digitales o físicos*) poseen algún sistema que permite realizar este conjunto de operaciones por parte del comprador y esto es lo que se conoce como "***cart***", "***carrito o*** *módulo de compras*" y sobre el que volvemos un poco más adelante.

Si quiere conocer dos opciones -entre decenas que existen- de "carts" o carritos de compras, puede ver:

VCART - www.vcart.com

Esta es una empresa norteamericana que le ofrece el servicio de "cart" y que incluye servidor seguro y certificado.

CYBERFERIA - www.cyberferia.com

Ya lo mencionamos arriba, esta empresa además de brindar el servicio de **"cart"** para los negocios instalados en su propio "*mall o shopping*", ofrece el servicio a terceras partes -y puedo mencionarlo porque lo utilizamos con éxito en nuestra Editorial de Libros en Red-.

5.- El Problema de las Tarjetas de Crédito

Ya hemos reunido **todos los elementos del proceso** y podemos entrar de lleno en el problema del **cobro con Tarjeta de Crédito**.

Se supone que para poder **cobrar con Tarjeta de Créditos** Usted debería tener:

*Un cart o "carrito" o **módulo de compra** en su sitio (para que el cliente pueda seleccionar los productos, indicar el modo de despacho, el medio de pago, dejar sus datos, etc.).*

*Un sistema que le **otorgue seguridad** en la transferencia de datos al comprador (esto tiene que ver con que su sitio sea "seguro", utilice un protocolo de transferencia de datos encriptados -SSL o SET- y tenga la certificación correspondiente).*

*Un **convenio con la Tarjeta de Crédito** para poder procesar la Operación (es decir, que le den el dinero correspondiente a la operación que hizo su cliente con su Tarjeta de Créditos).*

Analicemos cada uno de estos puntos:

<u>Cart o "carrito" o Módulo de Compra:</u>

Como vimos más arriba es **sólo un programa o función** de su sitio que le permite al usuario decidir qué producto adquiere, cómo lo paga, cómo se lo envían, le calcula los impuestos -si corresponde- y los adicionales del medio de transporte elegido, etc.

Esto podría programarlo cuando le desarrollan su sitio en la web (lo cual generalmente es **CARO**), tomar un **certificado digital** para su sitio, instalar alguno de los **protocolos de seguridad** o bien optar por utilizar los diversos sistemas de "cart" que ya se ofrecen preprogramados en el mercado y con todas las funciones disponibles.

Obviamente, si contrata este servicio fuera de su sitio -en vez de desarrollarlo internamente-, es conveniente que escoja el de una compañía que le permita ***"customizarlo"*** y mantener el **mismo formato** de su sitio, para que sus clientes ***"sientan"*** que siguen dentro del mismo aún cuando estén en otro sitio realizando la operación de compra.

<u>Sistema de Seguridad</u>

Ahora bien, cuando el comprador ha ingresado los datos de su operación y se **decide a pagar**, si lo hace con Tarjeta de Crédito, deberá **ingresar sus datos**

personales y los de la tarjeta y se supone que **QUIERE SEGURIDAD** para hacerlo.

En consecuencia Usted debería tener lo que se conoce como *"servidor seguro"*, que es un servidor que posee *"certificado de seguridad"* y el protocolo **SSL** para la **transferencia de los datos.**

Esto quizás no sería necesario si el usuario le avisase que va a pagar por depósito bancario o que pretende el pago por contrareembolso, pero **NADIE** colocará los datos de su tarjeta si no ve el famoso *"candado"* que le indica que está en un *"servidor seguro".*

Lo importante aquí es comentarle que si su proyecto es de envergadura y Usted posee **su propio servidor**, es muy posible que haya tenido que tramitar previamente un *"certificado digital"* y una **licencia para el uso del SSL.**

Pero si su proyecto **no tiene esta envergadura**, es posible que la propia empresa donde hace el *"hosting"* de su sitio, le ofrezca un *"servidor seguro"* (que ya tiene **certificado digital y protocolo SSL** disponible). Si no lo hace la compañía que le da el hosting, entonces estos elementos se los brindará la empresa donde **contrate su** *"cart"* o *"carrito de compras".*

En síntesis: Lo que pretendía explicarle del modo **más breve posible** es que todo el proceso de seguridad y del módulo de compras, **puede tercerizarse a un costo razonable** y sin que ésto implique grandes problemas para Usted -salvo el pago de los montos correspondientes a los servicios contratados-.

Marcelo Perazolo

Convenio con la Tarjeta de Créditos:

Llegamos finalmente a **Roma!!**

Contrariamente a lo que pueda pensar, aún cuando contrate un servidor seguro o una compañía que le brinde el sistema de "cart" esto **NO RESUELVE** el pago con la Tarjeta de Créditos.

Para ello Usted debe tener un **convenio con una compañía** que tome sus operaciones, las convierta en dinero y se lo entregue.

Siempre tratando de mantenernos en un nivel de simpleza repasemos brevemente los elementos que integran la operación con las Tarjeta de Crédito:

*En un extremo están las empresas que son **propietarias de estos productos** (hablo de VISA, MASTERCARD, etc.)*

*Por otro lado, las compañías que **VALIDAN la vigencia** de las Tarjetas de Crédito con las que se hace una operación en concreto -y que son diferentes de país en país-.*

*Por otro lado están los **Bancos** que pueden operar como **intermediarios del Sistema**.*

*En el otro extremo está el **comerciante** que es el que ha **realizado la operación de venta, cobrado con tarjeta** y desea que le **entreguen el dinero**.*

Generalmente los sistemas de Tarjetas de Crédito deben **AUTORIZARLO** a trabajar con su sistema, para ello le piden datos y, en caso de aprobarlo le otorgan un **CODIGO de COMERCIO** con el que realizará sus liquidaciones.

Estas autorizaciones son de **DOS TIPOS**:

La llamada ***"Card Present Account"***, que se otorga con bastante rapidez y facilidad y únicamente habilita para trabajar en operaciones **PRESENCIALES**, donde la tarjeta está **FISICAMENTE** presente y el comprador **FIRMA UN CUPON** que queda como comprobante.

Esta es la que usan los **millones de comercios** del mundo donde Usted ingresa a realizar una compra.

Por otro lado está la *"Card Not Present Account"*, también conocida como **MOTO** (*mailing order, telephone order*), que se aplica cuando la venta es por correo o teléfono y aquí la tarjeta **NO ES TOCADA** por el COMERCIANTE, ni existe **UNA FIRMA** del comprador.

Esta segunda es la que se debería utilizar para Internet y presenta mayores complejidades y trámites para su adjudicación por parte de las compañías, ya que con ellas suelen tener mayores problemas de fraudes.

Es más, muchas empresas de Internet, aún hoy y pese a que **está prohibido,** reciben los números de tarjeta de crédito (*por servidor seguro y todo lo demás*), pero hacen la validación **NO en Internet,** sino en una **máquina de mostrador** y pasan dicha operación como si se tratase de una operación presencial, ya que no han tramitado el **MOTO** -que es más dificultoso de conseguir-.

En este proceso, además, muchas veces intervienen **Instituciones Bancarias** como **intermediarias**, de modo tal que Usted en vez de ir a **CADA compañía de Tarjetas de Crédito**, directamente lleva sus operaciones a un Banco -donde tiene una cuenta-, el Banco centraliza el proceso con cada compañía y le deposita en su cuenta los montos correspondientes a dichas operaciones.

Para evitar que usen Tarjetas falsas, robadas o adulteradas las compañías suelen obligarlo a utilizar **SISTEMAS DE VALIDACION**, (*antiguamente era un cuadernillo con el número de las tarjetas inhábiles y hoy son aparatos electrónicos en los que se pasa la tarjeta y son aprobadas "on line"*)

Si Usted realizaba una operación con una tarjeta de las que figuraba en el listado, la compañía **NO LE liquidaba la operación** y Usted perdía su dinero. Por el contrario, si la tarjeta no figuraba en dicho listado, la compañía se hacía cargo del pago -aún cuando se tratase de una tarjeta inhábil- y asumía el costo de cualquier pérdida.

Con la validación **ON LINE** mediante aparatos electrónicos, el sistema se han cerrado aún más y las compañías de tarjeta **SOLO ACEPTAN** las operaciones que han aprobado previamente.

Cuál es el Problema con la famosa Tarjeta de Crédito entonces?

Los problemas son tres: *a) Seguridad para el Comerciante -usted-; b) Costos de Transacción de Fraudes -para las compañías- y c) Venta de Productos Digitales.*

a) Seguridad para el Comerciante:

Supongamos que Usted recibe una operación por Internet (lo que está prohibido tal como dijimos), pero la valida con su máquina de escritorio y dicha operación es **APROBADA** -lo que significa que la tarjeta no es robada o está inhabilitada-.

Usted **despacha el producto** y a los pocos días, la compañía le informa que el propietario de la tarjeta ha **RECHAZADO la operación.**

Como Usted **no tiene un CUPON FIRMADO** -ya que recibió los datos por Internet- sus posibilidades de probar que el cliente hizo la operación son casi nulas y deberá hacer un juicio para demostrar que usted despachó el producto, que no lo cobró por otro medio, etc, etc.

Los **costos de ese proceso** hacen que sus costos sean mayores a los resultados que puede esperar y en la mayoría de los casos deberá dar por **perdida esa operación**.

b) _Costos de Transacción de Fraude_ -para las compañías de Tarjetas-:

Si bien la compañía de tarjetas de crédito en muchos casos no perderá dinero (ya que el comerciante no podrá acreditar la operación), el hecho de que **MILES de números** de tarjetas de crédito queden en poder de comerciantes vía Internet, incrementan las posibilidades de fraudes. Además, el trámite interno de las operaciones rechazadas representa un costo de **MILLONES DE DOLARES** para las compañías -aún cuando no deban pagar el monto del producto comprado-.

Por ello, las compañías **NO PERMITEN** que Usted use el **sistema de venta presencial** (donde se supone que le firman el cupón) en sus operaciones **ON LINE**.

c) *Venta de Productos o Servicios Digitales:*

El problema se agrava en el caso de los comerciantes que venden **productos digitales** (como *software, música o libros*) ya que éstos están **ENTREGANDO** el producto **ON LINE** y en el instante en que se realiza el pago con tarjeta.

Si dicha tarjeta resulta inhábil o el propietario rechaza la operación posteriormente, el producto **ya estará entregado** y la prueba del fraude es **MUCHO MAS DIFICIL** aún que en el caso de un producto físico, ya que en este caso ni siquiera tiene un **DOMICILIO REAL** donde el mismo fue despachado.

Para evitar estos problemas es que existe la posibilidad de contar con los sistemas de **VALIDACION ON LINE** (*desde Internet*) para la venta con **Tarjetas de Crédito** en la modalidad de **VENTA NO PRESENCIAL o MOTO.**

El inconveniente es que en **casi todos los países de la región** (salvo España -desde hace relativamente poco- y Brasil), los sistemas de Tarjetas de Crédito y los Bancos **no han encarado las inversiones** necesarias para realizar este procesamiento *"on line"* (*para lo que deberían instrumentar posiblemente el sistema SET*) y en consecuencia los comerciantes de la región **NO PUEDEN** contratar este servicio localmente.

En el caso de España puede consultar el Sistema de Pago de **BANESTO** que opera con un sistema de validación basado en **SSL** y que próximamente promete ser en el entorno **SET**

Lo digo de nuevo: Si Usted va a su Banco (salvo España) y le dice que quiere validar tarjetas desde

Internet le contestarán *"no damos ese servicio aquí"*.

Si Usted quisiese recibir los números de tarjeta por Internet, para hacer la validación *"on line"* con las máquinas de escritorio, estaría cometiendo **UN FRAUDE** (*penado por la ley*) ya que en realidad el cliente **NO ESTA AL FRENTE SUYO** firmando el cupón como indica el contrato, sino que Usted está pasando la operación de modo irregular.

O bien lo descubren, lo quitan del sistema e incluso hasta lo demandan penalmente, o bien corre el gran riesgo de **NO PODER reclamar** las operaciones que le sean rechazadas por los propietarios de las tarjetas y perderá el precio de los productos que haya entregado.

Cómo se soluciona esto?

Si el servicio para poder cobrar y validar tarjetas "on line" en Internet de modo válido no puedo hacerlo en la región quizás pueda contratarlo en dónde estén prestando ese servicio.

Y dónde están prestando ese servicio? **Principalmente y desde hace años en EE.UU.**

Maravilloso!!! vamos a contratarlo allí!!!

Aquí empiezan los problemas.

Para prestarle el servicio de cobro y validación de tarjetas de crédito *"on line"* la mayoría de las compañías que prestan ese servicio pretenden que Usted tenga un instrumento financiero que se llama *"merchant account"*

Qué es el "Merchant Account"?

Es un tipo de **cuenta bancaria especial** que sólo le otorgan a los **COMERCIANTES ACREDITADOS** a fin de evitar fraudes con las tarjetas de crédito -y de paso realizar el **control fiscal de los impuestos y evitar el lavado de dinero**-.

Así como es muy sencillo abrir una cuenta bancaria en EE.UU. aunque NO SEA un ciudadano norteamericano, es **BASTANTE DIFICIL** cubrir los requisitos que se necesitan para la habilitación de una *"merchant account"*.

Por lo pronto necesitaría el **SSN (Social Security Number)** -algo así como el número de documento de identidad- si es una persona física y el **EIN -número fiscal-** en caso de ser una **empresa**.

Dicho de otra forma: Para obtener una *"merchant account"* como mínimo hay que tener **una empresa en EE.UU.** o **ser un ciudadano o residente** con número de seguridad social y un **domicilio válido**.

Pero esto no es todo, muchos bancos exigen **otros requisitos adicionales**, tales como: *cierta cantidad de años de antiguedad como cliente del Banco, la presentación de liquidaciones de impuestos por más de dos años, comercio con instalaciones a la calle, etc., etc., etc.*

Quién **NO POSEA** una *"merchant account"* en EE.UU. **no podrá contratar** un sistema para el cobro y validación de sus operaciones de tarjeta de crédito "on line" en Internet allí y **TAMPOCO en su país** porque ese servicio **no está siendo prestado en la mayoría de los casos** -o si lo prestan es a un costo desmesurado-

Entonces no puedo utilizar el cobro con Tarjeta de Crédito en Internet?

No he dicho eso, para algo ha comprado este libro.

Si bien se supone que cada día irá siendo **MAS SIMPLE** contratar este tipo de servicios a un **COSTO RAZONABLE** en nuestros países, al menos hoy el camino pasa por **encontrar compañías** que lo ofrezcan en **valores lógicos** y con un sistema que **no requiera de "*merchant account*".**

He seleccionado **CUATRO compañías** que poseen sistemas simplificados para operar bajo diversas modalidades y que a continuación le refiero con sus principales características.

Hay otras -con esquemas más complejos, más caros o menos confiables- y cada día que pase aparecerán nuevas opciones en el mercado.

MERCHANT SERVICES

www.totalmerchantservices.com

Solo para que tenga un ejemplo, esta es una típica compañía que trabaja con comerciantes que **poseen la "*merchant account*".**

Como podrá apreciar, los costos son particularmente bajos:

U$S 0,35 por validar cada operación **2,4%** de comisión sobre el monto de la operación **U$S 10** al mes como abono fijo.

U$S 10 al mes por el uso de su gateway.

CCNOW - www.ccnow.com

Esta compañía **NO sirve** para la venta de **PRODUCTOS DIGITALES**, sólo acepta clientes que vendan **PRODUCTOS REALES** que se despachan físicamente al domicilio del comprador.

Aquí **NO NECESITA** contar con una *"merchant account"*

No cobran set-up (alta al sistema), **no cobran fees u honorarios mensuales** y se quedan con el **9% de su venta como comisión.**

Como puede apreciar es bastante conveniente para quienes venden productos físicos aún cuando su comisión sea alta respecto a otros sistemas.

<u>VEROTEL</u> - www.verotel.com

Esta compañía acepta trabajar con **productos digitales**, sistemas de apuestas, sitios de sexo y otra múltiple y variada cantidad de opciones. Estas aparentes ventajas tienen como contrapartida que se quedan con una comisión de entre el **12% y el 19%** de la operación -variable según el monto de la misma, menos comisión a mayor monto y viceversa-

<u>CLICKBANK</u>- www.clickbank.com

Esta compañía actúa como su **agente de cobro** (*es decir en la liquidación de sus clientes le figurará que el pago lo hacen a "clickbank" y no a su negocio*). Ellos también aceptan productos digitales pero con algunas restricciones (no apuestas, pornografía, etc.) y sus costos son:

U$S 50 de set up (o alta en el sistema) por única vez **U$S 1** por cada operación validada **7,5%** de comisión en cada operación.

Puede analizar cuál le conviene más en su caso.

El único aspecto que conviene le advierta, es que estos sistemas le liquidan sus montos de modo **quincenal o mensual**, pero **suelen quedarse con un porcentaje adicional** como *"garantía"* durante las primeras operaciones, el que le van restituyendo poco a poco a medida que pasa el tiempo y la relación entre las partes se hace más habitual.

He aquí todo el secreto que nadie quiso aclararle durante todo este tiempo!!

NOTA: *Tenga presente que como todo en Internet, es posible que estas compañías* **cambien sus condiciones o sistemas, porcentajes y precios** *y hasta que* **dejen de existir** *entre el momento en que escribo esto y que Usted decida realizar la consulta.*

Conclusiones

a) Puede encarar su negocio en Internet en base a un amplio arsenal de recursos que le permiten iniciarse con un **Newsletter o Lista de Discusión** y poseer incluso su **sitio web.**

b) Hacer negocios **NO ES** tener un **Newsletter, Lista de Discusión o sitio web**, sino contar con una **ESTRATEGIA** tendiente a **desarrollar comunidades** y a **capturar el valor** de las mismas mediante la **provisión de productos o servicios.**

c) Las herramientas para el **desarrollo de comunidades** se complementan con el uso de **Boletines, Foros y Chats.**

d) Las comunidades sólo se consolidan cuando Usted está en condiciones de ofrecerles **VALOR AGREGADO** real y tangible.

e) Para poder comercializar en la red, el mayor problema está vinculado a los **medios de pago**, que involucran además los problemas de **seguridad y carts o "carritos de venta"**

Marcelo Perazolo

f) Es posible **subcontratar estos servicios externamente** e incluso existen diferentes opciones para concretar las **ventas con Tarjetas de Crédito** -si no existen en su país- sin necesidad de contar con una *"merchant account"* en EE.UU.

g) A nivel doméstico de cada país, las opciones de pago son mayores -ya que incluyen los ***depósitos bancarios, el pago contra-reembolso y en algunos casos las tarjetas prepagas-***

Debemos considerar ahora la problemática de **DIFUNDIR un Proyecto** en la red, tema la que nos dedicaremos en el siguiente capítulo.

Promoción y Publicidad

Tanto sea que opte por iniciar su proyecto desde un **Newsletter, una Lista o un Sitio Web** (o un mix de todos ellos), debe **encarar la difusión y promoción** del mismo.

Esta es una tarea compleja y dificultosa a la que hay que dedicar mucho de lo que nosotros llamamos **"TIDE"** (*tiempo, inteligencia, dedicación y esfuerzo*).

No es tarea de un día, no es tarea para un único sistema. Es un esfuerzo constante, persistente y donde su capacidad de aprovechar oportunidades sera crucial.

Por supuesto, si dispone de uno o dos millones de dólares quizás su esfuerzo no sea tan grande después de todo...llame una buena agencia de publicidad que se encargue de la tarea y Usted dedíquese sólo a posar para las fotos en las entrevistas.

Pero, como se supone que esta es una Guía Práctica para realizar el proceso con escasos recursos, aquí va una lista detallada de los medios y opciones que puede explorar:

Inclusión en Buscadores y Directorios

Este punto tiene una gran importancia, pero debe ser consciente de los problemas con los que va a encontrarse.

Obviamente sólo puede utilizarlo si **tiene un sitio web** -ya que si sólo cuenta con una Lista o un Newsletter no tendría un sitio al cuál referirlo-

Existe una primera distinción:

Buscadores: son sitios que poseen un *sistema de búsqueda e indexado automático* de páginas existentes en Internet y a las que luego se accede por **voces clave** (Ej: **Altavista, Lycos**). Aceptan páginas sugeridas o buscan por su cuenta a lo largo y ancho de la red mediante programas especiales llamados "spiders" o "arañas".

Directorios: son sitios que ordenan otros sitios *según categorías* diversas (*temáticas, países, etc*), el caso paradigmático es **Yahoo** -que también incluye un buscador-. En los directorios para figurar, generalmente hay que registrar la página ya que **no todos** incluyen sistemas de búsqueda automática.

Meta Buscadores: Se trata de programas más recientes y que se encargan de realizar la búsqueda que solicita el navegante en los **principales Buscadores y Directorios** para mostrarle una vista completa de resultados. Generalmente **NO POSEEN sus propios archivos** sino que se encargan de

buscar en los archivos de los demás.
Ya que no trataremos de modo diferenciado el caso de
los Metabuscadores, le damos algunas direcciones por
si quiere visitar algunos de los más reconocidos o
eficientes y ver cómo trabajan:

1) www.metaeureka.com/
2) www.metamonster.com/
3) www.completeplanet.com/
4) www.metacrawler.com/
5) www.metaindice.com

1.- Introducción al Problema de los Buscadores:

Los **buscadores** (al estilo de ***Excite, Altavista,
Lycos*** o cualquiera de los existentes en cada país) son
una de las principales puertas de acceso a la
información en la red y eso está fuera de discusión.

El problema es que si su sitio web no aparece en la
primer o segunda página de resultados, tiene pocas
posibilidades de que sea accedida por algún navegante
(*nadie llega hasta la **página 173** en la lista de
resultados*).

Cada buscador utiliza **diferentes sistemas,
algoritmos y procedimientos** para posicionar las
páginas que muestra "*más arriba*" que las restantes.
Es un tema bastante específico ya que incluso dichos
criterios **varían de época en época** a fin de evitar
que ciertos "*trucos*" que hacen los especialistas alteren
o afecten el orden en que son mostradas las mismas.

Los principales criterios que utilizan los buscadores
para mostrar una búsqueda a un visitante para una

palabra clave concreta, básicamente son **cuatro** (*y no todos los usan del mismo modo*):

Criterios de Pertinencia: Los buscadores se fijan que la ***URL o nombre del sitio***, las ***voces claves*** del mismo, y el ***título*** tengan **vinculación** con la palabra buscada. Ej: el sitio ***"medicina.com"***, con el título "***La Medicina***" y entre sus voces clave la palabra ***"medicina"*** tiene sin dudas grandes posibilidades de aparecer **bien posicionado** cuando alguien busque con la voz ***"medicina"***.

Criterios de Relevancia: Algunos buscadores se fijan además que en el ***texto o cuerpo*** de la página web, esas palabras aparezcan repetidas una gran cantidad de veces, lo que da idea de que la página trata del tema buscado. - siguiendo el ejemplo anterior, el buscador controlaría además que la palabra ***"medicina"*** aparezca la mayor cantidad de veces en los textos propiamente dichos-.

Criterios de Selección: Algunos buscadores van subiendo de posiciones a los sitios web que han sido más veces ***consultados por los navegantes*** (*asume que si son muy consultados es porque son buenos e importantes para ese tema*)

Criterios de Difusión: Otros buscadores se fijan que el sitio esté referenciado por la mayor cantidad de ***links en otro sitios*** (*asumiendo que un sitio que a su vez es sugerido en otros 1000 debe ser muy importante*).

Esta es una lucha permanente entre los **buscadores** y los **expertos en posicionamiento** que mutuamente tratan de "*derrotarse*" en la permanente lucha por el posicionamiento.

Inicialmente los criterios de *"pertinencia"* tenían gran importancia, por lo que muchos expertos empezaron a registrar un dominio para **cada voz clave** que les interesaba y desde esa página direccionaban a la principal - o utilizaban un sistema especial llamado *doorways-*.

Ante este hecho los buscadores empezaron a dar importancia a la *"relevancia"*, entonces los expertos empezaron a llenar las páginas de la palabra clave, repetida una y otra vez para subir en la escala (digamos que ponían: *"medicina, medicina, medicina, medicina"*) -a esto los buscadores lo llaman *"técnicas de spaming"* y tratan de castigarlo en la medida de sus posibilidades

Entonces los buscadores empezaron a controlar la *"selección"* de los navegantes y frente a esto los especialistas prepararon **programas especiales** para *"clickear"* de modo automático su sitio una y otra vez y de este modo sumar *"clicks"* para la estadística.

Entonces los buscadores han optado por trabajar más sobre la *"difusión"* y analizar si un sitio está muy referenciado en otros o no y que en principio se trata de un proceso más difícil de resolver (y burlar) para los especialistas.

En síntesis: los buscadores hoy utilizan una **combinación de criterios** para dificultar procesos dirigidos en la ubicación de las páginas, pero en esta lucha los expertos permanentemente estudian los mejores *"trucos"* para burlar los controles y conseguir subir sus páginas, lo que obliga a los buscadores a un permanente cambio en los criterios utilizados.

Por qué le explico esto?

Porque debe comprender unos **pocos enunciados claves** para no llamarse a engaño:

El posicionamiento en los buscadores hoy es un hecho **tan complejo, caro y sofisticado** -si quiere hacerlo con un **máximo de éxito**- que, o bien dispone de **mucho dinero** para contratar a los especialistas o bien se conforma en quedar "*donde el destino lo deje*".

Los principales buscadores trabajan **EN INGLES** y el hecho de posicionar voces **EN ESPAÑOL** presenta **ventajas y desventajas**.

<u>**Una Ventaja**</u>: Si bien puede olvidarse de posicionarse en *"business"* -sería casi imposible ya que hay **MILLONES** de sitios detrás de esa voz clave (y la cifra **MILLONES** no está usada en sentido figurado sino **LITERAL**), en cambio la voz "*negocios*" sólo es peleada por unos pocos miles -en español somos menos-.

<u>**Otra Ventaja**</u>: Al ser menos los sitios en español, **más oportunidades tiene** de lograr un buen posicionamiento -aún sin expertos- mientras más específicas sean sus voces claves o su título o su dominio -busque "*corbatas*" en un buscador y verá de lo que hablo-

<u>**Otra Ventaja**</u>: Cada vez más los buscadores están derivando sus sistemas de selección y búsqueda a compañías especializadas -tal el caso de **EXCITE e INKTOMI** que proveen el servicio a varios portales-, por lo que cuando logre figurar en un buscador, simultáneamente aparecerá en los otros.

<u>**Otra Ventaja**</u>: Algunos grandes buscadores como **YAHOO** -el mayor del mundo- ha habilitado

recientemente sus motores en español (en *España, Argentina, México*, etc.) y está muy receptivo a incorporar de modo rápido nuevas páginas -cuando es casi imposible ser incluido en el **YAHOO** en inglés-

<u>Desventajas</u>: Las palabras con ortografía particular -caso de "*España, moño o Madroño*" pueden presentar dificultades de ser entendidas por los buscadores y otro tanto con las que tienen **ACENTO** -tal el caso de "*camión o cúspide*". Por lo que debe cuidarse de escribirla **CON y SIN** acento para asegurarse figurar en ambos casos (lo de la *"eñe"* es un caso perdido).

<u>2.- Aspectos Vinculados a la Programación de la Página:</u>

Hemos dicho que este no es un Manual Técnico. Si es un entendido en programación ya sabe de qué se trata y si no es un programador sería inútil que avancemos en cuestiones demasiado específicas.

Lo que **SI debe saber** -para pedirle a su programador-, es que su página cuente con **TODOS los elementos** que utilizan los buscadores **para indexarlas** en sus búsquedas por la red.

*Uno de los principales es el <u>**TITULO**</u>. Los buscadores le dan gran importancia en general a la especificidad del título y su relación con las voces claves y la descripción de su sitio a la hora de posicionar su página.*

*El otro está referido a las <u>**etiquetas META o META TAGS**</u>, de las que hay varias y una de las principales son las <u>**VOCES CLAVE**</u> (keywords) que deben* *incluir todos los aspectos por los que le interesa que un navegante llegue a su sitio.*

Existen decenas de sitios con información actualizada sobre las estrategias de cada buscador para el posicionamiento, los mejores y más actualizados están en inglés, pero de todos modos se los informo por si tiene interés con consultarlos:

<u>Spider Free Trial</u> - www.smithfam.com/spider/

En este sitio vende un software para hacer la tarea, pero lo importante es la **zona de artículos** que contiene una gran cantidad de información valiosa (*y gratis*).

<u>SearchPositioning</u> - www.searchpositioning.com

Menos cuidado y algo más caótico que el anterior, pero posee manuales gratis, artículos y una serie de novedades de interés (*entre ellas un listado de las palabras más utilizadas en las búsquedas*).

<u>Virtual Promote</u> - www.virtualpromote.com

Este es uno de los sitios **más recomendables** en la materia, tanto por la **cantidad y calidad de los contenidos**, como por el nivel de las herramientas ofrecidas.

<u>Site Owner</u> - www.siteowner.com

Similar al anterior -aunque de menos jerarquía-, información general y oferta de servicios, pero agrega algunas opciones como la de poder chequear en qué posición se encuentra en los diferentes buscadores y ofrece ayuda para el armado de los Meta Tags.

<u>Search Terms</u> - www.searchterms.com

Lo interesante de este sitio es que informa **cuales son las principales voces de búsqueda** utilizadas actualmente en Internet. Obviamente son voces en inglés, pero puede traspolar sus conclusiones al español a la hora de definir cómo posicionar su sitio (Ej: Al día de hoy entre las 100 palabras más utilizadas en los buscadores *"horóscopo"* ocupa el lugar **37** y *"legal"* el **38** por citar un ejemplo, obviamente **"sexo" es el número uno**!!).

<u>Any Browsers</u> - www.anybrowser.com

Este es un sitio **muy completo** y con gran cantidad de recursos para analizar la compatibilidad de la página con diferentes browsers, el análisis de los META TAGS, la existencia de links rotos, la calidad del código fuente e información de suma utilidad.

<u>Website Garage</u> - www.websitegarage.com

Quizás uno de los sitios **más famosos y completos en su tipo**, ofrece todo tipo de servicios y controles para su sitio web -incluso el análisis de sus gráficos y hasta la posibilidad de reducirlos en tamaño para incrementar la velocidad de las visitas-

<u>Add Me</u> - www.addme.com

Este sitio también es **muy recomendable**, tanto por sus contenidos, como por sus herramientas (*ofrece registro automatizado en los 30 primeros buscadores*).

<u>Score Check</u> - www.scorecheck.com/home.html

Le permiten un **seguimiento de la posición** de su sitio en los diferentes buscadores y le avisa por email cuando su sitio "sube" o "baja" en la colocación dentro del buscador -para que no tenga que estar haciéndolo Usted todos los días-, hay un servicio gratuito y obviamente el pago que brinda mayores prestaciones.

<u>Search Engine Watch</u>

www.searchenginewatch.com

Otro sitio con gran cantidad de información, contenidos, sugerencias (gratis) junto a los sistemas de pago correspondientes, tanto para el registro como para el seguimiento de las posiciones.

Web Position - www.webposition.com

Este es uno de los softwares de posicionamiento más **famosos y reconocidos** (que se vende en su versión **GOLD** y posee una **versión de prueba gratuita**), además encontrará un completo curso para el posicionamiento de sitios en Internet.

Los Recursos - www.losrecursos.com

Este sitio, totalmente en español y mantenido por **Walter Martinez** posee innumerables recursos para potenciar sitios web, si bien no existen tantas herramientas de aplicación directa como en algunos de los anteriores, una de sus ventajas es que se encuentra totalmente en español

3.- El Problema en los Directorios:

A diferencia de los buscadores, los **Directorios** poseen sitios **ordenados en categorías** y en los que se supone un operador *"humano"* controla la calidad de los sitios y la categoría en la cuál los incluye -esto no es siempre así, pero **YAHOO** lo hace aún a la fecha y para millones de sitios catalogados-.

Por lo general para ser incluido en estos Directorios hay que cargar el sitio en la Ficha que especialmente tienen dispuesta para esos fines, algunos Directorios pueden ser cargados *"automáticamente"* pero muchos de ellos obligan a que la carga se haga **manualmente** y se incluyan todos los datos que ellos solicitan de cada sitio.

A diferencia de los Buscadores, donde la clave es la estructura de programación de la página a fin de asegurarse un correcto indexado de la misma (*el tema de los títulos y meta tags*), en los Directorios las claves principales son:

Un **Título atractivo** y descriptivo del Sitio

Una **Descripción del Sitio** adecuada al llenar la **Ficha del Alta**

Escoger una **Categoría adecuada** y que guarde relación con el tipo de público que busca para su sitio (obvio, si da de alta su sitio de Medicina en la sección de "*recetas de cocina*" pocos serán los médicos que se enteren de su existencia).

Así como los principales buscadores del mundo están muy concentrados, existen literalmente **MILES de Directorios** en cada país y sobre los temas más diversos.

Aquí le indico **dos caminos simplificados** para llegar a muchos de ellos:

Guby - www.guby.com

Este emprendimiento nuclea a varios de los principales buscadores y directorios de casi todos los países de **América Latina.**

Tingloop - www.tingloop.com/buscador.htm

Este es un proyecto personal de **Tomás Vidal de España** que se ha tomado el trabajo de buscar, seleccionar e incluir los **buscadores y directorios** de cada país de lengua española (*aproveche para felicitarlo por el esfuerzo si lo visita*). Desde aquí llegará a todos y cada uno de ellos.

Inclusión en Boletines y Newsletters:

Este es uno de los medios más eficaces de hacer conocer un **sitio web, un Newsletter o una Lista.**

Existen **tres estrategias** posibles:

*Enviar una reseña de su sitio web o Newsletter o Lista, al **propietario del Newsletter** y solicitarle que tenga a bien mencionarlo cuando analice sitios y otras opciones de beneficio para sus suscriptores.*

Escribir uno o más artículos -de calidad y relacionados a la temática del Newsletter- y ofrecerlos como colaboración -con el encargo de citar la fuente y el link o la publicación.

*Ofrecer **citas recíprocas o un link en su sitio o Newsletter** como devolución de atenciones.*

Ambos medios son caminos habituales para aprovechar la gran capacidad de difusión de estos medios *"on line"*. Como es obvio, mientras **mayor sea el público al que llega ese Newsletter**, mayor su impacto y capacidad de difundir su propia iniciativa.

Intercambio de Banners

Esta es una práctica **muy habitual** cuando Usted tiene un sitio web.

Existen varias posibilidades para esto:

1.- Intercambio Directo entre Webmasters:

Los webmasters suelen enviar emails a otros colegas y les ofrecen **intercambios recíprocos de links y banners.**

La sugerencia es que navegue permanentemente en la red buscando sitios similares al suyo -o diferentes pero cuya clase de público le interese atraer a su sitio- y cuando detecte uno que le interese, escriba a su webmaster para proponerle el intercambio.

Es una estrategia **muy interesante**, pero advierta los pros y contras:

Por **cada banner que le coloque**, Usted deberá **poner uno en su página**. Al cabo de un tiempo y de varios convenios con otros sitios, puede convertir el suyo en un aquelarre de banners diversos que le quiten el aspecto **atractivo y profesional** que se supone debe tener.

Cada banner que coloque es una opción más para que **SU navegante se vaya a otro lado**. Es cierto que a cambio de ese potencial perjuicio, a Usted le están **enviando tráfico desde otro sitio** y eso puede que compense el riesgo.

Debe existir **cierto equilibrio en las impresiones recíprocas** en estos intercambios. No puede pretender que su colega coloque su banner durante un mes -ofeciendo hacer lo mismo- cuando en el sitio de él ingresan **100.000 personas al mes** y en el suyo **sólo su madre y su esposa** porque recién empieza. A la inversa, cuando le ofezca intercambio un sitio con **menos tráfico**, trate de establecer una compensación que lo justifique para mantener el equilibrio.

Trate de hacer los intercambios **SOLO con sitios que guarden ARMONIA TEMATICA o conceptual** con el suyo. Esto no significa necesariamente que estén en el **mismo tema**, sino que no se trate de una vinculación que afecte su prestigio o nivel. *Ej: Qué pensaría un usuario de un sitio pornográfico si el link lo lleva al sitio de las "Hermanas de la Santa Compañía"?*

2.- Sistemas de Intercambio

Aclaremos que existen sistemas para el **intercambio de banners** que funcionan del siguiente modo:

Usted coloca en su sitio una **porción de código** que traerá un banner en cada ocasión que un visitante ingrese a su sitio.

Por cada dos o tres impresiones en su sitio -según el sistema- un banner suyo será puesto **una vez** en otro sitio que forme parte del sistema a fin de atraer tráfico al suyo.

Estos sistemas **no son malos en sí mismos**, pero advierta estos aspectos:

Si su sitio tiene **poco tráfico**, la cantidad de banners suyos que aparecerán en otro lado será **muy baja.**

Los banners de terceros que aparecerán en su sitio pueden ser **de lo más extraño y fuera de tema** -y eso afectar la imagen de profesionalidad de su sitio en la percepción de su visitante-

Siempre tendrá **poco control** sobre el tipo de tráfico que le llega por este medio, ya que rara vez puede saber a ciencia cierta en **QUE SITIO** su banner es colocado.

Convengamos que los sistemas de intercambio son cada vez **más sofisticados** y por lo general le piden un perfil para saber qué tipo de banners Usted desea recibir y en qué tipo de sitios desea que aparezcan los suyos. Sin embargo, los algoritmos de estos sistemas, si no encuentran un sitio que cumpla sus deseos, va a parar a cualquier otro.

Le incluyo una lista de los principales sistemas en español (ya que en inglés hay muchos otros, pero quizás no sean los más apropiados para su emprendimiento).

www.bannerswap.com

www.bannerlandia.com

www.cambia.net

www.clicklatino.com

www.bannercambio.com

www.2url.com

3.- Sistemas de Anillos (Rings)

Este es un esquema muy ingenioso, ya que trata de relacionar sitios que tengan algún tipo de vinculación, puede ser temática (*todos los sitios de historia*) o geográfica (*los sitios Ecuatorianos*).

Si Usted incorpora su sitio a un sistema de anillos deberá incluir un banner, pero a diferencia de un banner publicitario en éste existen una serie de links especiales que generalmente permiten:

Ir al ***Próximo Sitio*** *del Anillo*

Ir al ***Sitio Anterior***

Saltar *Cinco (o Diez) Sitios hacia adelante (o hacia atrás)*

Ir a un sitio del anillo, **pero al azar** *(de modo aleatorio).*

Esto le asegura al navegante que seguirá conociendo sitios de la misma temática -u origen- y le brinda un estímulo adicional para seguir su visita. El visitante que encuentra **UN sitio del anillo**, luego puede llegar a todos *"saltando"* de uno a otro en base al link especial que los vincula.

Lo considero uno de los sistemas más atractivos para generar tráfico y hacerse conocer.

Las principales opciones disponibles (en español) son:

www.anilloweb.com

www.spanishring.com   (*últimamente aparecía desactivado)*

www.anillo.com.ar (*para sitios de Argentina)*

www.ringsurf.com

www.webring.org (*este es de Yahoo, en varios idiomas y obviamente de gran tamaño)*

Lo destacable del caso es que, en la hipótesis de **no existir** un *"anillo" o "ring"* en el tema que a Usted le interesa (*Ejemplo: Física Cuántica*) en muchos de los sistemas le permitirán **CREAR UNO** y administrarlo (*es decir, encargarse de hacerlo crecer mediante invitaciones).*

Analice cada sistema en particular, ya que algunos incluyen **PUBLICIDAD** en el banner del anillo, en tanto que otros sistemas son más "institucionales" y no la incorporan -vea que le conviene en su caso-.

Gacetillas de Prensa

Este es un tema especial que involucra tres puntos:

*Cómo se **redacta** una Gacetilla de Prensa?*

***Publican los Medios** las Gacetillas de Prensa?*

*Cómo encarar una **campaña de Prensa**?*

Empecemos por las generalidades: Hay gente **especializada en esta tarea** -y obviamente agencias de prensa-. **Cobran por sus servicios** y realizan una tarea mejor o peor, según sea su **calidad profesional** (como en todos los servicios).

Esto puede salir **más barato de lo que piensa**, así que, como en todos los órdenes de la vida por allí es conveniente salir y preguntar un poco.

Un agente o agencia de prensa en principio sabrán cómo **redactar adecuadamente el texto** de su Gacetilla, adaptarlo a cada medio según sus características y lo que es más importante...conocen **a quién llevarlo** para asegurarse que lo publiquen o **CUANTO CUESTA** lograr que lo hagan.

En muchos casos **es más económica** una campaña de prensa que la **contratación de publicidad** (*en un caso lo publicarán como noticia, en el otro está pagando un aviso*). Un buen agente logra más *"**centímetros y notas**"* en los medios, que su equivalente invertido en publicidad directa.

Marcelo Perazolo

Como todo en la vida, tiene sus trucos y en muchos casos se topará con gente poco profesional que no logrará los resultados que busca.

La otra opción es **preparar y enviar uno mismo las gacetillas**.

Aquí ocurren dos cosas diferentes -y en esto influye mucho el país o la ciudad donde se encuentre o el tipo de medios a los que remita la información-.

Muchos medios tienen una **política abierta** para publicar gacetillas y si la suya está bien redactada tiene una alta probabilidad de lograr un aviso. Los medios siempre necesitan noticias y novedades para rellenar los espacios y en algún momento -no siempre con la velocidad que Usted desearía- es posible que su pedido sea cumplido.

Sin embargo, los medios más importantes y de mayor tirada tienen tal demanda -como es lógico- que encaran esto de un modo más comercial y cobran por las gacetillas tanto como por los avisos -releer arriba el párrafo dedicado a los agentes de prensa-.

De todos modos, si su presupuesto es **CERO**, no le queda otra opción que intentar este camino, pero para ello es conveniente que su gacetilla esté **BIEN REDACTADA**.

1.- Redactando una Gacetilla de Prensa:

Así como un Juez espera leer un "*escrito legal*" con cierto formato y un médico espera encontrar cierta estructura en una "*historia clínica*", los periodistas o encargados de redacción esperan cierto estilo y formato en una gacetilla -si no lo reconocen suelen dejar la noticia de lado-.

Podríamos dar un curso de *"Cómo Redactar una Gacetilla"*, pero conformémonos con lo básico:

Una Gacetilla debería tener:

Título
Fecha sugerida de Publicación
Síntesis de Contenido
Contacto
Texto propiamente dicho

Un ejemplo para poder comentarlo:

INFORMACION DE PRENSA
"Nuevas Opciones para Textos Docentes"
PARA PUBLICACION INMEDIATA
Origen: Textos Docentes S.A.
Contacto: Juana Perez, Teléfono: 43434343
Ampliación de Información: Disponible
Posibilidad de Entrevistas: Disponible
Síntesis: Empresa Textos Docentes S.A. regala los textos anuales a los docentes.
Título: Los docentes encuentran ahora un nuevo medio para acceder a sus textos SIN CARGO.
Texto:
La empresa "Textos Docentes S.A." regala los textos de estudio a los docentes que forman parte de su Club de Docentes. - "Esta es una opción muy interesante para que los docentes aprovechen mejor sus ingresos, lo que equivale a que ganen más dinero" -dijo el Dr. Ernesto Gómez -experto en ingresos docentes- en la

presentación realizada recientemente en el Hotel Continental.

Con este sistema, los docentes que se reúnen en los "Clubes Docentes" que ha formado la empresa "Textos Docentes S.A" pueden acceder a sus textos anuales. Mayores datos pueden consultarse en la sede del Club en xxx, teléfono xxxx.

Cómo pueden ver está claramente indicado que se trata de "*Información de Prensa*" y que la misma puede ser publicada **"*Inmediatamente*"** (pudo sugerirse allí - "***Publicar para el Día del Maestro***")

El hecho de dar una "***fecha de publicación***" puede ayudar al que arma las noticias para que lo ubique desde ahora o lo reserve para una fecha especial.

Los datos de la **Empresa y DEL CONTACTO** son cruciales, ya que puede ocurrir que la noticia sea **TAN INTERESANTE** que motive al medio a llamar para pedir mayores detalles o bien para solicitar una nota más completa (***qué bueno, no?!!***).

Es crucial que no dé los datos generales de la empresa, sino de un **CONTACTO de "*carne y hueso*"** -y **un teléfono directo**-, a los medios no les gusta perder tiempo averiguando quién envió una gacetilla o con quién pueden hablar para ampliar estos datos -y usted puede perder la oportunidad de una entrevista gratis por NO DAR UN TELEFONO adecuado-.

La "***síntesis***" le da a quién procesa la información una idea general sobre el tenor y contenido -y ellos siempre están ocupados, así que sea claro y trate de atraer su atención-.

Un buen *"título"* puede ayudar a que **usen ESE** y **no el que ellos quieren** (y puedo asegurarle que cuando al título lo ponen ellos, *NI USTED reconocerá* que se trata de su aviso).

Finalmente el *"texto"* debe ser sintético, claro y brindar una información general y útil. Cuando se cita la opinión de un *"experto"* suelen tener un mayor suceso.

No le sugiero que **agregue los precios** o un **detalle muy comercial de su servicio o producto**, porque lo tomarán como una **PUBLICIDAD** demasiado abusiva y posiblemente no se lo publiquen, piense en un enfoque relativamente *"institucional"* (recuerde que se lo publican gratis). Es más, quizás ni publiquen su dirección o teléfono, pero si es cuidadoso trate de ponerla.

De este tipo de publicaciones **no espere** tanto que difundan sus teléfonos, horarios y precios (eso los medios lo reservan para la publicidad), pero al menos cientos de personas que lean el anuncio se enterarán que Usted existe y estarán más atentos para encontrarlo.

El caso particular de los **sitios web** presenta una ventaja, generalmente en la gacetilla Usted dirá: *"La Empresa LibrosenRed.com..."* -y aún sin quererlo estarán **citando su sitio web**, ya que un usuario de internet lo reconocerá fácilmente cómo **www.librosenred.com** y se ingeniará el modo de tipearlo en la red para buscar más datos.

Comentario Final: Si encara por su cuenta la campaña, quizás tenga más suceso con los medios chicos que con los grandes y en los especializados antes que con los generales, pero...a falta de dinero deberá **esforzarse más** (*visite los medios, pregunte quién es el responsable de las Gacetillas, pida el teléfono, moleste, hable, insista...los pobres **no tenemos más opción que ser persistentes**).

Programas de Radio

Realmente utilizamos este poderoso medio **bastante menos** de lo que deberíamos por falta de experiencia en sus características y modalidades.

Son aplicables los mismos comentarios que en el caso de las Gacetillas de Prensa. Posiblemente un Agente de Prensa ya tiene los **"contactos"** para asegurarle su presencia en uno o más programas de diversas emisoras opinando sobre su tema.

Pero **aún sin dinero** puede lograr resultados insospechados. Los programas de radio, por su propia dinámica están más abiertos a recibir novedades.

Prepárese una breve charla de unos **diez minutos** -quizás menos incluso-, con un contenido **INTERESANTE para el programa** (*no con un enfoque comercial, esto vendrá por añadidura*).

Prepare una síntesis del contenido -similar a la gacetilla-, trate de hablar por teléfono con el **PRODUCTOR** del programa al que le interesa asistir, coméntele su caso, envíele un fax con la síntesis de lo que piensa decir y con sorpresa verá que en muchos casos lo invitan a participar o al menos lo entrevistan telefónicamente.

<u>Cuidado!!!:</u> Si su contenido es **MUY COMERCIAL**, el productor le dirá: ***"Amigo, nosotros cobramos por esta publicidad"***, pero si lo encara de un modo **INFORMATIVO o INSTITUCIONAL**, no tendrán inconvenientes en habilitar su participación.

Siempre tendrá tiempo en su amena e informativa charla de deslizar: *"todo lo que dije lo puede ver en <u>www.psp-sa.com</u>"* y seguramente el locutor -que es un buen tipo y conoce el paño- cuando Usted se retire repetirá *"muy interesante, les recuerdo que más datos los verán en <u>www.psp-sa.com</u>"*.

Si cuando lo visita frente al micrófono, le lleva una **estupenda botella de vino** y le pone frente a sus ojos un **ENORME CARTEL con la URL de su sitio** (***para que la pueda citar sin equivocarse luego***), es casi seguro que el locutor lo cite en reiteradas ocasiones y que se encargue de preguntarle *-oh casualidad-* **JUSTO** lo que Usted quiere que le pregunten.

Inclusión en la Papelería Comercial

Cuando imprime papelería para su Estudio, Firma, Empresa o Institución **NO OLVIDE** colocar los datos de su sitio web o el modo de suscribirse a su Newsletter, del modo más visible que pueda.

Incluso sería bueno agregarlo en las **tarjetas comerciales** que luego distribuye de a cientos en sus actividades normales.

Esos papeles luego darán **cientos de vueltas** y el destino hará que caigan en las manos más extrañas y allí estará su dirección electrónica o sitio web para que acudan a él y lo conozcan.

En nuestro caso cuando hacemos un mailing -tradicional- para difundir alguna actividad, siempre anunciamos: *"Si desea suscribirse al Newsletter...."*, *"Si desea visitar nuestro sitio web..."* (ya que hacemos el gasto, obtengamos el máximo provecho).

Siempre me he llevado la sorpresa de ver decenas de folletos, carpetas o tarjetas que **NADA DICEN** sobre la actividad en Internet de esa persona o empresa.

Merchandising - Elementos de Regalo

Los expertos en publicidad saben más sin duda de este asunto, pero debe saber que existen varias alternativas de **muy bajo costo y alto impacto** que puede utilizar en la promoción de su sitio.

Obviamente que para seleccionar las mejores opciones depende mucho el **tipo de público** al que quiera llegar, la ciudad en donde esté radicado, etc.

La clave en esta materia está en buscar un artículo que la gente deba USAR de modo habitual y periódico. Los **DOS productos** a los que le atribuyo mayor éxito en casi todos los casos y a un costo muy bajo son las **LAPICERAS y los ANOTADORES** (en diferentes tipos y formatos).

Por un costo ridículo Usted puede hacer *miles de lapiceras* -o anotadores- y regalarlos en los congresos, en las escuelas públicas, a la entrada de un partido de fútbol o de un concierto, en la plaza pública, etc.

La gente **USA lapiceras y USA anotadores** y si los elementos que usted prepara son agradables y atractivos -no los más ordinarios y descartables que encuentre- tendrá una gran posibilidad de que la dirección de su sitio pase de mano en mano durante mucho tiempo.

Participación en Foros y Grupos de Discusión

En la red proliferan de a **MILES los Foros y Grupos de Discusión**, que son vistos a diario por **MILES de personas.**

Hay **TANTOS y de TAN DIVERSOS TEMAS** que resulta imposible ofrecer una guía que resulte práctica para todos.

Es importante destacar que deben ser **utilizados con cuidado** si quiere lograr efectos reales, ya que estos Grupos, Listas y Foros son también **"*bombardeados*" por spammers** que los saturan de mensajes comerciales totalmente fuera del tema de la lista (lo que causa gran enojo a los que participan en la misma).

Lo ideal sería que Usted fuese un **MIEMBRO CONOCIDO** de ese Grupo, Foro o Lista; es decir que ya hubiese hecho comentarios o participado en la temática. Cuando uno de los miembros realiza una "*sugerencia*" o da un "*aviso de su nueva experiencia*", el resto de los miembros tienen tendencia de ir a ver de qué se trata y el administrador del Foro o Lista suele no filtrar esos mensajes.

Claro que le **resultará difícil** ser parte de cientos de Foros, Listas o Grupos y manejar una gran cantidad de mensajes sólo para poder "*pasar su aviso*".

Sin embargo, por la gran capacidad de comunicación y difusión de estas herramientas, puede ser conveniente que esté suscripto al menos en los **principales y más grandes** -dentro del segmento de su interés- o que tenga la habilidad de colocar su "*aviso*" redactado de un modo tal que **NO CAUSE problemas** con el tema de la lista y la personalidad y estilo de sus participantes.

Creo que un ejemplo en este sentido será de gran ayuda.

Supongamos un **sitio de astronomía** (*para hacer el ejemplo bien difícil*) en el que pretende "*avisar*" que su **sitio de muebles de jardín** ha sido lanzado al cyberespacio.

Un verdadero "***cavernícola***" de la comunicación diría:

Atención!!!, en "mueblesdejardín.com" encontrará los mejores muebles de jardín!!! Visítenos, Grandes Descuentos!!!

Cientos o miles de amantes de la astronomía insultarán y despotricarán contra tan horripilante intrusión en sus vidas (*pese a que todos ellos se sientan en muebles de jardín en algún momento de sus vidas, como es obvio*).

Una persona delicada y con claridad en el marketing, leerá algunos mensajes anteriores y cuando encuentre alguno que le de *"pié"* para lo que pretende dirá:

En respuesta a la nota de Javier sobre la constelación de Andrómeda y como una anécdota para enriquecer el debate de la lista con algunos datos amistosos quiero relatar esta corta historia. Noches atrás, en lo de Estela donde nos juntamos varios para probar su nuevo telescopio y considerar las últimas noticias del "Astronomic Review", nos sorprendimos de lo agradable que era su jardín (sugiero que todos le pidan a Estela que los invite a su magnífica casa y disfruten la experiencia), cuál sería nuestra sorpresa al saber que tanto su último telescopio, como los muebles de jardín en donde disfrutamos de una estupenda noche de amistad, los ha comprado por Internet. No me alcanzó el dinero para comprarme el mismo telescopio, pero fui a "mueblesdejardin.com" y me compré la silla basculante y la mesa con ruedas para las bebidas!! Estela, perdón por contar tus secretos a toda la lista, pero desde ya te digo que cuando consiga otras monedas, también te copiaré comprando el juego de sillas y las regadoras (y algún día tendré dinero para comprarme tu mismo telescopio).

Al final me detuve en la anécdota de "mueblesdejardin.com" -dicho sea de paso un sitio estupendo- y no tuve tiempo para contestarle lo de

Marcelo Perazolo

Andrómeda a Javier, lo hago en la próxima. Saludos a la lista.

Dos citas a la URL del sitio!!, mención a un **miembro de la lista real!!**, nada muy salido del tema principal (lo que se llama "off topic"). **Un chiche!!**

Por supuesto, Estela **NO EXISTE**, jamás nos invitó a su casa y lo más cerca que estuve de un telescopio fue cuando vi una película del espacio el mes pasado, de Andrómeda no tengo idea dónde queda, el "Astronomic Review" si me lo muestran no lo reconozco y a Javier no podría contestarle absolutamente nada sobre sus apreciaciones astronómicas, pero en términos generales **no introduje un mensaje ofensivo** y más de uno -tentado por el comentario- irá a conocer los muebles que tiene Estela y que compró en **"mueblesdejardin.com"**

En dónde encontrar Foros y Listas de Discusión?

En casi todos los sitios. En los grandes portales hay decenas, en los sitios importantes de cada tema hay más (*finanzas, laboral, literatura, sexo, deporte, automóviles, negocios*).

Aquí sólo es cuestión de buscar y encontrar.

Les aclaro que los expertos suelen hacer maravillas con este tipo de promoción y muchos sitios importantes poseen personal especialmente dedicado a dejar "*mensajes*" en Foros y Listas a lo largo y ancho de Internet.

En síntesis: La difusión y promoción de un *sitio web, una Lista, un Newsletter,* constituye una tarea permanente y que requiere un gran esfuerzo - recuerda el acrónimo **TIDE** que explicamos más arriba?- *(mayor mientras menos recursos se dispongan)*, pero que llevada adelante con constancia y dedicación rinde inmejorables frutos.

Marcelo Perazolo

Aspectos Personales del Emprendedor

Y Ahora Usted!!

Aunque no lo crea, la parte **más <u>CRUCIAL para Usted</u>** y **difícil para mí** de todo el libro es esta.

Todo, absolutamente todo lo que hemos visto hasta aquí, no son más que *meras herramientas, recursos o consejos para su aplicación.*

Generalmente **son las mismas para todos** y, o bien ya las conocía o, con tiempo, ganas y esfuerzo las hubiese podido averiguar por su cuenta.

Sin embargo:

*Ha visto que **aún con la misma receta** y los **mismos ingredientes** algunos cocineros logran manjares superlativos, mientras otros no pasan de un plato mediocre?*

En el tema de los proyectos empresarios suele ocurrir lo mismo. A **igualdad de circunstancias** algunos consiguen el éxito dónde otros no lo logran.

Habrá observado que eso se da también a nivel de las comunidades y de los países.

Algunos lo atribuyen **exclusivamente a la suerte**, pero -y salvo muy contados casos- eso **NO ES ASI.**

Le he dedicado una gran cantidad de años al análisis de este tema y creo advertir **dos niveles diferentes** de creencias, actitudes y conductas asociadas al éxito, uno es **<u>interno y el otro externo</u>**.

Marcelo Perazolo

Ambos niveles son **complementarios** y rara vez se puede triunfar **sólo con uno de ellos**, sin embargo he advertido que quienes poseen **desarrollado el nivel interno** son **más capaces** de desarrollar los elementos del **nivel externo**, lo que no necesariamente ocurre a la inversa.

A. Nivel Interno:

Este es el nivel insustituible y sin él difícilmente se logre el suceso.

Tiene **TRES (3) componentes**: *El <u>Objetivo</u> -también llamado sueño, meta o visión-, <u>La Convicción</u> -asociada luego a la capacidad de perseverar- y el <u>Control del Miedo</u>.*

Fíjese que **no digo**: *inteligencia, capacidad, aptitudes naturales o criterio* (estos son importantes pero no determinan los resultados como los tres anteriores).

Analicemos los componentes con algún grado de detalle.

El Objetivo (sueño, meta o visión)

Desde ya le adelanto que *sueño, meta, visión u objetivo* NO SON sinónimos estrictamente, pero a los efectos de esta explicación no necesitamos subdividirlos con mayor detalle.

Este tema ha sido enunciado por casi todos los autores que se dedican al mismo y quizás lo sintetiza de un modo estupendo **Napoleón Hill**:

"Todo lo que el hombre sea capaz de imaginarse, puede hacerlo"

Es una frase tan simple y de proporciones tan extremas que a veces cuesta aceptarla...pero es **ABSOLUTAMENTE CIERTA!!**

Hay que comprender el sentido mismo de la frase y lo que esta significa. Por empezar -y esto es lo más importante- si <u>**no hay**</u> una **META o una VISION,** tampoco hay un **camino por recorrer.**

Si Usted trabaja de empleado en una empresa y **JAMAS** se plantea (o imagina) vivir en una isla del caribe vendiendo bebidas a los turistas...**JAMAS** vivirá en una isla del caribe vendiendo bebidas a los turistas.

Que el destino puede hacer que al morir un tío que vivía en el Caribe le deje como herencia un bar en el Caribe y se vaya allí? -puede ser, pero son las excepciones-.

Los árabes tienen una frase para ésto: ***"...para el hombre que no sabe a dónde va, todos los caminos conducen hacia allí..."***

Esto es **ABSOLUTAMENTE CIERTO,** si no tiene una meta por cumplir no necesita ir a ningún lado y todo lo que le ocurra -bueno o malo- es producto de la <u>**casualidad**</u> y <u>**NO de sus acciones**</u>.

Fantástico!!! -puede decir usted-, esto significa que si me imagino que voy a ganar MIL MILLONES DE DOLARES puedo hacerlo!!

Puede hacerlo sin ningún problema!!, es más, ***PUEDE CONSEGUIRLOS REALMENTE,*** pero para ello debe tener en cuenta otras dos condiciones:

La "relación de energías" aplicable.

La convicción.

De la **convicción** hablaremos luego así que me dedicaré un momento a *"la relación de energías aplicable"*.

El universo es un sistema de energías -*no hablo de mística, hablo de FISICA*- y siempre para llegar a algún lado o producir algún efecto, hay que **invertir energías** en ese proceso.

Si se propone **escalar el Everest** su desgaste -o inversión- de energías (de todo tipo, *financieras, físicas, anímicas, tiempo,* etc.) <u>**será mayor**</u> a que si su propuesta es **ir a comprar el diario al kiosco de la esquina.**

Si desea ganar **MIL MILLONES** de dólares, su inversión de energías (*de todo tipo*) será mayor a la necesaria si se propusiese ganar **UN MILLON** de dólares.

La pregunta es: *cuántas energías (de todo tipo) está dispuesto a invertir en el proceso?*

Claro que puede cambiar el mundo, viajar a Marte o ganar mil millones de dólares si se lo propone, el único problema se reduce a saber si <u>**posee**</u> y <u>**está dispuesto a canjear**</u> la cantidad de energía que se necesita para lograr el resultado buscado.

Si Usted tiene **70 años**, ya ha utilizado parte de sus energías (*vivió 70 años, caramba*) y al menos en las energías correspondientes al *"factor tiempo"* quizás no le queden demasiadas. Si su objetivo requiere de **30 o 40 años** de *"energía de vida"* es posible que esta jugada ya no sea para Usted.

Las cantidades de energía de que disponemos son mucho mayores a lo que podemos creer, pero de todos modos la regla es: *"debes entregar energía -de diferentes tipos- a cambio de los resultados que esperas conseguir".*

Volviendo al principio -y para no perder el tema-, recuerde que si **NO TIENE OBJETIVOS**, tampoco tiene a dónde ir. En cambio, puede ser capaz de hacer **TODO LO QUE SE PROPONGA** (*mientras disponga de energías para ello y esté dispuesto a entregarlas a cambio de los resultados*).

La Convicción

Esta es la **madre de todas las energías!!!**

No quiero ponerme *"místico"* (al menos por ahora, más adelante veremos), pero quiero decirle que cuando alguien está **ABSOLUTAMENTE CONVENCIDO** de algo, **LO LOGRA**.

Claro que el tema es un poco complejo y depende a veces de factores sobre los que tenemos poco control o ninguno -como verá más adelante-, pero cuando analiza el caso de ciertas personas que literalmente *"cambiaron el mundo"*, verá que **NO LO HICIERON** en base a recursos sino a una *"convicción sublime"* -propia de los santos y los mártires-.

Las personas que logran ese particular estado de *"convicción sublime"* producen efectos extraños en el universo y logran cambios que están absolutamente **fuera de toda proporción** con los **recursos reales** de que disponían.

Hay **decenas de casos** en la historia de la humanidad y le sugiero que estudie, lea y analice el caso de algunos ya que le servirán de **guía y estímulo** en esta materia.

Marcelo Perazolo

Le cito sólo tres que en lo personal siempre me han impresionado mucho: *Mandela, Gandhi y La Madre Teresa de Calcuta.*

El grado de convicción presente en cualquiera de ellos era tan **ABSOLUTA** que literalmente no existía ningún obstáculo capaz de oponérseles.

Pero, volvamos a la tierra de los humildes mortales.

El problema de mucha gente, es que *"cree"* que tiene un objetivo -o un sueño, o una visión, o una meta-, pero en realidad SOLO TIENE un *"enunciado"* en el que **NO CREE**, ni del que está **realmente CONVENCIDO**.

Tener un sueño o visión o meta u objetivo es **relativamente fácil** (*no es tan así, pero podemos aceptarlo*), lo que resulta **MUY DIFICIL** es estar **ABSOLUTAMENTE CONVENCIDO** del mismo.

El problema fundamental de la **CONVICCION** es que intervienen patrones muy profundamente enraizados en nuestro subconsciente.

Quizás de chico sus padres (*sin saber que le hacían daño*) le hayan dicho: *"...este es una bestia, nunca va a llegar a ningún lado!!!"*

Y hoy, pese a todos sus esfuerzos...Usted es una *"bestia que no llega a ningún lado".*

Quizás en el colegio, durante la primaria -cuando aún somos sensibles en la formación de nuestros patrones-, sus compañeros lo hacían víctima de algún tipo de broma o mortificación...y hoy su vida está estructurada en torno a la misma (*ya sea aceptando el patrón o luchando contra él*).

Estos "*patrones internos*" que poseen una influencia **MUY GRANDE** en nuestra personalidad son muy difíciles de "*desprogramar*". En algunos casos **puede luchar contra ellos** con técnicas simples, en otros necesitará la ayuda de **algún especialista** que pueda ayudarlo a superarlos.

Como la **personalidad** es un proceso **extremadamente complejo**, en algunos casos los patrones actúan **positiva o negativamente** en el desarrollo futuro mediante conductas de **aceptación u oposición**.

No es esta una obra de psicología de la conducta, por lo que no profundizaremos mucho más en el tema, pero al menos dejaremos claro el concepto.

Tomemos el caso de un niño humilde al que sus padres, maestros, amigos o la sociedad, le han dicho desde pequeño *"...tú eres pobre y debes aceptarte como tal y no aspirar a más..."*.

En el futuro y según un complejo conjunto de circunstancias, él desarrollará por *"aceptación"* el patrón de la pobreza -y **será pobre**- o se **opondrá a él** y luchará por **ser rico**.

Del conjunto de circunstancias que forjaron el **total de su vida** quizás persiga la riqueza mediante el *esfuerzo y sacrificio* -lo que sería positivo- o quizás lo haga mediante el *robo y la apropiación de lo ajeno* de modo violento -en un enfoque negativo-.

En ambos casos está *"luchando"* contra un patrón impuesto en su vida, mediante **diferentes estrategias** de conducta sobre las que no tiene mucho control consciente.

Volviendo al tema que nos ocupa. El problema de lograr la **CONVICCION**, es que en gran medida debemos enfrentar -o apoyarnos- en patrones sobre los que **no tenemos mucho control consciente** y a los cuales, para **modificarlos en caso que nos resulten negativos** debemos enfrentar con **gran esfuerzo y método.**

Entonces... sus patrones realmente le permiten *"creer"* que será capaz de **ganar MIL MILLONES** de dólares?

En mi caso personal ya he descubierto que **NO** (no logro *"creérmelo" ni "convencerme"* de ello). Es una suma tan gigantesca y desproporcionada que mi mente no consigue otorgarme **LA CONVICCION** de que puede ser mía algún día (*lástima, creo que la hubiese gastado bien*).

Pero sí en cambio, estoy en condiciones de lograr **CONVICCION** en un entorno de objetivos más próximos a mi *comprensión, patrones, cultura y circunstancias.*

El primer problema entonces, es mirarse al espejo y preguntarse: *"Me creo a mí mismo que puedo lograr este objetivo que me he propuesto?"*

Si la respuesta es: <u>SI,</u> adelante. **Ya está en camino.**

Si la respuesta es: <u>NO</u>, tenemos **dos cosas por hacer**.

Puede ocurrir que el objetivo que se plantea **REALMENTE** *sea desproporcionado y en exceso ambicioso o fuera de posibilidades. En tal caso haga un análisis claro de sus perspectivas y posibilidades y* **modifíquelo.**

En cambio, puede ocurrir que se trate de un objetivo **LOGICO, coherente, razonable** *y pese a ello -y por* *acción de sus inconscientes **"patrones de conducta"**-no logra la convicción necesaria.*

<u>*Qué hacer entonces para incrementar la capacidad de "convicción" o cambiar los "patrones de conducta"?*</u>

Para los casos más inmanejables, existen profesionales con capacidad de ayudarlo a superar sus patrones y trabas inconscientes.

Para los casos más simples y manejables, algunos especialistas en este tema refieren la importancia de la ***"autosugestión"***.

Así como un patrón nos fue impuesto -y hoy obstaculiza nuestra vida-, es posible que nos ***"desprogramemos"*** incorporando otro *"software"* en nuestro inconsciente.

Una de las herramientas más accesibles y simples para ello es la ***"repetición"***.

Por eso sugieren **anotar** la meta u objetivo en un papel -que llevará siempre consigo- y lo leerá con la <u>**voluntad expresa**</u> de *"**grabarlo en su mente**"* cada vez que pueda (*fundamentalmente por las mañanas al levantarse y por las noches al acostarse*).

Da ésto resultados? - Bastante buenos en la mayoría de la gente...puede probar como resulta en su caso.

Al cabo de días y días de leerse Usted mismo su objetivo, el mismo empezará a quedar *"internalizado"* en su mente y de a poco advertirá como todo empieza a encajar en su lugar y lentamente **CREE** que será capaz de lograrlo -y si esto es así, **LO HARA**-.

Al principio se sentirá algo ridículo y tendrá cierta resistencia al proceso -*recuerde que va en contra de sus patrones de conducta profundamente enraizados-*.

Pero a medida que pase el tiempo **EMPEZARA A CREER** y cuando lo haga **los cambios ocurrirán** (*le suena raro?*)

Insisto en una expresión que tal vez le pasó desapercibida: Dije "*voluntad expresa de grabarlo en la mente*", esto significa que al menos mientras lee su papel **DEBE CREER EN EL y DEBE CREER EN USTED.**

Un detalle final: muchos insisten en la necesidad de fijarse una **FECHA** (*lógica y razonable*) para el objetivo, ya que de este modo la mente se "*programa*" en una acción **mucho más concreta y específica que el mero enunciado general.**

Hay diferentes estilos y posibilidades, cada una de ellas adecuada a una personalidad diferente. Uno de los casos que siempre me gusta mencionar es el de un amigo uruguayo (*J.V. son sus iniciales*), que se ha hecho **un cheque** para **sí mismo** por la suma de **U$S 150.000** y fecha de pago para el **30 de Diciembre de 2002.**

Lleva ese cheque en su billetera y lo ha convertido en su herramienta de autosugestión, cada mañana y cada noche lo mira para **recordar que debe pagárselo SI o SI**, cada vez que abre su billetera lo ve, cada vez que ingresa a algún sitio para hacer un negocio lo mira nuevamente antes de la entrevista o reunión.

Estoy convencido que no se lo rebotarán por "*falta de fondos*" (*es más, creo que lo hizo por una cifra muy pequeña, pero se lo perdono por ser el primero que se piensa pagar a sí mismo, ya tendrá tiempo de pagarse uno más grande luego*).

*De **qué monto** está dispuesto a hacerse un cheque y en **qué fecha** piensa en pagárselo? (hágalo, puede llevarse una sorpresa de lo **buen pagador que es Usted**)*

El Control del Miedo

Entre los factores de **nivel interno** este es uno muy negativo ya que tiene una particular característica: *paraliza!!*

En algunas ocasiones las cosas empieza a salir mal - y no hablo de perder el encendedor, hablo de **MAL en serio**- y cuando uno se deja ganar por el miedo, **ya perdió la batalla.**

Reconozco que se trata de una emoción primaria y es difícil luchar contra ella, sin embargo enfrentarla y vencerla produce **MEJORES RESULTADOS** que dejarse llevar por ella.

Existen decenas de caminos de salida en cualquier crisis, pero cuando el miedo agarrota el entendimiento la sensación es que todas las puertas están cerradas y uno tiende a "*congelarse*" sin imaginar -y ejecutar- las acciones necesarias para salir de esa situación.

La invocación a **NO TENER MIEDO** no es nueva ni extraña. Si alguna vez lo escuchó, sabrá que fue el eje del primer discurso de Franklin Delano Roosevelt cuando asumió la Presidencia en plena depresión en los EE.UU.

FDR dijo en su primer discurso: *"A lo único que debemos tener miedo es al miedo mismo"*

Y empezó a trabajar y a resolver los problemas.

Lamento no tener mejores fórmulas para dar en este punto salvo insistir en el fondo de la cuestión: *aún cuando sienta un terror paralizante, no le haga caso y actúe.*

Además de mis propias experiencias, he visto esta situación en empresarios a los que fallaron sus negocios y debieron enfrentar los problemas de la quiebra o en gente a la que despidieron de su trabajo y se encontró conque sus ahorros sólo le permitían afrontar unos pocos meses de gastos antes de tocar fondo.

Años después TODOS estaban aún vivos y muchos de ellos en una situación mejor a la anterior. El tiempo en que se dedicaron a sentir miedo -y paralizaron su acción- **fue sólo tiempo perdido.**

Perdóneme por no tener una fórmula para transmitir aquí (*yo aprendí la magia de rezar para estas situaciones, pero puede que en su caso no sirva*), sólo sepa que ya que tener miedo **NO RESUELVE** los problemas, lo mejor es dejar de lado la sensación y ponerse en marcha de inmediato.

De paso aprovecho para aplicar lo dicho antes: Si realmente tiene un **OBJETIVO y la CONVICCION** para lograrlo es **imposible que simultáneamente sienta MIEDO.**

B. Nivel Externo:

Lo he calificado así sólo por diferenciarlo del anterior, pero en realidad también se trata de actitudes internas, salvo que en este caso tiene influencia material en el entorno.

En términos generales ya las conoce y no hace falta que las profundice, estamos hablando de la *perseverancia, la búsqueda de la excelencia en el trabajo, la lealtad, el esfuerzo, la práctica, el estudio* y de todas aquellas conductas que le permiten producir más y mejor.

Existe un libro magnífico para este punto que cito en el Anexo y es ampliamente conocido, se trata de *"7 Hábitos de la Gente Altamente Efectiva"* de **Stephen R. Covey**, cuya lectura es altamente recomendable.

Un conocido enumera algunas que a su criterio son de gran importancia:

Recorrer un kilómetro más
Autodisciplina
Trabajo en Equipo
Lealtad
Perseguir la excelencia en los resultados
Buen carácter

Si bien agrego una sección sobre el particular más adelante, quiero detenerme en dos actitudes que son **tan escasas** en *"nuestra"* cultura -no así en otras como los japoneses o anglosajones-, que cuando las veo en alguien me maravillo.

Me refiero en particular a perseguir la *"excelencia"* en los resultados y en *"recorrer un kilómetro más"*.

No se imagina el impacto que tiene en el resto de la gente cuando Usted es supernumerario en sus tareas y aún cuando parezca que no se lo reconocen ni valoran, créame que en el largo plazo ambas actitudes juegan a favor suyo.

Tengo dos breves historias -ambas reales- para ejemplificarlas:

Sobre la Excelencia: El Monje y El Artesano

Los monjes budistas -al menos en la escuela coreana- deben realizar un viaje al año, ya que en ese viaje perfeccionan su conocimiento de la gente y la vida.

Este monje inició su viaje anual y al pasar por un artesano alfarero le pidió que le enseñase el oficio. Como es costumbre en Corea ayudar a los monjes, el artesano accedió y le enseño el arte de mezclar las arcillas especiales, darles forma y cocerlas.

Terminado su trabajo, el artesano le mostró al monje cuál era el sonido que hacían las vasijas bien hechas cuando se las golpea (*un sonido similar al de una campana o a un cristal*) y cómo ese sonido no estaba presente en las vasijas que no habian tenido una buena mezcla de arcillas o cuya cocción había fallado.

Luego, el monje vio como el artesano llevó afuera todas las vasijas que no tenían el sonido correcto y procedió a romperlas una a una.

El monje le preguntó:

- "Artesano, tus vasijas eran perfectas aunque no tuviesen el sonido correcto. Además has trabajado horas y horas en ellas...por qué no las comercializas como las otras o, si lo prefieres, las vendes a un menor valor si las consideras de una calidad más baja?"

El artesano le contestó:

- "No sería un trabajo digno de mi nombre y mi nombre es mi única pertenencia en esta tierra, además, me extraña esa sugerencia de tí monje, que buscas la perfección de tu alma y que dudo que te conformarías con menos que eso en tu proceso de aprendizaje."

El monje aprendió la lección y siguió su camino.

Nunca haga su trabajo <u>con estándares más bajos</u> de los que pretende para su <u>alma</u>!!

<u>Sobre el Kilómetro Adicional: Una Noche Tormentosa</u>

Esto lo publicamos en nuestro Newsletter "Novedades Empresarias y Profesionales" en Abril de 1999:

Lo que sigue es de autor anónimo, pero lo cita **Philip Humbert** en su ***"Bonus TIP's Letter!"*** de Marzo de 1999, con el título de ***"Una Noche Tormentosa"***

"Una noche tormentosa hace los muchos años, un hombre mayor y su esposa entraron a la antecámara de un pequeño hotel en Filadelfia. Intentando conseguir resguardo de la copiosa lluvia la pareja se aproxima al mostrador y pregunta:

- Puede darnos un cuarto?

El empleado, un hombre atento con una cálida sonrisa les dijo:

- Hay tres convenciones simultáneas en Filadelfia... Todos los cuartos, el de nuestro hotel y los otros están tomadas.

El matrimonio se angustió pues era difícil que a esa hora y con ese tiempo horroroso fuesen a conseguir dónde pasar las noche.

Pero el empleado les dijo:

- Miren...no puedo enviarlos afuera con esta lluvia, si ustedes aceptan la incomodidad, puedo ofrecerles mi propio cuarto...yo me arreglaré en un sillón de la oficina.

El matrimonio lo rechazó, pero el empleado insistió de buena gana y finalmente terminaron ocupando su cuarto.

A la mañana siguiente, al pagar la factura el hombre pidió hablar con él y le dijo:

- Usted es el tipo de Gerente que yo tendría en mi propio hotel...quizás algún día construya un hotel para devolverle el favor que nos ha hecho.

El conserje tomó la frase como un cumplido y se despidieron amistosamente.

Pasaron dos años y el conserje recibe una carta del hombre, donde le recordaba la anécdota y le enviaba un pasaje ida y vuelta a New York con el pedido expreso de que los visitase.

Con cierta curiosidad el conserje no desaprovechó esta oportunidad de visitar gratis New York y concurrió a la cita.

En esta ocasión el hombre mayor lo llevó a la esquina de la Quinta Avenida y la calle 34 y señaló con el dedo un imponente edificio de piedra rojiza y le dijo:

- Este es el Hotel que he construido para usted!!

El conserje miró anonadado y atinó a balbucear:

- Usted me está haciendo una broma?, Verdad?

*- Puedo asegurarle que no...-*le contestó con una sonrisa cómplice el hombre mayor.

Y así fue como **William Waldorf Astor** construyó el **Waldorf Astoria** original y contrató a su primer gerente de nombre **George C. Boldt** (*tal el nombre del conserje en la noche lluviosa*)

Obviamente **George C. Boldt** nunca soñó que su vida estaba cambiando para siempre cuando hizo *"su kilómetro extra"* para atender al viejo **Waldorf Astor** en aquella noche tormentosa.

No tenemos muchos "Waldorf Astor" en esta parte del mundo, pero un jefe satisfecho o un cliente sorprendido pueden equivaler a nuestro Waldorf-Astoria personal. Nunca se sabe dónde están los ángeles!!!

Nos reservamos algunos detalles adicionales para la última sección, en la que reiteramos algunas notas publicadas en el Newsletter sobre estos temas.

Y Usted cuánto vale?

Regreso a la materia que hace a la esencia de este capítulo: puedo **asegurarle** que...

"Usted puede llegar tan lejos como se lo proponga y esté dispuesto a esforzarse para lograrlo"

Sin embargo, hay gente que se niega a aceptarlo y no cambiará de idea porque yo se lo diga, así que tuve la suerte de conseguir el texto que tenía el **Dr. Christian Barnard** (*el cirujano que perfeccionó la operación del corazón*) en su despacho y aprovecho para transmitírselo:

Marcelo Perazolo

"El éxito comienza con la voluntad.

Si piensas que estas vencido, lo estás.

Si piensas que no te atreves, no lo harás.

Si piensas que te gustaría ganar pero, que no puedes, no lo lograrás.

Si piensas que perderás, ya has perdido.

Porque en el mundo encontrarás que el éxito comienza con la voluntad del hombre.

Todo está en el estado mental.

Porque muchas carreras se han perdido antes de haberse corrido.

Y muchos cobardes han fracasado, antes de haber su trabajo empezado.

Piensa en grande y tus hechos crecerán.

Piensa en pequeño y quedarás atrás.

Piensa que puedes y podrás.

Todo está en el estado mental.

Si piensas que estás avejentado, lo estás.

Tienes que pensar bien para elevarte.

Tienes que estar seguro de tí mismo, antes de intentar ganar un premio.

La Batalla de la Vida no siempre la gana el Hombre más fuerte o el más ligero, porque tarde o temprano el hombre que gana es aquel que...

CREE PODER HACERLO.

Mi mensaje es éste: sea como fuere que lo hayan criado, cualquiera sea el concepto que Usted tenga de sí mismo, sean cuales fueren sus antecedentes e historia previa...si se propone lograr un objetivo **VA A CONSEGUIRLO!!**

Sin embargo, no se trata de un acto de **mero voluntarismo**. Se debe a un **método simple** de comprender (*aunque quizás **difícil de ejecutar***) y del que ya hemos hablado.

En la medida en que se **FIJE UN OBJETIVO** y **CREA EN EL**, los cambios que se producirán a su alrededor llegarán a sorprenderlo.

No se trata de magia, es simplemente **FOCO.** Al fijarse un objetivo y convertirlo en obsesión lo que está haciendo en concentrar sus energías en un punto concreto, eso permite quebrar las inercias, vencer los miedos y empezar a aprovechar las oportunidades.

Si de todo este libro **SOLO** le quedase esta sección como valor agregado en su vida, créame que ganó lo suficiente para cambiar su vida para mejor.

Finalizo con una cita de **W. Clement Stone**, un empresario de la Industria del Seguro y autor de obras de motivación que solía decir:

- *"Resulta curioso que el hecho de apuntar alto en la vida y de buscar la prosperidad y la abundancia, **no requiere un esfuerzo mayor** que el de aceptar la miseria y la pobreza"*

Completaba su cita con un poema:

"Vendí mi vida por un centavo y la vida no me quiso pagar más.

Sin embargo, imploré por la noche al contar mis míseros caudales.

Porque la vida es un patrón que te da lo que pides, pero, una vez fijado el salario, tienes que cumplir la tarea.

Marcelo Perazolo

Trabajé a cambio de una pobre paga y aprendí con desaliento que cualquier salario que le hubiera pedido a la vida, ésta me lo hubiera dado de buen grado".

Las Claves del Exito

Sintetizamos aquí una serie de notas y ejemplos publicados también en nuestro Newsletter de *"Novedades Empresarias y Profesionales".*

Existen ciertos "secretos" para triunfar, tanto como individuos cuanto como países o comunidades. Son simples, tan simples que alguna gente **cree que no funcionan**. Pero realmente **SI LO HACEN.**

Voy a enumerarlos: *Visión, Objetivos, Foco, Convicción, Perseverancia, Preparación, Esfuerzo, Capacidad.*

El orden en que los enumero, es aproximadamente, el de su importancia.

Muchas veces escucho a gente que dice: *"No puedo hacerlo porque no tengo RECURSOS".*

Por favor!!.. Recursos??, eso ni figura en la lista!!!

Aunque no lo acepte en este momento, le garantizo que **los recursos JAMAS faltan** (*o no se necesitan*) cuando sobran los ocho elementos que acabo de enunciarles.

No me creen?, pregúntenle a Cristo, Mahoma, la Madre Teresa de Calcuta, Ghandi o a Nelson Mandela (y podría seguir la lista), si tenían recursos suficientes para producir los cambios que lograron.

<u>LA VISION:</u>

Empecemos por analizar el primero.

Sin **VISION** no hay rumbo, sin ella realmente no sabemos hacia dónde vamos y en consecuencia no podemos tener **OBJETIVOS NI FOCO** y de <u>nada sirven</u> la *Perseverancia, Preparación, Esfuerzo o Capacidad.*

La **VISION** es el sueño, es la meta inalcanzable, es la estrella que guía todos nuestros pasos. La VISION debe resultar tan agradable y atractiva que sea capaz de motivarnos a **todos los esfuerzos y sacrificios** con tal de obtenerla.

El problema de fondo es que muchos de nosotros en realidad **NO TENEMOS** una *"visión"* o un *"sueño"* lo suficientemente claro, poderoso y compartido como para motivarnos.

Como podrán imaginarse una **visión MEDIOCRE**, da como resultado algo...***mediocre*** (*o creen que los resultados pueden superar las expectativas iniciales*).

Una visión debe tener ciertas características:

*Ser **motivadora y positiva** (REALMENTE deseable y capaz de motivar esfuerzos supernumerarios, propios y de otras personas).*

*En lo posible no quedar en una vaga generalización (del tipo de **"ser los mejores del mundo"**), sino brindar mayores precisiones sin necesidad de llegar a números o cifras concretas.*

*Cuando se trata de una empresa, institución o país, el líder o la alta gerencia deben estar **profundamente comprometidos con ella**.*

Dado que NADIE logra cambios **sin la ayuda de los demás**, la verdadera virtud de la **VISION** es que permite **MOTIVAR** al resto de la gente en base a un sueño magnífico que se comparte.

Un líder, en definitiva, es aquel con **una VISION capaz de ser transmitida y compartida** por el resto de la gente (*en su empresa o en su país*).

La breve historia que a continuación voy a contarles, la he tomado de una excelente película sobre "LA VISION" que tuve la oportunidad de ver recientemente:

"Un escritor que estaba en su casa de la playa terminando su última obra, todas las mañanas muy temprano salía a pasear por la costa unos minutos antes de empezar su trabajo.

Esa mañana, observó a la distancia un joven que parecía estar bailando...corría hacia el mar, levantaba sus brazos, daba la vuelta y volvía a repetir el movimiento una y otra vez. Lentamente el escritor se fue acercando al joven hasta que, al aproximarse vió que en realidad estaba recogiendo algo de la arena y que luego se acercaba al agua para tirarlo mar adentro.

Ya más cerca, vió que el joven tomaba estrellas de mar que habían quedado en la arena al bajar la marea y corría hasta el agua para arrojarlas tan lejos como podía mar adentro.

Al llegar a su lado, el escritor le preguntó:

- *Buen Día, qué estás haciendo?*

- *Salvo estrellas de mar antes que el sol las deshidrate y mueran* -contestó el joven sin abandonar su empeño-.

- *Pero no te das cuenta que es una tarea inútil* -le dijo el escritor- *en estos momentos debe haber miles o millones de estrellas que quedaron fuera del agua y jamás podrás salvarlas a todas!!!*

El joven se detuvo sólo un instante, miró la estrella que llevaba en la mano en esos momentos, luego giró su cabeza hasta enfrentar los ojos del escritor y le dijo:

- No importa, quizás no pueda salvar a todas, pero al menos ésta que tengo en la mano notará la diferencia...

Y continúo febrilmente con su tarea. El escritor meneó su cabeza, completó su caminata y se sentó a continuar su trabajo. Sin embargo, algo lo incomodaba y daba vueltas en su cabeza.

"Al menos ésta notará la diferencia" era la frase que lo inquietaba.

Finalmente lo comprendió...aún un pequeño cambio que en nada afecta los resultados finales **SIEMPRE es valioso para quién se beneficia de él.**

Para **ESA** estrella, era muy valioso ser rescatada!!

A la mañana siguiente muy temprano, un caminante ocasional advirtió con asombro, que dos personas -una mayor y otra más joven- parecían bailar junto a la playa...corrían hacia el mar, levantaban sus brazos, daban la vuelta y volvían a repetir el movimiento una y otra vez.

Lentamente empezó a acercarse para ver que ocurría..."

Qué historia tan poderosa!!

Qué claridad para mostrar el **poder del liderazgo** basado en el ejemplo.

Qué mensaje excepcional...*"aunque NO cambies al mundo, a ESE en particular al que cambias o beneficias SI VA A IMPORTARLE..."*

NO hizo falta que el joven hablase en exceso...su ejemplo personal junto a una visión clara hablaban por él.

LOS OBJETIVOS

Así como la VISION es la fuerza que debe **motivar e impulsar los esfuerzos**, sin embargo la visión es genérica y en muchos casos difusa.

Si aspiramos a "*convertirnos en escritores famosos*" estamos frente a la "*visión*" que nos inspira.

El problema es que **debemos convertir esa meta en pasos más concretos**, realizables, medibles y temporales para organizar nuestros esfuerzos.

"Seré un escritor famoso"...(y qué hará ahora?)

Piensa sentarse debajo de un árbol a esperar que el destino lo arroje indefectiblemente a la fama prometida es el camino?

Evidentemente que no.

Será necesario **organizar los esfuerzos** que lo separan entre su situación actual y la meta que pretende alcanzar. Advierta que mientras **MAS LEJOS** esté de su meta, **más esfuerzos** deberá realizar para alcanzarla.

No sabe leer y escribir?...bueno, empieza Ud. de muy lejos, sin duda que tendrá que resolver este tema previamente.

Ya es un escritor reconocido en el medio, aunque aún no al nivel que pretende?...parece que tiene menos pasos intermedios que dar para el cumplimiento de su meta.

Trate de imaginarse cruzando un arroyo serrano, saltando entre las piedras para no mojarse...cada piedra es un objetivo a cumplir y difícilmente llegará a la otra orilla si no va resolviendo cada uno de los saltos intermedios.

Para que un "objetivo" sea valioso y le simplifique su tarea, el mismo debe cumplir con ciertos requisitos:

Concreto y específico: *Debe consistir en un enunciado claro y determinado.*

Con Plazos determinados: *Será más eficaz si determina un plazo para ejecutarlo.*

Debe tener **control sobre el resultado**: *"Ganar un premio" no es un objetivo, es una expectativa... presentarse a un concurso SI lo es ya que Ud. tiene control sobre el resultado esperado.*

Medible*: Debe ser susceptible de establecer un criterio de éxito para el mismo.*

Acotado*: Preferentemente con resultados obtenibles en un plazo razonable o en base a un esfuerzo determinado.*

Analicemos algunos casos: ***"ganaré un concurso literario dentro de los próximos tres años"*** puede parecer **CONCRETO** y **con PLAZO**, incluso podríamos decir que es **MEDIBLE** (gané o no) y hasta **ACOTADO.**

Sin embargo, advierta que **Usted <u>NO TIENE control</u> sobre el resultado** (*no es Ud. el que decide quién gana un concurso*).

Este tipo de enunciados **"*parecen*" objetivos**, pero **NO LO SON.**

Muchas veces la gente se desanima por la imposibilidad de cumplir objetivos mal trazados y definidos: "*me casaré el año que viene*" o "*fundaré mi empresa antes de cumplir 35 años*" entran en la misma categoría.

Definir un objetivo en este caso se aproximaría más a lo siguiente:

Ingresaré al Taller Literario "XXX" para un Curso de dos meses de duración.

En el próximo mes escribiré tres cuentos.

En el mes siguiente llevaré los cuentos a cinco amigos y cinco escritores respetados para que me hagan la crítica.

Utilizaré el mes siguiente para corregir y mejorar los cuentos.

Redactaré una gacetilla de prensa y la llevaré a tres periódicos y cuatro radios.

Al otro mes presentaré los cuentos en el concurso tal y cual.

Más allá de la simpleza de los ejemplos utilizados, podrá advertir que estos enunciados cumplen con las **CINCO CONDICIONES** de un Objetivo. Obviamente los objetivos podrán ir variando a medida que desarrolle su acción y en base a las realidades y resultados con los que se vaya enfrentando.

Un consejo útil: **Trátese con cariño!!!**

Si bien objetivos **poco ambiciosos no le serán de mucha utilidad**, planteos exageradamente ambiciosos (del tipo de *"escribiré una novela mañana por la tarde"*), tampoco lo ayudarán en nada.

Debe respetar **sus tiempos, sus verdaderas posibilidades y su personalidad.** Es más, algunos objetivos "fáciles" al principio, le brindarán el estímulo necesario para no abandonar el camino una vez iniciado.

Este bello poema de **Pablo Neruda** que nos supiera alcanzar **Fabián Mozzati,** Director de *"Nexo Training Providers" y del "Club de la Efectividad",* viene al caso:

"...Mírate en el espejo de ti mismo.

Comienza a ser sincero contigo mismo reconociéndote por tu valor, por tu voluntad y por tu debilidad para justificarte.

Recuerda que dentro de ti hay una fuerza que todo puede hacerlo, reconociéndote a ti mismo, mas libre y fuerte, dejarás de ser un títere de las circunstancias, porque tú mismo eres tu destino y nadie puede sustituirte en la construcción de tu destino.

- Pablo Neruda -

<u>EL FOCO</u>

Por ***"Foco"*** se entiende -al igual que con la luz de una linterna- en la capacidad de **concentrar el interés y la pasión en un punto lo más concreto posible.**

Si no *"enfoca"* sus esfuerzos, de poco le servirá tener una buena *"visión"* o haber definido claramente sus *"objetivos".*

Pero, la importancia del "foco" la obtendrá mejor con algunos ejemplos...

- Ha visto cuántos avisos de venta de heladeras hay en el diario?

Seguramente NO, salvo que ESTE BUSCANDO una heladera para comprar.

Haga una prueba simple...busque TODOS los avisos de venta de heladeras en su periódico de hoy. Desde

Marcelo Perazolo

los de página entera a cargo de las grandes tiendas, pasando por las oportunidades en la sección de clasificados.

- Se ha llevado una sorpresa por la gran cantidad de datos que encontró?

Espero que NO, ya que seguramente le habrá ocurrido **cientos de veces y con temas diversos**...mientras no tenía necesidad de ellos ni se enteró las opciones que había disponibles. Sin embargo, en cuanto por alguna causa tuvo que buscar en ese campo específico, empezó a **observar una gran cantidad de referencias.**

El "**FOCO**", como factor vinculado al éxito actúa de un modo similar.

Recién al *"enfocarse"* empezará a detectar la gran cantidad de vínculos, enlaces y oportunidades que existían para su idea o proyecto.

Un Proyecto sin FOCO **no encontrará jamás** los cientos de oportunidades que rondan a su alrededor.

<u>LA CONVICCION:</u>

Tal como ya lo analizamos al principio de este capítulo, hablar de *"CONVICCION"* parece simple pero **NO LO ES**. Créame... tener una visión es fácil, establecer objetivos es fácil, enfocarse es fácil...llegar a la *"convicción"* es **MUY DIFICIL**.

Y aunque parezca mentiras este es el **EJE MISTICO en el éxito.**

La gente que posee una convicción casi religiosa por su idea o proyecto **no falla JAMAS.**

Quién está convencido de su idea saltará las piedras, rodeará los arroyos, caminará de noche y seguirá adelante sólo con los jirones de sus ropas y habiendo perdido sus zapatos mucho tiempo atrás. Ya lo he mencionado antes...en Gandhi o la Madre Teresa de Calcuta **sólo encontramos CONVICCION en su estado más puro** (*ni dinero, ni inversores, ni plan de negocios...sólo convicción*).

Es difícil pedirle a cualquiera que sea capaz de sacrificios propios de santos y mártires, pero no dude que la CONVICCION que sea capaz de desarrollar lo hará imbatible.

Un MBA en Harvard se consigue con estudio, trabajo, inteligencia y dinero. Pero, encontrar alguien con la "*CONVICCION DIVINA*" no es tan simple como eso, para ello se necesita MUCHO MAS!!!

<u>LA PERSEVERANCIA</u>

Fíjese que este atributo está ampliamente relacionado al anterior. Si está ***"decidido"*** no hace falta que le recomiende ser ***"perseverante"***, lo será hasta el final.

Sin embargo, para aquellos a los que falte aún otro tipo de estímulos me voy a referir a esta virtud.

Thomas Alva Edison hizo más de 4000 pruebas hasta dar con el sistema que le permitió crear la lámpara eléctrica!! Donde muchos hubiesen abandonado, Edison siguió y siguió hasta dar con la clave.

Sus críticos decían de él: *"Edison es la clase de hombre que si debe enfrentar el problema de encontrar una aguja en un pajar, empezará a quitar brizna a brizna hasta dar con la aguja..."* (siempre me pregunté si esa era una **crítica o un elogio**)

Marcelo Perazolo

Y como ejemplo nada mejor que una antigua leyenda, conocida como **"Dos Ranas en la Leche"**, que en su momento transcribiera Juan José Rodriguez en sus **"Mensajes Sabatinos"** (Junio 1999):

<u>DOS RANAS EN LA LECHE</u>

Una noche, dos ranas saltaron dentro del cubo de leche en una granja. Una vez adentro y pese a sus esfuerzos, no lograban salir del cubo.

- *"Mas vale que nos demos por vencidas"* -dijo una de ellas mientras se esforzaba en vano por salir- *"sin duda estamos perdidas"*.

- *"Sigue nadando"* -dijo la otra- *"Saldremos de alguna manera"*.

- *"Es inútil"* -chilló la primera- *"Es demasiado espeso para nadar, demasiado blando para saltar, demasiado resbaladizo para arrastrarse... Como de todas maneras hemos de morir algún día, mejor que sea esta noche y acabar con el dolor"*.

Así fue que la primera rana dejó de nadar y pereció ahogada.

Su amiga siguió nadando y nadando sin rendirse.

Al amanecer se encontró sobre un bloque de fresca mantequilla que ella misma había batido en sus esfuerzos.

Y allí estaba, sonriente, comiéndose las moscas que acudían en tropel desde todas direcciones para comer de la fresca crema.

"No bajar los brazos y buscar siempre un camino alternativo frente a las crisis porque existe."

Le reitero el concepto de todos modos...la primera rana nunca tuvo la convicción de que finalmente se salvaría y se abandonó a la muerte...la segunda tenía una *"convicción"* absoluta frente a la adversidad.

Si no logra la convicción absoluta, al menos sea perseverante!!

<u>LA PREPARACION</u>

Así como una casa no puede sostenerse adecuadamente si no cuenta con buenos cimientos y argamasa uniendo los ladrillos, **tampoco es posible tener éxito sin estar adecuadamente preparado**.

La preparación debe entenderse en una doble perspectiva: por un lado la **PLANIFICACION** adecuada del Proyecto, sus finanzas y los pasos a seguir.

Esto significa preparar el proyecto como tal.

Mucha gente cree que la preparación de un Plan de Negocios sólo sirve si hay que presentar el Proyecto a un Banco o un Inversor...CRASO ERROR!!!

La planificación, el análisis de los aspectos financieros, los cronogramas, todas estas herramientas -aún utilizadas de modo doméstico- constituyen una ayuda extraordinaria para advertir a tiempo las debilidades, evitar las amenazas, apalancar las fortalezas y aprovechar las oportunidades.

Sin embargo, PREPARARSE también está referido a **las características y condiciones personales** del emprendedor.

Marcelo Perazolo

Siempre veo con preocupación a emprendedores que pretenden desarrollar iniciativas en mercados a los que conocen **POCO y MAL**.

- Por qué cree que va a tener éxito si no tiene idea en dónde se está metiendo?

Estudie, practique, trabaje (*aunque sea gratis*) para alguien que **conozca a fondo ese área**, *asóciese, investigue, hágase un experto*. Puede confiar en su buena estrella...PERO NO TANTO!!

Cierta vez -en pleno auge de la *"fiebre de inversiones"* en Internet- vino a verme una persona a mi oficina y me dijo:

- "Vengo a que me ayude a preparar un Plan de Negocios para un sitio de turismo de aventura"

- "Fantástico" -contesté yo- *"Es Usted un programador y ha desarrollado un sitio vinculado a este tema?"*

- "No, los programadores habría que contratarlos luego..."

- "Ahh... ya veo, Usted es un experto en turismo alternativo y de aventura, tiene una agencia en el rubro y se le ha ocurrido un concepto para desarrollar"

- "Bueno...experto, lo que se dice experto no, tengo alguna idea y una vez estuve en un campamento..."

En ese momento una luz roja de atención se encendió en mi cabeza, pero la deseché por considerarla imposible, así que insistí una vez más:

- "Ahora entiendo...Usted es un empresario que posee un capital y quiere invertirlo en un Proyecto de Internet vinculado a este tema que le interesa particularmente"

- "No, yo no tengo un peso...lo que quiero es el Plan de Negocios para poder buscar un inversor y empezar el proyecto porque he investigado en Internet y advierto que no hay muchos sitios vinculados al tema del Turismo de Aventura"

No era un empresario experto capaz de hacer su propia planificación, no era un experto en la tecnología, tampoco conocía nada del mercado de Turismo de Aventura -ni tampoco del turismo tradicional-, ni tenía el dinero para pagar de su propio bolsillo por su eventual fracaso...convengamos que **AUDACIA no le faltaba!!**

Cuando amablemente lo despedía explicándole estas cosas, agregó:

*- "Pero cómo??!! y el **valor de las IDEAS?**??, es que acaso las ideas **no valen NADA??"***

Quizás era un *iluminado* y yo lo perdí como cliente (*no sería la primera vez que ocurre*).

EL ESFUERZO:

A veces existe problema en diferenciar con claridad entre la *"Perseverancia" y el "Esfuerzo"* ya que aparentan ser sinónimos.

En parte lo son, y realmente se superponen en gran medida, pero tienen una diferencia notoria y "sutil" a nivel personal.

La *"Perseverancia"* es la **capacidad de seguir adelante aún en la adversidad**. La perseverancia significa que uno volverá a pararse cada vez que lo volteen y seguirá intentándolo de nuevo. La perseverancia es un estado anímico que nos sostiene como una soga alrededor del cuerpo y que nos impulsa hacia adelante.

El *"Esfuerzo"* es una **acción física o mental más concreta y contingente** que la "perseverancia". Implica ser **PROACTIVO,** moverse, dar el resultado esperado, o mejor aún, hacer *"un kilómetro extra"* al final del camino.

Un perseverante que no ponga "esfuerzo" será **poco eficaz.**

Un "esforzado" que no tenga perseverancia terminará **cediendo ante la adversidad.**

Hecha esta diferencia, profundicemos un poco más en el "esfuerzo".

Yo vinculo este principio al de *"exceder las expectativas del cliente"* y llegar más lejos de lo que nos piden, dicho de otro modo, trabajar **por encima de los estándares esperados.**

Debíamos pintar la casa? - La entregamos con los pisos limpios y las ventanas lavadas.

Alquilamos un cuarto en nuestro hotel? - Llamamos al cliente para preguntarle que diario quiere que le entreguemos al día siguiente como cortesía durante el desayuno.

Concluimos el juicio de un cliente? - Entregamos un informe final con un resumen del caso y consejos para evitar que el problema vuelva a repetirse.

Nos "castigan" enviándonos a acomodar la mercadería en el sótano? - No sólo ordenamos rápida y eficientemente los productos, sino que reorganizamos el lugar y proponemos tres ideas para mejorarlo.

Esto es lo que llaman *"dar un kilómetro extra"*. Cuando es una actitud constante y permanente el resto de la gente aprende a valorarlo y respetarlo. Las personas que se *"esfuerzan"* **más que el resto**, terminan destacando como los diamantes en el barro.

Una compañía de alquiler de autos lo usa incluso como "slogan". Ellos dicen:

- "Somos los segundos y por eso nos esforzamos más"

<u>LA CAPACIDAD:</u>

Siempre discutimos sobre este punto con socios y colegas.

Personalmente lo uso por *"contraposición"* a los restantes elementos.

Claro que si se es *"capaz"* conseguir el éxito en el área de su capacidad puede ser más simple, pero personalmente creo que se trata de un "don" o un "regalo" y que **PARA NADA** es un condicionante del éxito.

Se puede triunfar si se es "capaz"... **MUY POSIBLEMENTE.**

Se puede triunfar si no se es "tan capaz"... **POR SUPUESTO!!**

El único problema es que el *"capaz"* requerirá **menos preparación o esfuerzo para lograr sus objetivos**, en tanto que los que somos *"menos capaces"* deberemos compensarlo con **más convicción, foco, perseverancia, preparación y esfuerzo.**

Misteriosamente (*en realidad no tanto*), suele ocurrir que los *"más capaces"* terminan siendo **menos exitosos** que aquellos con menores capacidades.

Ocurre con la gente y también ocurre con los países (**Venezuela** con su renta petrolera debería ser como **Suiza** y **Argentina** con recursos ilimitados en todos los rubros no menos que **Canadá**)...*y puedo asegurarles que no es así en ninguno de los dos casos!!.*

Muchas veces un exceso de ***"capacidad" o "aptitudes naturales"*** termina generando una sensación de falsa confianza y de aburguesamiento que impide hacer los esfuerzos necesarios para triunfar.

No debe preocuparse si no es todo lo capaz que cabe esperar, sólo necesita compensar esta carencia con **mayores dosis de los restantes principios.**

Es claro que **deben comprenderse los propios límites**. No todos estamos llamados a tener éxito en cualquier actividad.

*Amaría ser un jugador profesional de basquet, pero otros con mayor altura y condiciones, poniendo **el mismo esfuerzo y preparación, lograrán superarme**. Mala Suerte!, quizás no era para mí.*

Pero...el mundo está lleno de historias de gente que fue capaz de **sobreponerse a todos los obstáculos** para llegar a la meta.

Recuerda a ***Demóstenes?***, aquel griego famoso que deseaba ser un orador para intervenir en la vida de su ciudad...pero era **tartamudo?**

Demóstenes dedicó sus días a colocar piedras en su boca y a gritar a la orilla del mar hasta que fue capaz de dominar su lengua y tapar el ruido de las olas con la potencia de su voz. Pasó a la historia (y hablamos de 2000 años de historia) **como un gran orador.**

Demóstenes tuvo una **VISION**, determinó sus **OBJETIVOS**, fue capaz de **ENFOCARSE** en el problema, estuvo sostenido por la más alta **CONVICCION**, **PERSEVERO** sin cesar, se **PREPARO** una y otra vez e hizo los **ESFUERZOS** necesarios...pese a que *NO ERA "CAPAZ"*.

Usted puede ser Demóstenes si se lo propone.

Conclusiones

Había dejado para lo último este capítulo porque insisto en que es el más importante.

Todos los recursos y conocimientos de nada sirven si se carece de **autoestima, convicción y una visión** que lo mueva en la dirección correcta.

Finalmente en los Anexos, encontrará valiosa información de todo tipo.

Marcelo Perazolo

Anexos

Sitios Web que le serán de Ayuda

Pretender dar una lista de sitios web como ayuda es una tarea casi imposible por varias causas:

Seguramente Usted necesita un sitio en un área que no indicamos ninguno.

El día que utilice un link que sugerimos, el sitio habrá desaparecido.

Existen cien sitios mejores que el que nosotros indicamos.

De todos modos y aún con esas dificultades, trataremos de complementar los sitios ya indicados a lo largo del libro, con algunos adicionales que entendemos le serán de ayuda como fuente de datos o recursos valiosos en la tarea de desarrollar su Proyecto, obtener datos o enriquecer su perspectiva sobre las posibilidades de desarrollar negocios en Internet.

Le aclaro desde ya, que no encontrará ni a los grandes portales, los sitios más conocidos, ni los diarios ya que estos son sitios fácilmente "encontrables" para cualquiera. Hemos tratado de concentrarnos en sitios menos conocidos y más difíciles de hallar.

Asimismo, acompañamos cada sitio de una breve referencia ya que nada mejor que visitarlos para obtener una impresión personal de los mismos, su calidad, contenidos y utilidad en el caso concreto de cada uno.

Agruparlos en categorías presenta cierta dificultad, ya que casi todos ellos poseen "contenidos" en tanto que algunos agregan *"recursos"* y otros *"noticias"*, pero todo de modo combinado, separarlos por un criterio u otro resulta complejo.

Le hacemos presente que una de las categorías está conformada por los sitios de **"Clubes de Vino"** que visitamos para poder desarrollar el caso hipotético de estudio utilizado en esta obra.

<u>NOTICIAS (Principalmente de Tecnología e Internet)</u>

http://www.baquia.com

Este debe ser sin duda el sitio más completo, actualizado y dinámico para noticias del sector en español. Poseen corresponsales en los principales países de la región y una mirada fresca y atractiva para encarar las noticias.

http://www.noticias.com

Este es otro de los sitios *"bien dotados"* en cuanto a información del sector se refiere. Este sitio está vinculado además al que sigue.

http://www.laempresa.net/

Del mismo grupo de **noticias.com**, pero con un contenido mucho más orientado a las novedades de empresas.

http://www.ibrujula.com

También en ibrujula tendremos noticias del sector, en este caso con la apertura a un amplio marco de canales en otros rubros temáticos.

http://americas.wsj.com/

The **Wall Street Journal** pero en español!!, acceso a la información financiera de primera mano y en su propio idioma.

http://cnnenespanol.com/

Otra fuente de noticias sumamente actualizada -con los recursos globales de la **CNN**-, pero la ventaja del propio idioma, además de noticias generales posee varios canales relativos a tecnología, Finanzas e Internet.

ARTICULOS (Marketing, Comercialización)

http://www.tiendasurbanas.com

Tiendas Urbanas (de **Roberto Neuberger**) es otro de los sitios señeros en la Internet en español, en esta caso más orientado a las notas de fondo y al estudio de casos, que al de las noticias. Posee gran cantidad de recursos adicionales -enlaces, ebooks, etc.-

http://www.business-net.com.ar

Una página con secciones conteniendo información varia sobre Marketing, Negocios, Legislación.

http://www.ganar.com/

Otro sitio de información general con fuerte orientación a los temas de Internet.

http://www.webbusinessonline.com/

El sitio de la revista Web Business. Notas y novedades sobre negocios e Internet. No posee muchos recursos pero se suelen encontrar siempre algunas *"perlitas"*

http://www.infonomics.net/

Marcelo Perazolo

Alfons Cornella es, si cabe, el Nicholas Negroponte español, todos sus sitios (posee varios a los que se accede desde esta página) y sus artículos y análisis son imperdibles, un avanzado en la comprensión del presente y el futuro del sector.

http://www.fenicios.com/indice.htm

Artículos sobre temas de marketing, promoción y comercio electrónico. No son muchos, pero resultan aprovechables en su gran mayoría.

http://www.mujerynegocios.com.ar/

Un sitio orientado a la mujer empresaria, pero que posee datos de interés general. Buena colección de artículos y links.

http://www.mujeresdeempresa.com/

Otro sitio orientado para mujeres empresarias, pero que contiene recursos y notas de interés general y perfectamente aprovechables.

http://www.emprendedoras.com/

Otro de los sitios para mujeres empresarias, pero con múltiples recursos para cualquiera. Notas, e-books y guías para planes de negocios.

http://www.marketingycomercio.com/

Noticias en español sobre Marketing y Comercio. Nada que no encuentre en otro lado, pero un sitio que bien puede visitar para conocer.

http://www.cyberkyosco.com/

Este sitio español (su dueño es **Pablo Martín Tharrats**) suele contar con acceso a notas e información, actualmente están modificando su diseño y no resulta posible acceder a ciertas áreas del mismo.

http://www.marketing-eficaz.com

Otro sitio español (su dueño es **Francisco Segura**), que permite acceder a información variada sobre temas de marketing y comercialización.

http://www.mercadeoglobal.com

También aquí (sitio de **Alvaro Mendoza**) se accede a notas, artículos, comentarios y recursos, aunque muchos de los más valiosos están en un -area reservada para socios-.

http://www.masterdisseny.com/

Diferentes recursos accesibles (sitio de **Abel Chica**) en español fundamentalmente para el diseño de páginas.

http://www.e-marketing.com.mx/

Interesante sitio mexicano (sitio de **Eduardo Romero**), con múltiples recursos -tanto en notas como en enlaces-.

http://www.ipm.com.pe/

Sitio del **Instituto Peruano de Marketing** en el que siempre encontrará artículos y notas de interés sobre este tema.

<u>INFORMACION o RECURSOS (De Negocios)</u>

http://www.thelatingate.com

El sitio especializado en vincular a los emprendedores con los inversores, además ofrece recursos variados para perfeccionar los planes de negocios.

http://www.odiseaweb.com/

Otro sitio con interesantes recursos para el emprendedor.

http://www.pymesite.com

Marcelo Perazolo

Este sitio posee una impresionante cantidad de noticias, novedades y recursos para pequeñas y medianas empresas (con énfasis en Argentina y América Latina).

http://www.islagrande.cu/

Información variada, el principal punto a destacar es que se trata de un portal cubano -lo que no es siempre fácil de encontrar en la red-

http://www.mdns.com.ar/encuentros/

Encuentros de Negocios de Buenos Aires: Información de Negocios, Oferta de Productos, Contactos entre Empresas, pero principalmente orientado a la Argentina.

http://amarillas.com/

Otro sitio para buscar o colocar ofertas de productos y hacer negocios entre empresas con alcance Internacional (pertenece al Portal YUPI).

<u>**OTROS RECURSOS (Misceláneas)**</u>

http://62.164.0.40/web/

Asociación Española de E-Commerce: Referencias de Expertos, información actualizada sobre el e-commerce.

http://www.canaltrabajo.com/

El sitio del **teletrabajo** de España, datos, novedades y notas sobre esta nueva modalidad laboral.

http://www.ompi.org/index.html.es

El sitio de la **Organización Mundial de Propiedad Intelectual** -en español-. Siempre es bueno recurrir allí para estar al tanto de lo que ocurre con las marcas, patentes y el polémico tema de los dominios.

http://www.princecooke.com/

Sitio de la Consultora **Prince y Cooke** que siempre lo proveerá de información relevante sobre Internet y América Latina (estudios, reportes, comentarios).

SITIOS EN INGLES (En General)

Dado que el **90% de los contenidos** de la red **ESTAN en inglés**, como se supondrá los mejores recursos de todo tipo se encuentran en este idioma. Si puede aprovecharlos no se pierda estas referencias:

http://www.cashflowmarketing.com/home.shtml

Un sitio donde venden reportes, pero que además posee una estupenda lista de reportes, notas y tips sobre marketing que entrega sin costo.

http://www.nua.ie/surveys/index.cgi

El sitio de las estadísticas de Internet. Para estar actualizado sobre el número de navegantes globales o país por país, la relación entre portales y decenas de otros datos estadísticos.

http://www.business-urvival.com/articlesindex.html

Este centro de asistencia de negocios brinda literalmente cientos de notas y recursos varios sobre marketing y demás aspectos

http://www.startupfailures.com/

El sitio de los startups. Por qué fallan los lanzamientos?, Cómo evitarlo? Una verdadera mina de oro para realizar consultas del mundo de los "cybernegocios"

http://www.bplans.com

Marcelo Perazolo

El mejor sitio para aprender a hacer un Plan de Negocios (con ejemplos de todo tipo).

http://www.herring.com/

El sitio de la archiconocida revista *"Red Herring"*. Es una de las catedrales de la información sobre internet y tecnologías.

http://www.yoursuccessstore.com/

Un centro de expertos en marketing y ventas, pero que además ofrece artículos y otros recursos gratuitos.

http://www.1inventioncentral.com./

Centro de Inventos e Inventores. Información, legislación, búsqueda de patentes, tips. Una cantera de información para los inventores y quienes buscan consultar o difundir ideas.

http://www.zdii.com/

ZDNet es otro de los paradigmas de la información financiera y de negocios de Internet, una fuente de noticias para el resto de los sitios de la red.

http://attractionmarketing.com/

http://loska.com/

Por cualquiera de los dos caminos, llega a diferentes sitios de la famosa **Wanda Loskot** en la red, de la que siempre verá sus artículos y notas distribuidos por doquier. He aquí la fuente de todos ellos y la experiencia de una maestra en la materia.

http://www.netb2b.com/

La Red del Business to Business, las novedades y tendencias del B2B. Tips, reportes, noticias, sugerencias.

http://www.business2.com/

Otra de las "catedrales" de la nueva economía. Personalmente creo que es uno de los mejores sitios de información sobre Internet en la red.

http://www.businessweek.com/index.html

Y que decir de **Business Week,** el sitio de una de las principales publicaciones de negocios a nivel mundial. Nunca perderá su tiempo visitando este sitio.

http://www.cio.com/

Este es un sitio con recursos para ejecutivos -realmente de todo-, notas, estadísticas, empleos, consejos, tips, noticias. Una visita nunca está de más.

http://www.ecommerceadvisor.com/

Sitio de marketing -y preparado para venderle cosas-, pero que posee una importante colección de notas y recursos gratuitos.

http://www.us.deloitte.com/

El sitio de la consultora Deloitte, si se esfuerza un poco entre sus links -son poco claros-, encontrará una cantidad importante de notas y otros materiales de interés.

http://www.entrepreneurmag.com/

http://www.entrepreneur.com

Por cualquiera de los dos enlaces accede al sitio de la revista **Entrepreneur Magazine**, otra fuente de notas, artículos, opiniones y novedades permanentes.

http://www.ideacafe.com/

Uno de los sitios que llegó a adquirir fama dentro de la red. Notas, intercambio de opiniones, consejos, análisis de casos.

http://www.marketingchallenge.com/

En este sitio de marketing quieren venderle informes, pero en el link que conduce a los artículos encontrará 10 o 15 notas imperdibles.

http://www.darwinmag.com/

El mundo competitivo de las empresas desde la perspectiva "darwiniana". Cómo sobrevivir a la evolución?

http://www.sba.gov/

El sitio de la **Small Business Administration** (Centro para pequeños negocios) de los EE.UU., sumamente simple en su diseño, pero repleto de recursos para emprendedores y empresas. Muérase de envidia viendo el soporte y apoyo de que disfrutan los pequeños empresarios norteamericanos!!

http://www.ecommercetimes.com/

Noticias sobre el mundo de la tecnología

http://www.wilsonweb.com/

El famoso **Wilson Center**, aquí encontrará muchos de los mejores artículos existentes sobre el marketing y comercialización en la red.

http://www.ecompany.com/

Información siempre actualizada sobre las novedades de la red -fundamentalmente a nivel de las grandes empresas-, siempre hay algo para aprender.

http://hotwired.lycos.com/webmonkey/index.html

WebMonkey un sitio de recursos de la revista HotWired. Se trata principalmente de novedades tecnológicas y recursos para webmasters.

http://hotwired.lycos.com/

Las tendencias en diseño y novedades tecnológicas de la red.

http://www.wired.com/

Nada más ni nada menos que la revista **Wired**, los inventores de la cybercultura. Un verdadero "tótem" en la red.

http://www.emarketer.com/

Estadísticas, cifras y datos para el marketing en la red.

http://www.fastcompany.com/homepage/

Uno de los sitios más completos con información para startups, emprendedores y empresarios. Todos los recursos y consejos para el desarrollo de proyectos.

http://www.garage.com/

Este fue el sitio pionero de los starts-ups, información muy valiosa, tanto a nivel de notas y artículos como de comentarios de los propios emprendedores. Preguntas respondidas por expertos en diferentes areas.

<u>CLUBES DE VINO (ver Capítulo 6)</u>

http://gourmet.elcorteingles.es/nuestrosvinos/nuestrosvinos.asp

Sección de Vinos del Corte Inglés (España), habla de "Club" y lo único que hace es vender vino en cajas.

http://www.csgastronomia.edu.mx/club.htm

Un sitio mexicano que se corresponde a una Escuela de Cocina. Dice *Club del Vino"*, pero obviamente no en el sentido de nuestro caso.

http://www.winespots.com/club_vino.htm

Buen sitio de vinos, mal ejemplo de Club pese a utilizar el nombre.

http://www.greatclubs.com/

http://www.greatclubs.com/winehome.html

Este es un sitio -en inglés- administra "clubes" de todo tipo. Simple excusa para la venta de vinos (*sin viajes, foros, membrecías, ni nada que lo asemeje a un "club"*) -con el segundo link ingresa directamente al "club del vino".

http://www.clubdelvino.com/

Si con ese nombre tú no eres el Club del Vino, dónde hallarlo?

Aunque le parezca mentira, si bien el concepto está planteado no encontrará membrecías, comunidades ni nada en el sentido de desarrollo de la idea, tal como fue analizada.

http://www.elvino.com/

Uno de los principales sitios dedicados al tema del Vino...clubes?, bien gracias!!

http://www.vinosdeargentina.com/

Un sitio especializado en vinos, no se arroga tener un "Club" pero desaprovecha la oportunidad de hacerlo.

http://www.vinoteca-online.com/club.html

Otro caso donde se desperdician oportunidades. En este caso el "Club" es italiano (dónde está el club?)

http://www.ofertavinos.com/

Oferta vinos...le iría mejor si ofertase vinos a los miembros de su Club!!

http://www.wines.com/wines.html

Uno de los mejores sitios de vinos -en inglés-, pero sin clubes que aprovechen a fondo el potencial del concepto.

http://www.wineenthusiastmag.com/

Ni siquiera la revista **"Wine Enthusiast"** -que si posee una amplia comunidad en el tema, pero en el mundo real-, se aprovecha de sus antecedentes y ventajas para desarrollar el concepto en el "mundo virtual".

http://www.wines.com/

Otro sitio estupendo, pero que utiliza el *"nombre"* de comunidad (o club) sin explotarla a fondo.

Bibliografía Recomendada

Como en el caso de los sitios web, **no pretendemos** agotar las fuentes del conocimiento humano en esta breve lista de alrededor de 60 libros de importancia en la materia.

Nos limitamos a señalarle algunas obras *-ni las únicas, ni las mejores-*, que siempre resulta bueno consultar o leer como parte del proceso de formación en la dura tarea de ser emprendedor. Nuestro principal criterio ha sido seleccionar, quizás NO los libros considerados claves en cada punto, sino aquellos que son susceptibles de ser **comprendidos** por un profesional o empresario promedio y dando en todos los casos preferencia a aquellos títulos que existen en español -una parte muy importante de la bibliografía está en inglés-.

Citamos la Editorial de los que tenemos en nuestra Biblioteca y sólo como referencia *(ya que no en todos los casos encontrará las mismas en su país)*

Las hemos agrupado en tres grandes divisiones, para facilitar un ordenamiento, si bien no exhaustivo, si al menos temático

Marcelo Perazolo

<u>Proyectos - Marcas - Estrategias - Marketing - Calidad</u>

<u>*El Nuevo Posicionamiento*</u>*, Jack Trout y Steve Rivkin, Mc Graw Hill*

Aquí **Jack Trout** sintetiza su obra anterior -lo que le sirve de mucho si no la ha leído-. Es el maestro del **posicionamiento** y el **manejo de las marcas** a partir de un concepto que en su momento fue revolucionario: *"La Batalla del Posicionamiento se da en la cabeza del consumidor"*, *"allí hay lugar para pocas marcas, debe tratar de ser una de ellas"*.

<u>*Estructura y Procesos*</u>*, Luis María Ghiglione, Juan José Gilli y Juan Gómez Fulao, Macchi*

Una obra sintética y clara sobre las estructuras y los procesos de una organización, analiza los modelos de organización y de los sistemas de management descentralizado.

<u>*Guía para la Presentación de Proyectos*</u>*, Ilpes, Siglo XXI*

Esta obra del Instituto Latinoamericano de Planificación Económica y Social -Ilpes-, es **la madre de todas las obras** dedicadas a la presentación de un Proyecto contemplando el análisis de todas y cada una de sus etapas. Preparada y pensada para los funcionarios que deben preparar Planes de Gobierno o presentar Proyectos ante los organismos internacionales.

<u>*Valoración de la Empresa*</u>*, Gunter Jaensch, Gustavo Gili*

El modo de valorizar una empresa o un proyecto es uno de los temas clave en el desarrollo de negocios (sean de Internet o no). Esta obra presenta la virtud de desarrollar los diferentes modelos existentes con una profundidad exhaustiva, pero al mismo tiempo con una metodología y un lenguaje sencillo y claro.

Administración Financiera, Eduardo M. Candioti, Universidad Adventista del Plata

Un verdadero maestro Eduardo Candioti. Logra poner al alcance de cualquiera las sofisticaciones y complejidades de la matemática financiera y sus principales herramientas. Si no es un experto financiero, este libro es el que necesita para comprender los secretos de esta ciencia.

Control de la Ejecución de Proyectos por el Método del Camino Crítico (Pert), Antonio Baltar, Ilpes

Sin duda la tarea de difusión del **Ilpes** (Instituto Latinoamericano de Planificación Económica y Social) ha sido vasta. Este cuadernillo atiende tanto a los métodos de **Camino Crítico (CPM), como del PERT.**

Excelencia -Una Forma de Vida-, Heberto Mahon, Vergara

Esta es una obra simple e introductoria para el tema de la Excelencia. Util como guía práctica e introductoria para este tema.

La Venta Estratégica, Robert Miller, Stephen Heiman, Tad Tuleja, Plaza y Janes

Este libro cambió mi forma de entender el proceso de venta. Estamos acostumbrados a verlo desde la óptica persona-persona y en esta obra se explica cómo opera en ambientes multidimensionales, como en el caso de las organizaciones en donde debe "vender" de modo simultáneo en varios frentes (hay que vender a

Marcelo Perazolo

quién tiene decisión política, financiera, al usuario final como mínimo).

Tácticas de "Guerrilla Marketing", Jay Conrad Levinson, Plaza y Janes

Si bien el término de "guerrilla marketing" es ampliamente utilizado hoy día, el verdadero creador es Levinson, un verdadero maestro en el arte de hacer marketing sin recursos -o mejor aún, con los recursos de un "guerrillero"-.

Cómo Hacer Investigación de Mercados, Paul Hage y Peter Jackson, Deusto

Una guía para entender a fondo la dinámica y los secretos de qué es y cómo se hace la investigacion de mercados. Planificación, armado de formularios, acción de los encuestadores, encontrará todos los principios adecuadamente explicados.

Cómo Hacer Marketing Directo, Mark Bacon, Granica

Si bien la obra de Bacon no es el máximo exponente en esta materia -en la que son maestros los norteamericanos sin duda-, justamente el grueso de la bibliografía se encuentra en inglés. Esta obra, además del mérito de estar en español, incorpora el ABC del Marketing Directo y con un enfoque práctico.

Estructuras Empresarias Dinámicas, Roberto Serra y Eduardo Kastika, Macchi

Es un libro introductorio sobre este tema, pero brinda un conjunto adecuado de conceptos y cuadros para entender los modos en que puede organizarse una empresa de modo eficiente.

En Busca de la Excelencia, Thomas Peters y Robert Waterman, Norma

Si bien esta obra es cuestionada ya que la mayoría de las firmas tomadas como ejemplo de "excelencia" quebraron en los años siguientes y hoy no existen, académicamente se sigue considerando este libro como uno de los primeros y mejores en el análisis de la excelencia y su influencia en la vida de las empresas y su crecimiento.

La Ruta Deming a la Calidad y Productividad, *William Scherkenbach, Cecsa*

Deming es "EL" maestro en el tema de la **Calidad y su Método** constituye un paradigma en la materia. En este libro el autor hace un análisis claro y simple de sus principios (en particular lo que Deming llama las "vías" y las "barreras")

El Método Deming en la Práctica, *Mary Walton, Norma*

Entender a Deminig presenta cierto nivel de dificultad, **Mary Walton** una periodista es su "traductora" oficial al mundo del lenguaje comprensible y todos sus libros son la vía más práctica para introducirse en este Método. Este libro analiza el método Deming desde la perspectiva práctica de su implementación en empresas concretas

Cómo Administrar con el Método Deming, *Mary Walton, Norma.*

Mary Walton -como decimos en su otra obra- es quién mejor ha logrado "traducir" Deming para el público en general. En este libro encontrará sintetizados los principios básicos del método, sus herramientas, instrumentos e historia.

De la Guerra, Karl Von Clausewithz, Need

Un manual para la Guerra, pero que se lo considera la base de la moderna estrategia competitiva corporativa. Los principios básicos de la competencia más cruda que existe: la batalla armada.

***Cómo Crear Demanda**, Richard Ott, Granica*

Una guía interesante para detectar oportunidades de mercado y explotarlas. Ott enseña básicamente las causas por las que la gente compra y el modo de aprovechar esta circunstancia.

Internet - Tendencias - Nueva Economía - Sociedad

***Ser Digital**, Niocholas Negroponte, Atlántida*

Esta es una de las *"biblias"* para entender lo que se viene. Si bien ya tiene sus años -apenas cinco, pero esto en Internet es casi una eternidad-, los conceptos vertidos y analizados por Negroponte aún a la fecha sirven como guías de inspiración y profecías.

***El Shock del Futuro**, Alvin Toffler, Plaza y Janes*

***La Tercera Ola**, Alvin Toffler, Plaza y Janes*

***El Cambio del Poder**, Alvin Toffler, Plaza y Janes*

***La Creación de una Nueva Civilización**, Alvin y Heidi Toffler, Plaza y Janes*

***Las Guerras del Futuro**, Alvin y Heidi Toffler, Plaza y Janes*

***Avances y Premisas**, Alvin Toffler, Plaza y Janes*

***La Empresa Flexible**, Alvin Toffler, Plaza y Janes*

Los Consumidores de Cultura, Alvin Toffler, Leviatan

Los agrupamos en su tratamiento, ya que son todos libros insustituibles del **_"maestro"_**. **Alvin Toffler** posee un método de análisis tan sofisticado que le ha permitido **SIEMPRE** entender el futuro con **10 o 20 años de anticipación** a que los procesos pudiesen ser percibidos por el resto de los mortales. El consejo práctico es éste: **_Quiere entender el mundo en el que vive?_**...lea a **Toffler**. En especial su trilogía famosa (El shock del futuro, La tercera ola y El cambio del poder) no deben faltar en ninguna biblioteca.

La Sociedad Digital, P.A. Mercier, F. Plassard, V. Scardigli, Sudamericana

Este es un libro que quizás ha quedado parcialmente desactualizado -por la propia velocidad del cambio-, pero presenta como punto de interés el hecho de brindar una visión europea (francesa en este caso) en un universo dominado por el pensamiento de origen anglosajón.

Nuevas Reglas para la Nueva Economía, Kevin Kelly, Granica

Kelly, uno de los _"gurús"_ de la Nueva Economía. Como ex-director de Wired -la revista especializada y llamada la Biblia de la CyberCultura- tuvo la oportunidad de apreciar el cambio y sus consecuencias desde sus mismos orígenes. Lo hemos utilizado reiteradamente tanto en este libro, como en nuestros Newsletters.

Estrategias Digitales para Dominar el Mercado, Larry Downes y Chunka Mui, Granica

De qué modo los cambios tecnológicos producen cambios *"asesinos"* que modifican por completo el mapa de sectores económicos completos. Los autores intentan explicar cómo *"salir a buscar"* el cambio antes de sufrirlo.

<u>Paradigmas</u>, Joel Arthur Barker, Mc Graw Hill

Qué son los paradigmas?, Cómo detectarlos antes que el resto?, Cómo cambiarlos?. Hay muy pocas obras en este tema y la de Barker consigue explicar y comprender en pocas páginas la estructura más profunda de los cambios.

<u>Del Caos a la Excelencia</u>, Tom Peters, Folio

Colocamos este libro de Peters aquí -pese a que otro de los que citamos va en otra sección- porque desde nuestra perspectiva se trata de una de las primeras obras de "la nueva economía" escrita antes incluso de que este término empezase a utilizarse. Como siempre y fiel a su estilo, es una obra desafiante y que obliga a replantearse los conceptos.

<u>Guerra y Paz en la Aldea Global</u>, Marshall McLuhan, Planeta-Agostini

Hablar de "globalización" sin incluir a Marshall McLuhan -el inventor del término *"aldea global"*- haría esta lista incompleta. Sin embargo este libro en concreto trata del concepto contrario, la *"tribalización"* en las sociedades occidentales. Una obra paradigmática que será analizada y comprendida con mayor interés aún en años por venir.

<u>Razón de Estado</u>, Luis Crespo, Oscar Bernard y Fernando Bertona, CPCI

Este libro es el compendio de múltiples autores analizando el impacto de la informática y las tecnologías de comunicación y el Estado. Una interesante fuente de ideas y sugerencias para el cambio del Estado en el rumbo del S XXI.

Negociación - Gestión - Liderazgo - Aptitudes Personales - Creatividad

***La Estructura de la Magia** (Volúmenes I y II), Richard Bandeler y John Grinder, Cuatro Vientos.*

Obviamente no se trata de magia, sino de psicología. Esta obra constituye la base teórica de lo que luego se dió en conocer como PNL (o *Programación Neuro-Linguística*). El lenguaje hablado y los sistemas no verbales de representación de la realidad y su relación con el modo en que la gente crea sus modelos y mapas del mundo.

***El Arte y la Ciencia de la Negociación**, Howard Raiffa, Fondo de Cultura Económica.*

La base teórica **más completa sobre la negociación** de manos de su principal experto. Todo el método de la Escuela de Harvard de la Negociación está basado en el desarrollo teórico de Raiffa y la Teoría de los Juegos.

***Todo es Negociable**, Herb Cohen, Planeta*

Si hay un libro que debe ser leído para entender el proceso de negociación y sus claves de **Poder, Tiempo e Información**, es éste. Además, podría pasar perfectamente por un libro de Humor, Cohen describe y analiza los aspectos cruciales de la negociación en base a historias y anécdotas que le aseguran horas de esparcimiento.

***El Seminario de Tom Peters**, Tom Peters, Negocios.*

No se cómo calificar a Tom Peters en su nueva etapa, pero digamos que hoy por hoy es un "motivador del proceso del cambio". Un nuevo enfoque para las organizaciones y la administración capaz de adaptarse -en su propia falta de estructuras- a la dinámica enloquecida de los mercados y los negocios.

***La Gerencia de Empresas**, Peter Drucker, Sudamericana*

***La Nueva Sociedad**, Peter Drucker, Sudamericana*

***La Sociedad Poscapitalista**, Peter Drucker, Sudamericana*

Drucker es uno de los pilares de la ciencia de la administración. Si pretende ser un ejecutivo conocer previamente a Drucker es algo asi como contar con *"licencia de conductor"* para el uso de un vehículo. Estas tres son una obras invalorables, para comprender a la empresa, su entorno y el rol de los empresarios.

Las dos primeras se corresponden al enfoque tradicional, mientras que en la última (La sociedad poscapitalista) Drucker intenta una aproximación al cambio que avizora para el mundo corporativo frente a la dinámica de transformación que hoy vivimos.

***Cómo Aprovechar el Tiempo**, Ted Engstrom y Alec Mackenzie, Vida*

Si alguien ha sido capaz de sintetizar información altamente valiosa, sobre un tema crítico y en tan poco espacio, este mérito corresponde a esta edición sobre Administración del Tiempo.

***Guía Práctica para la Toma de Decisiones,* W.H. Weiss, Norma**

El manejo de las incertidumbres, la toma de decisión en base a datos parciales, los procedimientos para su desarrollo están excelentemente descriptos y analizados en este libro.

***El Pensamiento Lateral,* Edward De Bono, Paidós**

***Seis Sombreros para Pensar,* Edward De Bono, Granica**

***Aprender a Pensar,* Edward De Bono, Plaza y Janes**

***Ideas para Profesionales que Piensan,* Edward De Bono, Paidós**

***La Revolución Positiva,* Edward De Bono, Paidós**

***El Pensamiento Práctico,* Edward De Bono, Paidós**

***Conflictos,* Edward De Bono, Planeta**
***La Lógica Fluida,* Edward De Bono, Paidós**
***Más Allá de la Competencia,* Edward De Bono, Paidós**

La obra de **De Bono**, también constituye un paradigma en la esfera del pensamiento y la creatividad.

Si bien es cierto que la base de toda su obra puede encontrarse en "***El Pensamiento Lateral***" y que las demás en cierto modo constituyen variaciones aplicadas de la primera, constituye una experiencia interesante analizarla en su totalidad.

Marcelo Perazolo

"Seis Sombreros..." por ejemplo, entrega herramientas audaces para facilitar la creatividad en equipos; *"Ideas para Profesionales..."* se dedica a profundizar en los enfoques prácticos para llegar a soluciones novedosas; *"La Lógica Fluida"* representa una introducción a principios que veremos además en la teoría del caos.

En síntesis: otro autor al que justifica ampliamente todo el tiempo que uno invierta en él.

La Actitud Mental Positiva, Napoleon Hill y Clement Stone, Grijalbo

Una de las obras más importantes en el terreno de la *"autoayuda"*. Cómo vencerse a sí mismo en el camino del éxito y la superación.

El Hombre más Rico de Babilonia, Georges Clason, Obelisco

No necesariamente es una gran obra, pero al menos motiva en la dirección correcta: la previsión y el modo de administrar racionalmente los ingresos personales.

El Millonario Instantáneo, Mark Fisher, Urano

Tampoco encontrará una calidad definitiva en este libro, pero al menos sirve de base para plantearse estrategias personales tendientes a obtener resultados en el mundo de los negocios.

Los 7 Hábitos de la Gente Altamente Efectiva, Stephen Covey, Paidós.

Kovey entró al *"cuadro de la fama"* de las obras de seguimiento obligatorio para los ejecutivos con ese libro. Realmente es bueno y sustenta las bases efectivas para administra la vida personal de un modo más racional.

INDICE